LÜYOU XIAOFEIZHE
WEIQUAN ZHINAN

旅游消费者维权指南

邢彦明 吴圣奎 邢宝亭 ◎ 编著

旅游教育出版社
·北京·

责任编辑:张瑞芳　孙春艳

图书在版编目(CIP)数据

旅游消费者维权指南/邢彦明,吴圣奎,邢宝亭编著.—北京:旅游教育出版社,2009.6
ISBN 978-7-5637-1789-7

Ⅰ.旅… Ⅱ.①邢…②吴…③邢… Ⅲ.旅游业—法规—中国—指南 Ⅳ.D922.296-62

中国版本图书馆 CIP 数据核字(2009)第 063895 号

旅游消费者维权指南

邢彦明　吴圣奎　邢宝亭　编著

出版单位	旅游教育出版社
地　　址	北京市朝阳区定福庄南里1号
邮　　编	100024
发行电话	(010)65778403　65728372　65767462(传真)
本社网址	www.tepcb.com
E－mail	tepfx@163.com
印刷单位	北京中科印刷有限公司
装订单位	河北省三河市金星装订厂
经销单位	新华书店
开　　本	880×1230　1/32
印　　张	7.375
字　　数	192千字
版　　次	2009年6月第1版
印　　次	2009年6月第1次印刷
定　　价	18.00元

(图书如有装订差错请与发行部联系)

前言

本书共七章,分上、下两篇。上、下两篇互为表里。

上篇为旅游维权案例评析,以两条主线贯穿整篇内容。第一条主线围绕旅游的"食、住、行、游、购、娱"六大环节展开,以现代旅游业的三大支柱旅行社、交通和饭店服务为重点,分别介绍交通、住宿、餐饮、游览观光、购物、娱乐旅游纠纷案例,以具体案例的形式帮助读者获得旅游维权的感性认识,提高依法维权的法律意识。第二条主线是旅游纠纷案例背后的旅游法律知识体系,分别介绍旅游合同、导游服务、旅游安全与旅游保险、旅游纠纷与解决途径等相关法律知识,将读者在旅游纠纷案例中获得的感性认识提升到理性认识,以帮助读者运用法律武器维护自己在旅游不同环节上的合法权益。两条主线一表一里,通过维权依据和维权指南两个小栏目,相互交叉,结合具体案例进行法理分析,并对每小节的重点内容进行归纳概括,以期使读者融会贯通。

下篇是旅游法规重点条款解读,提供部分常用旅游政策法规。授之以鱼不如授之以渔,通过上篇的案例评析,再加上下篇对重点条款作的简要注释,可以方便读者更加深入理解和自如运用旅游消费相关法律法规,使其不但知其然而且知其所以然。

编　者

目录 Contents

上篇 旅游法律维权案例评析

第一章 旅游交通 ······ 3
第一节 出现误机（车、船）事故怎么办？······ 4
第二节 行李、物品托运出现问题怎么办？······ 18
第三节 交通工具不符合约定怎么办？······ 31
第四节 发生旅游交通事故怎么办？······ 37

第二章 旅游住宿 ······ 48
第一节 住宿条件不符合标准怎么办？······ 48
第二节 住宿期间财物丢失怎么办？······ 58
第三节 发生住宿伤亡事故怎么办？······ 68

第三章 旅游餐饮 ······ 79
第一节 餐饮不符合卫生标准怎么办？······ 79
第二节 就餐发生安全事故怎么办？······ 83

第四章 游览观光 ······ 93
第一节 行程可否单方变更？······ 93
第二节 导游服务不合格怎么办？······ 109

第三节　游览过程中发生意外怎么办? …………………… 122
　第四节　旅游服务质量不达标怎么办? …………………… 138
　第五节　出境旅游出现问题如何解决? …………………… 148

第五章　旅游购物 …………………………………………… 161
　第一节　随团景点购物出现问题如何解决? ……………… 161
　第二节　游客单独购物出现问题如何解决? ……………… 170
　第三节　委托代购、转交商品出现问题如何解决? ……… 174

第六章　旅游娱乐 …………………………………………… 178
　第一节　计划内娱乐活动出现问题如何解决? …………… 178
　第二节　计划外娱乐活动出现问题如何解决? …………… 185
　第三节　个人游娱乐活动出现问题怎么办? ……………… 189

下篇　旅游法规重点条款解读

第七章　法规解读 …………………………………………… 197
　第一节　关于《旅行社管理条例》………………………… 198
　第二节　关于《旅行社投保旅行社责任保险规定》……… 203
　第三节　关于《旅行社质量保证金暂行规定》…………… 207
　第四节　关于《导游人员管理条例》……………………… 211
　第五节　关于《旅游投诉暂行规定》……………………… 215
　第六节　关于《中国旅游饭店行业规范》………………… 220
　第七节　关于《中国公民出国旅游管理办法》…………… 226

上篇

旅游法律维权案例评析

第一章 旅游交通

"千里之行,始于足下。"旅游活动的异地性特征,决定了交通运输是旅游业的命脉。旅游交通运输是承运人按照约定的运输方式,在约定的期限内,为旅游者实现旅游目的而提供的将旅客及其行李从出发地运送到目的地的经营活动。随着现代旅游业的发展,旅游交通运输在整个交通运输,特别是在客运中占有越来越重要的地位。旅游交通运输业的发展,使现代旅游具有世界性、开放性的特征,而现代旅游业的蓬勃发展又使得交通运输的作用越来越突出,使旅游交通服务成为整个旅游产品不可分割的重要组成部分。按照运输方式的不同,可以将旅游交通服务分为铁路运输、公路运输、水路运输、海上运输、航空运输五大类别,各类运输方式各具特点、各有优劣。

为调整旅游运输中产生的各种社会关系,规范旅游运输市场,我国在交通运输立法方面,先后制定了《中华人民共和国铁路法》、《中华人民共和国道路交通管理条例》、《中华人民共和国民用航空法》等一系列法律法规,确立了旅游交通运输企业、旅游经营者和旅游者之间的权利义务关系。由于在大多数情况下,特别是在随团旅游的情况下,旅游活动是由旅行社和旅游者签订旅游合同,代游客办理出行和运输相关事宜。因此,旅行社也成为旅游运输法律关系的主体之一,从而使三方之间的法律关系表现得更为复杂。

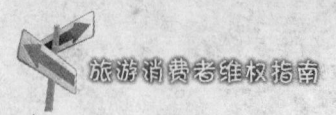

第一节 出现误机(车、船)事故怎么办?

《合同法》第290条:承运人应当在约定期间或者合理期间内将旅客、货物安全运输到约定地点。

一、约定期间或者合理期间的界限是什么?

《合同法》第290条规定:"承运人应当在约定期间或者合理期间内将旅客、货物安全运输到约定地点。"因此,所谓误机(车、船)事故,就是指承运人未在约定期间或者合理期间内将旅客、货物安全运输到约定地点,从而造成旅游者在时间上的直接损失,以及经济上可预测的间接损失。

约定期间主要是指承运人和旅游者在签订运输合同时就运输时间事项所达成的合意,一般载明在车船票证上,如飞机票、火车票、船票等票证上标明的正点到达时间。而所谓合理期间,是指在没有意外因素的情况下,交通工具在通常情况下应当到达目的地的时间点,如旅游大巴车按照正常运行速度到达某个景点所需要的时间。

那么,是不是只要承运人未在约定期间或者合理期间内将旅客、货物安全运输到约定地点,就应当向游客承担违约责任呢?回答是否定的。由于造成承运人未能在约定期间或者合理期间内将旅客、货物安全运输到约定地点的因素是多方面的,所以我们在遇到误机(车、船)事故时,考虑问题的角度应当包括:

1. 运输承运人、组团旅行社和旅游者三方各自的主观过错程度。
2. 是否存在法定免责事由。

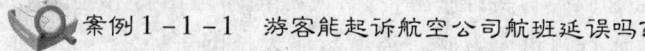 案例1-1-1 游客能起诉航空公司航班延误吗?

焦点:航班延误可否得到经济补偿?

2005年"五一"黄金周,李女士等人按机票载明的登机时间准时去乘坐某航空公司的航班,准备从北京飞往海南旅游度假。到达机场后,李女士等被告知该航班飞机出现故障,请乘客在候机大厅稍候。但直到距离原定起飞时间近6个小时后,李女士等乘客才登上飞机。事后李女士等人向法院提起诉讼,要求航空公司进行经济补偿。该案经法院庭前调解,航空公司对每位乘客给予200元的经济补偿。

维权依据:

《消费者权益保护法》第35条第3款规定:"消费者在接受服务时,其合法权益受到损害的,可以向服务者要求赔偿。"《合同法》第107条规定:"当事人一方不履行合同义务或者履行合同义务不符合约定的,应当承担继续履行、采取补救措施或者赔偿损失等违约责任。"李女士等游客在购买机票时,实际上就已经与航空公司签下了航空客运合同,航空公司应当按照客运合同提供服务,在约定期间内安全、准时地将乘客送达目的地。如果是由于航空公司自身原因,而非不可抗力造成航班延误,致使李女士等游客在机场长时间滞留,已经远远超出了约定期间或者合理期间的范围,航空公司实际上单方面违反了合同约定,应该担负起违约责任。因此,航空公司应当对由于航班延误给乘客造成的损失进行相应的经济补偿。

维权指南:

上述案例法律关系很明确,航空公司单方违反航空运输合同约定造成航班延误,应当承担经济补偿责任。但是,实践中,由于目前国家民航总局对航班延误补偿问题并没有直接的管理权力,其发布的《航班延误经济补偿指导意见》对各个民航公司只具有指导作用,并没有强制力,所以乘客要想得到经济补偿,并非易事。

那么,在航班延误情况下,乘客如何才能得到补偿呢?由于国家民航总局发布的《航班延误经济补偿指导意见》如何执行由航空公司自己决定,只具有指导作用而不具有强制力,乘客据此很难得到补偿。因此,乘客可以按《合同法》或者《消费者权益保护法》的有关规定进行投诉,或者提起诉讼,维护自己的权利。上述案例中,李女士等乘客根据《消费者权益保护法》向法院提起诉讼,使自己的合法权益得到了保护。

案例1-1-2 旅游巴士公司是否对车辆故障造成的延误承担责任？

焦点：汽车抛锚是否属于不可抗力？

2001年4月4日,北京游客陈某等人租用某巴士公司提供的旅游车进行革命教育红色旅游。旅游团行进过程中,旅游车突然发生故障、半路抛锚。旅游车司机立即对客车进行抢修,3个小时后故障仍未能排除,旅游团只好分别乘坐出租车原路返回,当天计划的行程被迫取消。旅游结束后,陈某等人要求巴士公司给予经济赔偿,巴士公司以汽车抛锚属于不可抗力为由拒绝赔偿,陈某等人将巴士公司告上法院。法院一审判决巴士公司补偿每位游客90元,共计1 350元。

维权依据：

旅游巴士公司作为承运人,是旅游运输法律关系主体之一。游客乘坐巴士公司的旅游车,双方存在运输合同关系,巴士公司应该按照合同约定,及时、安全地将旅客和行李运至目的地,并为旅客提供良好的旅行服务,这是承运人的基本义务。如果巴士公司在经营活动中不履行或不适当履行自己的义务,以及由于它的侵权行为而造成旅游者受损害时,就必须承担法律上的责任。需要注意的是,旅游运输企业承担法律责任的前提是它自己有过错,如果巴士公司违约或损害结果的发生不是由承运人或其工作人员造成的,而是由旅游者本人的原因或不可抗力造成的,巴士公司就可以减轻或不负法律责任。因此,本案的关键问题在于旅游车在中途抛锚是否属不可抗力事件。

根据我国《合同法》第117条的规定："本法所称不可抗力,是指不能预见、不能避免并不能克服的客观情况。"旅游车故障并非不可预见、不可避免、不可克服事件,不属于不可抗力,巴士公司不能免除经济赔偿责任。《旅游安全管理暂行办法实施细则》第6条规定,旅行社、旅游饭店、旅游汽车和游船公司对用于接待旅游者的汽车、游船和其他

设施,要定期进行维修和保养,使其始终处于良好的安全技术状况,在运营前进行全面的检查,严禁带故障运行。所以,巴士公司在派出旅游车辆提供客运服务时,应当按照《旅游安全管理暂行办法实施细则》和《旅游汽车服务质量》的要求,在出发前对车辆应当进行细致的检修,做到"坚持一日三检,确保车况完好",以保障其提供的交通工具符合正常使用标准。因此,如果巴士公司加强对旅游车辆的管理,车辆故障是完全可以避免的,不属于合同法规定的不可抗力。旅游车半路抛锚,说明巴士公司没有尽到必要的注意义务,所提供的服务没有达到行业标准,应当对由此给游客造成的经济损失承担赔偿责任。

维权指南:

上述案例中巴士公司构成违约是不言自明的,关键问题在于其违约行为是否存在法定的免责事由。所谓法定免责条款,或称不负责任条款,是指法律明文规定合同没有履行或履行不符合约定时,不承担违约责任的条件。也就是说,合同没有履行或履行不符合约定,只在符合法定条件时,当事人才可不承担责任。可见,法定免责属于合同不能履行或由于其他原因造成合同履行不符合约定,而不是当事人能够履行而不履行。

合同违约责任的法定免责事由大体有四种情况:一是不可抗力;二是对方当事人的过错造成合同不能履行或履行不符合合同要求的;三是标的物本身的原因造成的自然变质、损耗;四是法律的特别规定。因此,当违约行为客观存在时,根据合同法有关规定,依法成立的合同对双方当事人均具有约束力,当事人应当按照合同约定履行自己的义务。只要违约方不能证明自己存在具有上述四种法定免责事由之一,就无法免除其承担的违约责任。

案例1-1-3 航空公司未履行时间告知义务是否应负误机责任?

焦点:打折机票到底能不能签转、更改、退票?

2005年2月26日,梅某参加某旅游公司组织的建社10周年旅游

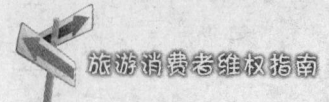

大酬宾抽奖活动,抽中半价旅游奖券一张,并获赠一张3.5折优惠的A航空服务公司由北京飞往广州的机票,票面左上角注明不得签转、更改、退票字样。3月2日,梅某持该机票到达机场时因距离起飞时间已不足30分钟,工作人员按照机场规定未给梅某办理登机手续。梅某当即要求改签其他航班,也因机票上写有"不得签转、更改、退票"字样而被拒绝,梅某只得又花了670元购买了一张飞往广州的机票。事后梅某将A航空服务公司诉至法院,要求法院判决A航空服务公司"不得签转、更改、退票"的格式条款无效,并赔偿误机造成的全部经济损失。法院判决A航空服务公司退赔梅某机票款及损失共计635元,驳回其他诉讼请求。

维权依据:

本案例属于航空运输合同中的格式条款引起的纠纷。航空公司是否应当对误机后果承担赔偿责任?这取决于航空公司是否对此履行了法定义务以及是否存在过错。根据《合同法》第299条规定:"承运人应当按照客票载明的时间和班次运输旅客。承运人迟延运输的,应当根据旅客的要求安排其改乘其他班次或者退票。"本案中,梅某自持有机票之时起,就和A航空公司之间达成了客运合同,从而产生相应的权利义务关系。由于机票是一种格式合同,因此机票背面应载有提示乘客提前到达机场的格式条款。但是,A航空服务公司却由于工作上的疏忽大意,未在机票上注明提前到机场的具体时间,导致梅某因时间延误未能按时登机,属于未履行告知义务,对于梅某误机负有直接责任。这种由于航空公司过错导致的漏乘,航空公司除赔偿往返交通运输费和机票等直接损失外,还要承担如误工费等的间接损失。

因此,基于航空公司交付的机票上未将有关时间要求加以注明,法院以航空公司工作中存在疏漏为由,判令其退赔梅某机票款及损失共计635元的判决是符合法律规定的。

维权指南:

因持有打折机票而被拒绝办理登机手续,而且改签其他航班的要求也因打折机票不得签转、更改、退票而被拒绝,航空公司的这些做法是否违反了国家相关规定呢?

打折机票不能签转、更改、退票的格式条款是否有效?根据《中国民用航空旅客、行李运输规则》的规定,机票可以签转、更改、退票,那么,航空服务公司自行规定打折特价机票不得签转、更改、退票是否违反规定,是否属无效条款呢?答案是否定的。因为《中国民用航空旅客、行李运输规则》是相对于全价票而言的,按照国家发展和改革委员会、中国民用航空总局发布的《民航国内航空运输价格改革方案》的规定,航空公司可以自行制定票价种类、水平、适用条件。因此,特价航空客票不能签转、更改、退票的约定条件并没有违反民航总局的相关规定。也就是说,航空公司在售出打折票时就已注明不得签转、更改、退票的限制条件,乘客在购买特价机票时,即接受了售票方所注明的限制条件,而且该限制条件并未违反有关规定,航空公司拒绝其改签其他航班的要求并无不妥。所以,要求确认不能签转、更改、退票条款无效的诉讼请求缺乏法律依据,法院不予支持。

因此,遇到上述情况,游客可以根据《消费者权益保护法》第 8 条规定:"消费者享有知悉其购买、使用的商品或者接受的服务的真实情况的权利。"主张航空公司作为经营者负有应当向消费者提供有关商品或者服务的真实信息的义务。从消费者的知情权的角度,来维护自身的合法权益。

二、旅行社是否可以成为误机(车、船)事故责任主体?

对于旅行社来讲,误机(车、船)事故是指由于某些原因或旅行社有关人员工作的失误,旅游团(者)没有按原定航班(车次、船次)离开本站而导致暂时滞留。误机(车、船)事故包括两种情况:非责任事故和责任事故。非责任事故,是指由于旅游者方面原因或由于途中遇到交通事故、严重堵车、汽车发生故障等突发情况造成迟误。对此种情况,旅行社不负责任。责任事故,是指由于导游人员或旅行社其他人员工作上的差错造成迟误,如导游人员安排日程不当或过紧,没有按规定提前到达机场(车站、码头);导游人员没有认真核实交通票据;班次已变更但旅行社有关人员没有及时通知导游人员等造成迟误。对于责任事故,旅行社就成为责任方,应当承担相应责任。

案例 1-1-4 旅行社错误告知是否应当承担全部责任?

焦点:旅行社错误告知是否应负全部责任?

2006年6月24日,北京游客何某和冯某同某国际旅行社签订出国(境)旅游合同一份,各交纳团费7 400元,准备随团到东京旅游。何、冯两人要求旅行社为他们代订机票,旅行社通知二人帮他们订了6月27日下午7点35分由北京首都国际机场飞往东京成田机场的航班机票,并告知二人务必于6月27日下午提前3个小时在首都机场集合。6月27日下午4时许,两人到达机场后才发现所持机票为6月27日上午7点35分起飞的航班,赴东京的旅游团已经于上午离京。何、冯两人要求旅行社退还团费并赔偿损失,旅行社认为该误机事件属于游客自己没有按时登机造成的,旅行社不承担任何责任。后经法院一审判决,旅行社赔偿何、冯两人经济损失8 999元。

维权依据:

我国《合同法》第60条规定:"当事人应当按照约定全面履行自己的义务。当事人应当遵守诚实信用原则,根据合同的性质、目的和交易习惯履行通知、协助、保密等义务。"旅游者同旅行社签订旅游合同后,双方即产生法律上的权利义务关系,旅行社即负有按照合同约定安排何、冯两人顺利完成旅游计划的责任。否则,旅行社即应承担违约赔偿责任。

上述案件中,旅行社存在两个方面的过错:一是未尽到应有的注意义务,错误告知。旅行社工作人员由于自身工作上的疏忽大意,错误地把6月27日上午7点35分起飞的航班告知为下午7点35分,并要求游客何某、冯某二人在6月27日下午提前3个小时在首都机场集合出游。由此可见,旅行社存在过错。何、冯两人是按照旅行社的告知要求到达首都机场的,旅行社的过失行为是旅游合同无法履行的直接原因,其行为已经构成违约,应当承担违约责任。二是未履行应有的告知义务。根据《旅行社出境旅游服务质量》的规定,出团前,组团社应召开

出团行前说明会,向旅游者说明出境旅游的有关注意事项。但是,该旅行社并未履行此项告知义务,工作上存在纰漏。据此,法院一审判令旅行社承担违约责任,并于判决生效后 10 日内赔偿二人损失 8 999 元。

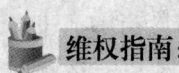

维权指南:

误机(车、船)是重大事故,其造成的损失往往是双重的。一方面,给旅行社带来巨大的经济损失,还会严重影响旅行社的声誉;另一方面,使旅游者蒙受经济或其他方面的损失。因此,无论旅游者还是旅行社,都要高度认识误机(车、船)的严重后果,防止误机(车、船)事故的发生。从旅行社方面来讲,领队、地陪、全陪要提前做好旅游团离站交通票据的落实工作,并核对日期、班次、时间、目的地等。譬如,交通票据没落实,带团期间要随时与旅行社有关部门联系,了解班次有无变化;临行前,不安排旅游团到范围广、地域复杂的景点参观游览,不安排旅游团到热闹的地方购物或自由活动;安排充裕的时间去机场(车站、码头),保证旅游团按规定时间到达离站地点。一旦发生误机(车、船)事故,旅行社应严格按照程序处理,妥善安排旅游团在当地滞留期间的食宿、游览等事宜,对旅游者由此受到的损失进行赔偿。从旅游者个人方面来讲,也应当关注交通票据、行程变化,配合旅行社的安排,避免信息缺失造成的不必要损失。

就上述案例来讲,虽然旅行社存在错误告知的过错,但旅游者何、冯两人并非没有责任。由于二人不细心,没有亲自核实交通票据的时间,自身也存在过错,因此,也应承担相应的责任,其受到的经济损失不能全部得到赔偿,这也是旅游者应当吸取的教训。

案例 1—1—5 政府行为导致无法成行,造成损失由谁买单?

焦点:政府行为是否可以成为免责事由?

2003 年 4 月 14 日,湖南游客高女士等人在当地某旅行社报名参加了该社组织的北京双飞三日游。双方签订了《国内旅游合同》,约定单价1 340元/人,共计5 360元,并订取了从湖南飞往北京的航班机票。由于当时国内突然爆发"非典"疫情,形势发展日益严峻,特别是北京已成为疫情高发地区,有关部门及时出台了暂停旅行社一切组团接待活动的规定。因该航班被怀疑曾运输过疑似病例,4月21日航班被暂时取消。高女士认为这是航空公司擅自取消航班,应当承担违约责任。因双方不能达成一致意见,游客高女士等人诉至法院,经法院调解航空公司退还高女士等人机票价款。

维权依据:

根据我国《合同法》的规定,因不可抗力因素导致合同不能履行,双方都不承担赔偿责任。这是一起较为典型的旅游活动遭遇不可抗力被迫终止的案例。如果因航空公司的过错,即主观上故意或过失而使合同约定的服务未达到质量标准,造成旅游者经济损失的,航空公司应承担赔偿责任。所以,航空公司存在过错是其承担法律责任的前提条件。反之,由于不可抗力因素或旅游者自身原因造成旅游者经济损失的,则航空公司不承担法律责任。在本案中,航空公司显然不存在主观过错,临时取消航班的原因是"非典"疫情,政府及时出台的暂时取消航班规定,属于不可抗力。航空公司不存在违约或侵权的情形,据此可以免除其违约责任。同时,按照公平、诚信的法律原则,因双方在该事件中都不存在过错,航空公司应当退还游客已经支付机票价款,游客也应当谅解航空公司遇到的客观困难。根据我国《消费者权益保护法》的有关规定,旅游者作为消费者,享有知情权等权利,航空公司在通知游客时,应该就退团缘由及退团后的退费等问题向游客作详细的说明和解释,取得游客的认同和谅解。

维权指南:

不可抗力是法定的免责事由之一,因此旅游者在维护自身合法权益时,应当能够对于什么是不可抗力有一个大致的了解,这样可以更为主动地、有针对性地进行维权。

什么叫做不可抗力呢?按照国外的说法,不可抗力被叫做"上帝的意志",意思是不受当事人意志所控制的。用法律语言来讲,就是不能预见、不能抗拒、不能克服。既然不可抗力不受当事人意志所控制，当事人就可因此而免除法律责任。所以，为更好地维护当事人的合法权益，当事人可以在合同中约定不可抗力的范围和免除责任的条件。一般认为，不可抗力的范围包括以下三种情况：第一，自然灾害。如地震、台风、洪水、旱灾、海啸等。上述案例中的"非典"疫情，就属于自然灾害的范畴。第二，政府行为。这主要是指当事人在订立合同后，政府当局颁布新政策、法律和行政措施而导致合同不能履行。上述案例中政府当局针对"非典"疫情及时出台的暂时取消航班规定，就属于因政府当局出台行政措施而导致合同不能履行的情形。第三，社会异常事件。这主要是指一些偶发的事件阻碍合同的履行，如战争、罢工、骚乱等。

三、游客在误机（车、船）事件中的责任如何认定？

社会分工和商品经济的发展，交易形式和内容的多样化和复杂化，使身处社会生活中的每个人随时随地都有可能被卷入各种经济关系和法律关系之中。在各种关系中，每个个体都享有一定的权利，相应的也担负着一定的义务。对于旅游者来讲，旅游活动本身就涉及众多的法律关系，旅游者要有效地维护在旅游过程中的各种权益，仅仅具有依法维权的意识是不够的，还必须具有履行法定义务的意识。只有如此，才能够最大限度地维护自身合法权益，最大限度地减少可能遭受的损失。在类似于误机（车、船）事件中，旅游交通运输企业、旅游经营者和旅游者三方当事人各享有相应权利并承担相应义务。就旅游者一方来讲，至少要做到两点：一是，尽到法定的作为义务；二是，尽到合理的注意义务。

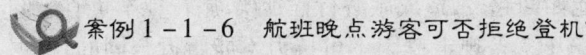
案例1-1-6　航班晚点游客可否拒绝登机？

焦点：游客拒绝登机造成的经济损失可否获得赔偿？

2001年夏季，朱某等3名游客与另外11名游客共同组成旅游团，参加某旅行社组织的夏日旅行团队。因天气原因，预定航班推迟了起飞时间，引起了游客极大不满。经导游劝说后，同机其他游客登机待飞，而朱某等3名游客则拒绝登机，最终造成旅游未能成行。事后朱某等3名游客起诉该旅行社，要求旅行社返还全部费用，并偿付违约金和案件受理费。法院一审判决游客胜诉，旅行社不服提出上诉。二审依法作出改判，终审判决旅行社退还游客未发生的旅游费用，旅游者自负因拒绝登机而扩大的经济损失。

维权依据：

上述案例中，旅游合同在已经开始履行的情况下，未能得到全面履行的根本原因在拒绝登机的游客而不在旅行社，因此朱某等3名游客应承担此案的民事责任。下面就该误机事件涉及的三方当事人和两种合同关系作简要分析。

第一，航空运输合同关系，涉及当事人双方为乘客和航空公司。依据《民用航空法》的规定，航空运输合同一般自旅客购得机票之时即告成立，双方即成立运输合同关系，航空公司应按照合同约定的期限和标准将旅客运达目的地。该案中班机不能如期起飞，航空公司在客观上构成违约，但由于航班晚点是由于天气原因造成的，属于不可抗力，依据《民用航空法》的规定，航班因为天气条件、航空器的机械故障、机组人员或机械人员罢工、航空器的操作等无法控制、无法避免的原因造成延误的，航空公司可依法免除责任。

第二，旅游合同关系，涉及当事人双方为旅游者和旅行社。根据我国《合同法》第107条规定："当事人一方不履行合同义务或者履行合同义务不符合约定的，应当承担继续履行、采取补救措施或者赔偿损失等违约责任。"由于旅客同旅行社签订了旅游合同，旅行社应按合同约定妥善安排旅游者的游览活动，使旅游者能够按时到达游览计划中安排的景点。飞机不能如期起飞，造成旅游行程延误，旅行社本负有违约责任。但《合同法》第117条规定："因不可抗力不能履行合同的，根据不可抗力的影响，部分或全部免除责任，但法律另有规定的除外……"由于旅行社的违约行为是由天气原因导致的航班延误，属于不能预见、不能避免并不能克服的客观情况，根据法定的免责条款，旅行社对航班延误起飞时间所造成的旅游行程延误不负违约责任，但应继续履行合同约定。

第三,旅游者草率拒绝登机造成经济损失,自身行为存在过错。按照《合同法》第 119 条规定:"当事人一方违约后,对方应当采取适当措施防止损失的扩大;没有采取适当措施致使损失扩大的,不得就扩大的损失要求赔偿……"虽然飞机晚点属于不可抗力,但并不必然导致合同目的不能实现,不足以导致合同一方当事人享有单方解除合同的权利,游客依然可以要求航空公司和旅行社继续履行合同义务。但是,朱某等 3 名游客在遭遇天气原因导致的航班延时起飞的不可抗力后,未采取适当的补偿措施,拒绝登机,未尽到减少所受损失的义务,导致朱某等 3 名游客的机票全部作废,并从根本上造成旅游合同无法继续履行,存在严重过错,由此造成的损失,应当由其自行承担,法院二审判决是正确的。

维权指南:

不可抗力发生后,因不可抗力造成不能履行合同的当事人应当履行以下义务:一是应当及时采取一切可能的有效措施,尽量避免或者减少不可抗力对合同履行的影响,尽量使全部不能履行的合同转化为部分不能履行或者迟延履行的合同。如果能够采取措施而不及时采取,加重合同不能履行程度的,当事人应当承担相应的责任。二是不可抗力的情况发生后,不能履行合同的一方应将不可抗力发生的事实及时通知另一方,以便对方及时采取有效措施减少或避免损失。如果能够通知而不及时通知,造成另一方损失扩大的,不履行合同的一方应承担相应责任。三是遭遇不可抗力的当事人应向对方提供有关部门的证明,证明不可抗力发生的情况以及对合同的影响。当然,对于众所周知的事实无须证明,如上述案例中天气对于飞机航行的影响。

游客维权必须在合理限度内理性维权。旅游是多要素综合性活动,因此经常会受到像航班延误等非旅行社所能控制的因素干扰。作为旅游者,我们也应当知道,旅行社不可能对游客发生的任何损失都承担责任,旅行社所负责任的范围来源于它的义务范围。旅游者作为合同当事人一方,同样负有履行旅游合同约定的义务的责任。旅游者由于自己的过错造成损失的,同样应承担违约责任或赔偿责任。在旅行社或者旅游交通运输等相关责任方先行违约的条件下,旅游者应当尽量采取措施防止相关损失的不必要扩大,即减轻损失的义务。也就是说,没有违反合同约定的一方不应以不合理的方式增加自己的损失,不能就本可以采取合理措施避免的损失获得赔偿。因此,游客维权情绪偏激、感情用事往往事与愿违,旅游中发生纠纷责任也并非全要归咎于旅行社。上述案例中,就是由于旅游者的非理性维权行为,使自己遭受的部分损失无法得到补偿。

案例 1-1-7　游客记错登机时间,造成"误机"损失谁承担?

焦点:三方均有过错,责任谁来承担?

2000年9月,刘某等8名旅游者,报名参加北京某旅行社组织的海南3日游,旅游团乘飞机往返。9月30日,北京组团社导游将返程机票交给刘某,告知其返京时间为10月4日下午3点。10月3日,旅游团结束在海南的游览活动后,地陪导游询问乘机返京的时间,刘某告之为4日下午3点。10月4日中午,刘某办理饭店结账手续时,突然发现机票的时间是上午9点,而不是组团社所说的下午3点。后在海南地接旅行社的帮助下,乘当晚班机返京。因旅游团购买的打折机票不得转签、退换,刘某等旅游者另支付机票价款共12 600元。回京后,刘某等人向旅游投诉管理机关进行投诉,要求组团旅行社承担误机责任,赔偿全部误机损失。旅游质量监督管理部门经调查取证,裁决北京组团社、海南地接社和游客三方分别承担相应责任。

维权依据:

《民法通则》第111条规定:"当事人一方不履行合同义务或者履行合同义务不符合约定条件的,另一方有权要求履行或者采取补救措施,并有权要求赔偿损失"。《合同法》第60条、第107条也分别规定,当事人应当按照约定全面履行自己的义务。当事人一方不履行合同义务或者履行合同义务不符合约定的,应当承担继续履行、采取补救措施或者赔偿损失等违约责任。该误机事故中,旅游质量监督管理部门行政裁决北京组团社、海南地接社和游客三方分别承担相应责任的裁决是符合法律规定的。这是因为:第一,组团社存在过错行为,应承担主要责任。旅行社导游已将返程机票交给刘某,由其自行保管,但是,这并不能成为旅行社推卸自身违约责任的理由。因为组团社导游在没有详细查看与核对机票的情况下,告知游客错误的起飞时间,对游客是一种信息误导,与误机后果有直接的因果关系,应当承担主要责任。第二,地接社应承担相应的过错责任。根据《导游服务质量标准》的规定,旅游团(者)离开的前一天,地陪应确认交通票据及离站时间,通知游客移交行李和与饭店结账时间。10月3日地接社导游虽然向刘某问过起飞时间,但并没有亲自检验机票,没有认真核对团队机票上的起飞时间,在未做到"三核实"的情况下轻率地认定返程时间,存在一定的过失,对误机事故负有一定的责任。第三,旅游者自身也存在过失。组团社已经将机票交游客自行保管,游客就负有保管、核查返程机票的义务。但刘某等疏忽大意,未核对机票返程时间,也是造成误机的主要原因之一,同样应担负相应的损失。

维权指南:

所谓误机,是指旅客未能提前办妥乘机手续、旅行证件不完备或者未按时到达登机口登机旅行。上述案例不同于一般误机事故的特殊之处在于,该误机事件是由多方责任而非单方责任造成的,涉及多方当事人。而之所以多方当事人均在不同程度上承担误机事故所造成的损失,原因在于他们都存在不同程度上的过错。这就提醒我们必须关注民事法律中一个重要原则,过错责任原则,即谁存在过错,谁承担责任,承担责任的大小与过错程度成正比例关系。北京组团旅行社、海南地接社均存在过错,且不具有免责事由,应当承担主要责任;刘某等旅游者存在疏忽查验机票的过失,也应承担相应的责任。因此,应由各方根据误机事故的原因和责任分别承担相应后果,这就是过错归责原则。

本节小结:

旅游使人开阔眼界、增长见识,在愉悦身心的同时有所收获。而乘

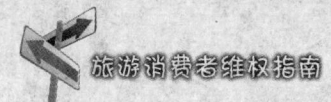

坐交通工具到达旅游目的地,是现代旅游业中每个游客无法回避的现实。旅游中伴随出现的误机(车、船)事故如同电脑死机一样,不但降低效率、消耗时间,往往还会伴随经济上的损失、精神上的沮丧,使旅游活动的效果大打折扣。撇开旅游经营者和旅游交通运输业,站在旅游者的角度面对误机(车、船)事故,最好的办法就是在旅游活动中要有充分的思想准备,时刻保持应有的注意状态,注重细节问题。这样做的好处,不仅可以最大限度地减少误机(车、船)事故,使旅游活动能够愉快、顺利地进行,而且可以在出现误机(车、船)事故时有备无患,占据主动地位,更有效地获取经济赔偿。

误机(车、船)事故发生之后,主要是依据民事法律上的过错责任原则,划分各方当事人的责任。同时,还要考虑不可抗力等法定的免责事由问题。正是因为误机(车、船)事故可能牵涉多方当事人,涉及多种影响因素,且易造成较大的经济损失,因此,旅游者在处理该类事件时应保持头脑冷静,客观分析事故原因,注重保存相关票证,进行理性维权,切忌因急躁和感情用事而平添苦恼,或者增加不必要的损失。如果旅游者和旅游业、交通业经营者之间发生争议,可以根据实际情况采取与经营者协商和解、请求消费者协会调解、向旅游行政主管部门或工商部门等有关行政部门进行投诉,或者直接向人民法院提起诉讼等途径解决。

第二节 行李、物品托运出现问题怎么办?

《合同法》第311条规定:承运人对运输过程中货物的毁损、灭失承担损害赔偿责任,但承运人证明货物的毁损、灭失是因不可抗力、货物本身的自然性质或者合理损耗以及托运人、收货人的过错造成的,不承担损害赔偿责任。

旅游活动中游客除带有行李和随身物品之外,往往还会在外地大量购物。由于随身携带物品不便于游览观光,因此就会产生行李、物品的托运问题,以及物品邮寄问题。在本节中主要通过几个简单案例,来说明以下几个问题:①行李、物品托运途中丢失、损毁的责任认定原则;

②承运人的运送期间计算方法;③承运人承担行李、物品托运途中丢失、损毁责任的例外及行李、物品损失计算方法。

一、行李、物品托运途中丢失、损毁的责任认定原则是什么?

《合同法》第303条规定:"在运输过程中旅客自带物品毁损、灭失,承运人有过错的,应当承担损害赔偿责任。旅客托运的行李毁损、灭失的,适用货物运输的有关规定。"

由此可见,根据行李、物品托运途中丢失、损毁物品的性质不同,适用不同的责任认定原则。

1. 对于旅客自带物品的损害赔偿,适用过错责任原则

所谓过错,是指当事人的故意和过失。也就是说,承运人对旅客行李、物品运输的损害赔偿,实行的是民事法律中通行的过错责任原则,即只有在承运人有过错的情况下,才承担赔偿义务。承运人承担赔偿责任的前提条件是存在故意或者过失,如果承运人没有过错,而是由于非承运人原因造成旅客自带行李、物品损失的,承运人不承担赔偿责任。但是,为了保护旅游者的合法权益,法律规定承运人负有证明自己无过错的举证责任,即所谓的举证责任倒置。

2. 对于托运的行李、物品的损害赔偿,适用无过错责任原则

所谓无过错责任原则,是指无论承运人是否存在故意和过失,只要是造成了托运行李、物品的损毁或灭失,就应当承担赔偿责任,除非具有法定免责事由。有的运输企业也规定了限额赔偿制度,同时通过保价运输来补偿托运人损失不足部分,如《中国民用航空旅客、行李国内运输法则》第52条规定:"旅客的托运行李全部或部分损坏、丢失,赔偿金额每公斤不超过人民币50元……由于发生在上、下航空器期间或航空器上的事件造成旅客的自理行李和随身携带物品灭失,承运人负担的最高赔偿金额每位旅客不超过人民币2 000元……"但是,如果损害是承运人故意或者重大过失造成的,则不受赔偿限额的限制,承运人应按实际损失赔偿。

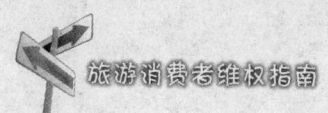

案例1-2-1 游客自带行李、物品丢失,承运人是否应当赔偿?

焦点:随身携带物品丢失的索赔依据是什么?

2002年夏天,冯某一家人参加某旅行社组织的草原之夜避暑游,并签订了旅游合同。3天行程顺利结束,旅游团如期返程。冯某一家人因游兴未尽,就请求旅行社将其一家人的返程车票更换为两天后的车次,表示自己一家人将在顺延两天后自行返回,但双方未续签旅游合同。顺延期满,冯某一家人在返程途中,因火车上乘客拥挤,其随身携带的在旅游期间购得的一套价值3 000余元的字画不慎丢失。冯某要求旅行社赔偿损失,旅行社认为双方旅游合同关系已经终止,不承担赔偿责任。冯某要求铁路运输部门进行赔偿,铁路运输部门认为字画丢失属于乘客本人保管不当造成的,也不承担赔偿责任。那么,冯某只能自认倒霉吗?

维权依据:

旅游合同是旅游者和旅行社明确彼此间权利义务关系的协议,也是旅游者维护自己合法权益最有力的武器。旅游经营者在组织旅游过程中,要根据旅游合同约定为旅游者提供旅游服务。旅游合同自依法成立时生效,因履行完毕、合同解除等情况而终止。一般而言,旅行社承担合同义务的期间始于合同成立终于合同履行完毕。在上述案例中,由于冯某自愿延缓返程时间,并表示将自行返回,旅行社已经为其更换了返程车票,旅行社和游客者之间的旅游合同已经履行完毕,且双方没有达成新的协议,因此旅行社和游客者之间权利义务关系终止,旅行社对其返程中出现的任何情况,都将不承担责任。

《铁路旅客运输损害赔偿规定》第4条规定:"由于不可抗力或者旅客自身原因造成人身伤亡和自带行李损失的,铁路运输企业不承担赔偿责任。"《合同法》第303条规定:"在运输过程中旅客自带物品毁损、灭失,承运人有过错的,应当承担损害赔偿责任……"由此可见,游客随身携带行李、物品的损毁、灭失,要求承运人承担责任的前提条件,是承运人本身有过错,而由于不可抗力或者旅客自身原因造成自带行李损失的,承运人不承担赔偿责任。上述案例中由于字画一直在游客控制范围之内,字画丢失事件属于其本人保管不当造成,承运人不存在过错,因此不承担赔偿责任。该案由于游客冯某缺乏维权依据,因此只能自己承担字画丢失所造成的经济损失。

维权指南:

一般来讲,游客随身行李、物品丢失能否得到赔偿,关键要注意三个步骤的工作是否做到位。

一是在运输途中是否由于承运人的原因造成了损失,即承运人是否存在重大过失或者故意,如列车员在未经乘客同意和知晓的情况下,擅自挪动游客物品的位置造成损毁、灭失的,可以要求承运人进行赔偿。

二是旅游途中是否转交旅行社代为保管,如交给导游或者司机师傅代管,或者放置在旅游车上,在此期间发生损毁、灭失的,可以向旅行社进行追偿。

三是组团社是否代理游客投保旅游意外保险,可以依照保险合同约定向投保的保险公司索赔,这是旅游者获得随身物品损坏、丢失等赔偿的最后一道防线。根据《铁路旅客运输损害赔偿规定》的规定,对于铁路旅客运输中发生的旅客人身伤亡及其自带行李损失的赔偿,实行限额赔偿,即每名旅客人身伤亡的赔偿责任限额为人民币40 000元,自带行李损失的赔偿责任限额为人民币800元。铁路运输企业和旅客可以书面约定高于法律规定的赔偿责任限额。铁路运输企业依照规定给付赔偿金,不影响旅客按照国家有关铁路旅客意外伤害强制保险规定获取保险金。

如果游客能够在上述三个方面未雨绸缪,就能减少物品损毁、丢失时的损失。旅游者要善于利用法律武器,维护自身合法权益。

案例1-2-2 托运行李、物品被窃可否得到赔偿?

焦点:托运物品丢失获得赔偿必须承运人有过错吗?

2007年春节,安女士随旅游团到云南旅游。在旅游过程中,安女

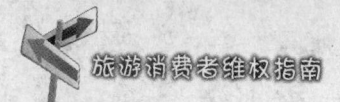

士购买了大量当地土特产和旅游纪念品,准备作为过节礼物送给自己的亲朋好友。因不便随身携带,安女士便在导游的建议下办理了返程物品随车保价托运手续。列车正点到达终点后,安女士持托运单领取物品时,被告知托运物品找不到,无法交付,后经查明为物品在运输途中被盗。安女士要求承运人按照实际价值赔偿给自己造成的经济损失3 000余元,而承运方却认为物品被盗属于意外事故,应经公安部门破案后向犯罪人进行追偿。安女士诉至法院,一审判决铁路运输部门按照实际损失赔偿安女士经济损失3 000余元。

维权依据:

《合同法》第311条规定:"承运人对运输过程中货物的毁损、灭失承担损害赔偿责任……"该法律规定的正确理解应当是,凡是托运人交付托运的行李、物品,在托运过程中发生毁损、灭失的,承运人就应当承担赔偿责任,而不管其是否存在过错。也就是说,承运人在托运过程中存在过错,并非其承担赔偿责任的必要条件。同样,《铁路法》第17条规定:"铁路运输企业应当对承运的货物、包裹、行李自接受承运时起到交付时止发生的灭失、短少、变质、污染或者损坏,承担赔偿责任。"这里明确了两个方面的问题。

1. 承运人的责任期间,即自接受承运时起到交付时止,实践中以办理托运手续为起算点,至托运人、收货人或者旅客凭单证在规定期间内领取托运物品为终点。

2. 承运人的赔偿责任:凡是托运货物、包裹、行李自承运时起到交付时止发生灭失、短少、变质、污染或者损坏的,承运人均应承担赔偿责任,属于无过错归责原则。

上述案例中,安女士按照规定办理了物品托运手续,和承运人之间存在货运合同关系,形成法律上的权利义务关系。由于其托运的物品在运输途中被窃,而又不存在《铁路法》第18条规定的法定免责事由,因此铁路运输部门应当对由此给安女士造成的损失进行赔偿。至于铁路运输企业对于盗窃犯罪人的追偿问题,则属于另一法律关系,不在该案讨论范围之内。

维权指南：

《铁路法》第11条规定："铁路运输合同是明确铁路运输企业与旅客、托运人之间权利义务关系的协议。旅客车票、行李票、包裹票和货物运单是合同或者合同的组成部分。"因此，一方面，旅游者应当妥善保管车票、行李票、包裹票和货物运单等能够证明存在铁路运输合同关系的单据、票证，以便于更有利地维护自身的权益。另一方面，旅游者可以采取主动的举措，增加托运物品的保险系数，如可以和托运人根据自愿原则申请办理保价运输，使托运物品能够按照实际损失赔偿或保价额获得赔偿。还可以根据自愿原则，向保险公司办理货物运输保险，发生损失时可以要求保险公司按照保险合同的约定承担赔偿责任。当然，无论办理保价运输，还是办理货物运输保险，或者既不办理保价运输，也不办理货物运输保险，都必须遵从托运人或者旅客本人自愿的原则，不得以任何方式强迫办理保价运输或者货物运输保险。

二、承运人的运送期间如何计算？

承运人的运送期间关系到其责任承担的时间范围，以及是否构成延误运输违约行为的认定条件，因此旅游者应当对承运人运送期间的计算方法有所了解。旅游交通运输按照运输方式的不同，可以分为公路运输、铁路运输、水路运输、航空运输、联合营运。按照运输对象的不同，可以分为旅客运输和货物运输。旅游运输方式不同、运输对象不同，都会对承运人运输期间的计算方法产生影响。例如水上旅客运输的运送期间的计算方法是自旅客登上船舶舷梯时起至旅客离开船舷下船时止的全部时间，该运输期间实质上就是承运人的责任期间。而旅客在港站内、码头上或者在港口其他设施内停留的时间，则不能计算在运送期间，承运人对上述时间内发生的任何事故或损失不负责任。

旅客运送期间的计算方法适用于旅客随身自带的行李、物品，而旅客自带行李、物品之外的其他行李、物品的运送期间，则适用货物运输的计算方法，即自旅客将行李交付承运人或者承运人的雇佣人、代理人时起至承运人或者其雇佣人、代理人交付游客时止。实践中，承运人对此类物品的责任则从承运人凭客票接受旅客托运的行李、物品时起，至承运人向旅客交付行李、物品时止。对货物运输期间的计算,我们可从托运物品和旅客自带行李、物品两个方面来进行把握。

案例1-2-3 托运物品延误造成损失可否请求赔偿?

焦点:承运人延误行李、物品运输应如何处理?

2005年中秋节前夕,施女士随团到北京旅游,听导游介绍说北京传统名点月饼"自来红"色鲜味美,就特意花了300元钱买了一盒"自来红"孝敬父母,并委托导游代办邮寄事宜。导游再三推托,但由于施女士是初次外出旅游且在北京人生地不熟,反复恳求导游代办邮寄事项,导游考虑再三就同意了。导游按照施女士书写的邮寄地址和收货人,托某航空快递公司将月饼空运回上海,快递公司答应两天内送达收货人手中。由于中秋节前夕邮递业务较多,快递公司误将物品发错方向,导致三周后才辗转送到收货人手中,但此时月饼早已变质,无法食用。施女士要求旅行社赔偿月饼300元及运费450元,并进行精神损害赔偿1 000元,旅行社拒绝。于是施女士将旅行社和托运公司一并诉至法庭,要求赔偿月饼购价、退还运费并进行精神损害赔偿。法院判决某航空快递公司赔偿施女士月饼购价300元,退赔运费450元,驳回其他诉讼请求。

维权依据:

上述案例涉及两个被告人,存在两种民事法律关系。

1. 在游客施女士与旅行社之间,存在委托合同法律关系。《合同法》第406条规定:"有偿的委托合同,因受托人的过错给委托人造成损失的,委托人可以要求赔偿损失。无偿的委托合同,因受托人的故意或者重大过失给委托人造成损失的,委托人可以要求赔偿损失……"一方面,施女士口头委托旅行社导游邮寄月饼,双方已经形成委托协议,旅行社导游应按照委托人的指示办理委托事务。另一方面,由于旅行社导游人员并没有为游客办理物品托运的义务,完全是无偿服务,并且导游人员在办理邮寄事务时是按照施女士书写的邮寄地址和收货人进行的,完全遵照了委托人的指示,本身行为并无过错。快运公司延误与导游无关,导游既无故意又无重大过失,因此不负赔偿责任。

2. 在施女士与某航空快递公司之间,存在运输合同法律关系。《合同法》第290条规定:"承运人应当在约定期间或者合理期间内将旅客、货物安全运输到约定地点。"第291条规定:"承运人应当按照约定的或者通常的运输路线将旅客、货物运输到约定地点。"《中国民用航空快递业管理规定》第21条规定:"航空快件在递送过程中毁灭、遗失、损坏或者延误时的损害赔偿责任,由航空快递企业和发件人约定,但是不得免除故意或者重大过失情况下的责任。"某航空快递公司误将物品发错方向,未按照约定的或者通常的运输路线将货物运输到约定地点,也未在约定的两日内将月饼送达收货人手中,致使月饼变质无法食用,存在严重过错,应当承担违约责任。而且,在货物运输中,承运人负有无过错赔偿责任,也就是说,不管承运人是否存在过错,只要造成货物的损毁、灭失就不存在免责事由,承运人就应当承担赔偿责任。该案中承运人托运公司不但存在过错,而且给托运人施女士造成了实际的损失,应当对此进行赔偿。关于航空承运人赔偿的数额,一般参照民事损害赔偿原则,即按照实际损失数额予以赔偿。至于施女士提出的精神损害赔偿诉求,因不符合最高人民法院关于精神损害赔偿的规定,被法院依法驳回。

维权指南:

根据《合同法》、《中国民用航空快递业管理规定》等有关的规定,无论客运还是货运,都存在一个合理的运送期间。在货物运输合同中,如果托运人和承运人已经就运输期间进行了明确的约定,则托运人必须在双方约定的期间内将货物递送到指定地点或交付收件人,否则即构成违约行为,如上述案例中双方约定的运输期间为两天时间,自导游将月饼交付某航空快递公司工作人员时起,至某航空快递公司工作人员将月饼交付收件人时止。如果托运人和承运人没有就运输期间进行约定或者约定不明,则托运人应在合理的期间内安全运输到约定地点。该合理期间的认定,可以参照行业标准或者惯例进行界定。如《铁路法》第16条规定:"铁路运输企业应当按照合同约定的期限或者国务

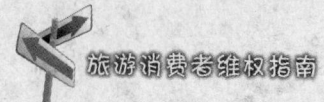

院铁路主管部门规定的期限,将货物、包裹、行李运到目的站;逾期运到的,铁路运输企业应当支付违约金。铁路运输企业逾期三十日仍未将货物、包裹、行李交付收货人或者旅客的,托运人、收货人或者旅客有权按货物、包裹、行李灭失向铁路运输企业要求赔偿。"类似规定均说明,货物运输同旅客运输一样,都存在约定的或者合理的运送期间,超出该运送期间本身就应承担违约责任,造成毁损、灭失的,则当然承担赔偿责任。

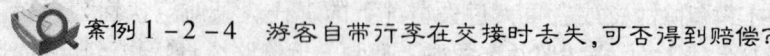

案例1-2-4 游客自带行李在交接时丢失,可否得到赔偿?

焦点:游客行李交接是否属于责任期间?

2000年9月30日,游客章某等12人参加某旅行社组织的"十一"北京3日游,地接社是北京某旅行社。在北京西站接站时,由于章某年龄较大,导游王某就热心帮助其把行李拎出站台。因国庆节期间乘客较多,比较拥挤,导游王某顺手将章某的行李放在旅游车旁,大声招呼各位游客到旅游车旁集合。旅游团成员全部登上了旅游车,乘车赶往住宿饭店的过程中,章某才发现自己的行李不见了,返回寻找未果。章某要求地接社予以赔偿,地接社认为行李未装上旅游车,不属于旅行社运输和保管范围,是章某自己照看不周导致行李丢失的,旅行社不负赔偿责任。章某诉求该旅行社赔偿直接经济损失3 500余元,旅游监管部门裁决该地接旅行社赔偿游客章某经济损失2 800余元。

维权依据:

根据《旅行社管理条例》第21条的规定,旅行社组织旅游,应当保证所提供的服务符合保障旅游者人身、财物安全的要求;对可能危及旅游者人身、财物安全的事宜,应当向旅游者作出真实的说明和明确的警示,并采取防止危害发生的措施。上述案例中,地接社以行李未装车不属于旅行社保管范围为由拒绝赔偿不能成立。第一,行李交接属于旅行社的责任期间。旅游者和地接旅行社之间的旅游合同法律关系,自导游接站开始成立并发生效力,直到旅游团离站后终止,此期间为地接

旅行社的责任期间。也就是说,导游人员暂时代管游客行李的行为,可被认定为行李由旅行社代为托运和管理的开始,直至到住宿饭店交还给游客。旅行社担负此期间保障旅游者人身、财物安全的义务。第二,旅行社存在过失行为。导游王某在帮助游客章某提行李的过程中,行李一直处于导游的控制范围之内。但导游把行李放在旅游车旁时,一时疏忽,既没有向司机交代小心看管,也没有向章某就妥善保管行李作出明确的提示,存在重大过失。其工作失误是造成行李丢失的直接原因,理应承担主要责任,并对由此给游客造成的经济损失给予相应的赔偿。

维权指南:

《旅行社投保旅行社责任保险规定》第 5 条规定,因旅行社的责任造成旅游者行李物品的丢失、损坏或被盗所引起的赔偿责任,属于旅行社应当依法承担的旅行社责任保险范围,地接旅行社应当先行向旅游者赔偿,然后可以按照规定向保险公司请求赔偿。由于该案中旅行社拒不进行赔偿,因此旅游行政主管部门可以依法裁定采用旅行社质量保证金方式来赔偿游客的经济损失。

由于本案是因地接导游人员工作失误导致旅游者自带行李、物品在交接过程中丢失的旅游纠纷案例,旅游行政主管部门依据《旅行社投保旅行社责任保险规定》裁定地接旅行社承担主要赔偿责任是符合法律规定的。此外,如果该项救济途径不能得到合理补偿,旅游者同样可以根据《消费者权益保护法》第 11 条、第 18 条的规定,或者《合同法》第 303 条的规定,通过诉讼途径获得赔偿。

三、如何界定承运人责任的例外和损失赔偿标准?

游客遇到随身携带行李、物品或者托运行李、物品毁损、灭失的情况,不外乎要面对两个问题:一是承运人是否承担赔偿责任,二是承运人应当承担多大的责任。对于承运人承担赔偿责任的问题,我们已作介绍,在此不再赘述,仅就其是否成立责任例外进行说明,各种运输方式之间有相同之处,旅游者通过案例可以举一反三。对于承运人应当在多大程度上承担赔偿责任,则涉及赔偿限额与标准问题,水、陆、空、

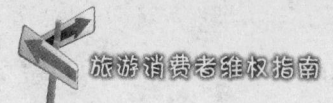

道路运输方式不同,其数额也不相同,需要旅游者分类掌握。

案例 1-2-5 承运人在何种情况下免于承担损害赔偿责任?

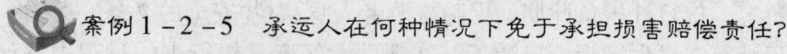

焦点:托运瓷器被打碎属于合理损耗吗?

2003 年夏季,某教育主管部门组织教师进行休闲度假旅游活动。在旅游团途经我国"瓷都"景德镇时,酷爱瓷器的黄教授精心挑选了一套"青花玲珑瓷"和一套"高温彩釉瓷",包装完好后办理了铁路托运手续,并反复叮嘱托运中心的工作人员要小心,千万别在运输过程中打碎。托运中心对两套瓷器进行了重新包装,并保证可以安全无恙地把货物运达目的地。旅游结束后,黄教授兴致勃勃地取回托运的瓷器,打开后却发现那套"青花玲珑瓷"已经被打破,而铁路托运部门认为这是由托运物品本身易碎的自然属性所致,属于运输过程中因火车振荡、货物挤压造成的合理损耗。该案经法院审理,判决承运人按照保价赔偿黄教授经济损失 1 600 余元。

维权依据:

《铁路法》第 20 条规定:"托运货物需要包装的,托运人应当按照国家包装标准或者行业包装标准包装;没有国家包装标准或者行业包装标准的,应当妥善包装,使货物在运输途中不因包装原因而受损坏……"因此,上述案件主要涉及两个问题:一是托运人的包装是否达到了适于运输的标准,二是托运物品损毁是否属于合理损耗。瓷器容易被打碎,这是不可否认的客观事实,属于物品的自然属性。但是,托运物品具有易碎的自然属性,并非表明它必然会在运输过程中被打碎,其包装是否达到安全运输的标准非常关键。上面案例中,黄教授已经对托运的两套瓷器进行了妥善的包装,在办理托运时托运中心的工作人员又进行了重新包装,并保证可以安全送到,说明该物品的包装已经达到了使货物在运输途中不因包装原因而受损坏的标准,在正常的运输条件下,是可以安全运送到收货人手中的。所以,在托运过程中因火车振荡、货物挤压造成托运物品部分损坏,可判定为是由于承运人对于托运货物的放置不当和挤压振荡造成的,不属于因货物本身的自然性质或者合理损耗造成的损失,因此不能免除其赔偿责任。

由此可见,承运人在运输过程中存在过错,其辩解理由不能成立,法院判决其承担赔偿责任是符合法律规定的。

维权指南:

根据《铁路法》的规定,铁路运输企业由于下列原因造成货物、包裹、行李损失的,不承担赔偿责任。

1. 不可抗力。
2. 货物或者包裹、行李中的物品本身的自然属性,或者合理损耗。
3. 托运人、收货人或者旅客的过错。

除此之外,《合同法》第311条规定:"承运人对运输过程中货物的毁损、灭失承担损害赔偿责任,但承运人证明货物的毁损、灭失是因不可抗力、货物本身的自然性质或者合理损耗以及托运人、收货人的过错造成的,不承担损害赔偿责任。"该条款与《铁路法》的规定实质上是相同的,但可以适用于水、陆、空等不同运输方式。旅游者了解这些相关规定,就可以在旅游活动中积极履行自己的义务,识破经营者缺乏法律依据的诡辩,避免和减少发生纠纷后维权行为的盲目性。

案例1-2-6 游客行李、物品损失如何计算?

焦点:物品没保价就不能得到全额赔偿吗?

2007年4月,游客马某参加某旅行社组织的北京双飞5日游活动,双方签订了旅游合同。在飞往北京的过程中,马某将随身携带的一台价值7 000余元的微型索尼摄像机及其他行李一同交付托运。因飞机行李舱发生故障,在飞机着陆时,行李舱内的物品滚落下来,马某的摄像机被摔坏。马某要求托运方赔偿时,托运方答应在限额赔偿范围内补偿其经济损失800元。那么,是不是没有进行保价就不能按照实际损失获得赔偿呢?

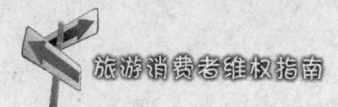

维权依据：

《民用航空法》第125条规定："因发生在民用航空器上或者在旅客上、下民用航空器过程中的事件，造成旅客随身携带物品毁灭、遗失或者损坏的，承运人应当承担责任。因发生在航空运输期间的事件，造成旅客的托运行李毁灭、遗失或者损坏的，承运人应当承担责任……"也就是说，承运人对于旅客随身携带行李和托运行李的责任的含义是，承运人应当对因发生在运输过程中的事件造成的旅客行李的毁灭、遗失或者损坏承担责任，但完全是由于行李、物品本身的自然属性、质量或缺陷造成的除外，而部分因行李、物品本身的自然属性、质量或缺陷造成的该物品的毁灭、遗失或者损坏，承运人仍应承担责任。马某托运的行李、物品损坏是由发生在航空运输期间的事件造成的，应当依法获得赔偿。

《中国民用航空旅客、行李国内运输法则》第52条规定："旅客的托运行李全部或部分损坏、丢失，赔偿金额每公斤不超过人民币50元。如行李的价值每公斤低于50元时，按实际价值赔偿……由于发生在上、下航空器期间或航空器上的事件造成旅客的自理行李和随身携带物品灭失，承运人负担的最高赔偿金额每位旅客不超过人民币2 000元……"那么，是不是马某没有进行保价托运，就不能按照实际损失获得赔偿而只能够得到限额赔偿呢？回答是否定的。因为在航空运输期间马某托运的行李、物品之所以损坏，是由于飞机行李舱发生故障所致，完全是因承运人存在重大过失造成的，因此无权引用免除或者减轻赔偿责任的条款，亦无权引用赔偿责任限制条款，而应当按照给马某造成的实际损失，给予其应有的经济赔偿。

维权指南：

《合同法》第312条规定："货物的毁损、灭失的赔偿额，当事人有约定的，按照其约定；没有约定或者约定不明确，依照本法第六十一条的规定仍不能确定的，按照交付或者应当交付时货物到达地的市场价格计算。法律、行政法规对赔偿额的计算方法和赔偿限额另有规定的，依照其规定。"因此对于航空运输造成货物的毁损、灭失的，应当依照航空运输特别法来进行计算。《民用航空法》第129条规定了国际航空运输承运人的赔偿限额制度,国内旅客航空运输赔偿责任限制制度则体现在《国内航空运输旅客身体损害赔偿暂行规定》之中,对每名旅客的最高赔偿金的金额为人民币7万元。但是,无论是国际航空运输还是国内航空运输赔偿责任限制,只要承运人存在故意或者重大过失造成行李、物品损失的,承运人则不享有限额赔偿待遇,而应当按所造成的实际损失承担赔偿责任。

本节小结:

不管是游客随身行李、物品的毁损、灭失,还是托运行李、物品的毁灭、遗失或者损坏,应当首先认定是否属于承运人的责任期间,然后确定承运人承担赔偿责任的范围,排除法定免责事由之后,就要认定赔偿标准和是否适用赔偿责任限制原则。而在整个索赔过程中,车票、船票、机票、托运单、提货单等单据凭证都是至关重要的证据,也是要求承运人承担相关责任和确定赔偿金额的依据。

同时,游客不但要了解《合同法》中关于运输合同的一般性规定,还要对公路运输合同、铁路运输合同、水路运输合同和航空运输合同所涉及的法律、法规有所了解,如《铁路运输条例》、《汽车旅客运输规则》、《铁路法》、《铁路旅客运输规程》、《铁路旅客运输损害赔偿规定》、《铁路旅客人身伤害及携带行李损失事故处理办法》、《民用航空法》、《国内航空运输旅客身体损害赔偿暂行规定》、《中国民用航空旅客、行李国内运输法则》、《水路旅客运输规则》等相关规定,把一般性规定和个别特殊规定结合起来进行理解,否则就容易想当然行事或者出现以偏概全的弊端。

第三节 交通工具不符合约定怎么办?

《合同法》第300条规定:承运人擅自变更运输工具而降低服务标准的,应当根据旅客的要求退票或者减收票款;提高服务标准的,不应当加收票款。

旅客购买不同类别、不同等级、不同座别的客票,就应当享受相应等级的服务。承运人不按照旅客所持票面安排旅客乘运,擅自变更交通工具,擅自降低旅客本应得到的服务标准,属于违约行为,应当承担违约责任。同样,旅行社在组织旅游活动中,违反旅游合同约定,擅自变更交通工具,降低服务标准的,也应当承担违约责任。

由此可见,出现交通工具不符合约定标准,既可能涉及承运人,也可能涉及旅行社;既可以是交通工具类别的变更,也可以是等级标准的改变。本节将从上述几个方面,分别说明如何处理该类事项。

一、交通工具类别改变如何处理?

旅游经营者在实践中就像是变戏法一样,时不时地来一个狸猫换太子,本来是乘飞机旅行,后来改成了火车;本来是豪华空调旅游车全程接送,结果半道换成了中巴;本来是头等客轮,却变成了散席等,诸如此类均属于变更交通工具,都要承担相应的法律后果。

案例1-3-1　分社擅自改变交通工具,总社是否承担违约责任?

焦点:违约责任应当由该分社承担还是由总社承担?

2004年6月,某旅行社为开展业务的需要在外地设立分社。该分社于2005年3月同邹某等32人签订了一份旅游合同,组团去海南旅游。旅游合同约定由该分社负责赴海南旅游的接待、导游等活动,旅游费用总计为8万元。旅游合同约定,往返的交通工具为飞机。在组织返程时,由于该分社的疏忽未能及时订购到返程机票,造成游客在景点滞留1天后改乘火车返回。在旅游团队要求该分社赔偿其经济损失时,该分社则声称自己并非独立法人,不承担赔偿责任,总社则认为该分社应当自行承担法律责任。邹某等求偿未果,遂向人民法院提起诉讼,诉求该分社及其总社共同承担责任,退还返程机票价款1.2万元,并支付违约金1.8万元。法院判决该旅行社退还交通费用差价0.6万元,并支付违约金1.3万元,共计1.9万元。

维权依据：

《旅行社质量保证金赔偿试行标准》第6条规定："旅行社安排的旅游活动及服务档次与协议合同不符，造成旅游者经济损失，应退还旅游者合同金额与实际花费的差额，并赔偿同额违约金。"旅行社是专门为旅客提供旅游服务的经营企业，应当对机票的订购具有足够的预料能力。该分社由于工作上的疏忽，遗漏订购返程机票且单方更换交通工具，造成旅游服务质量标准下降，赔偿差额并承担违约责任是理所应当的事情。上述案例中，旅游团的赔偿要求是合法的。据此，法院一审判决某旅行社退还交通费用差价并支付违约金是符合法律规定的。

维权指南：

上述案例的另外一个问题是，究竟应当由谁来承担该分社的违约行为所造成的民事法律责任？根据我国《公司法》第13条规定："公司可以设立分公司，分公司不具有企业法人资格，其民事责任由公司承担。"《旅行社管理条例实施细则》第30条规定："旅行社的分社是指旅行社设立的不具备独立法人资格、以设立社名义开展旅游业务经营活动的分支机构。旅行社的分社的经营范围不得超出其设立社的经营范围。"由于该分社是某旅行社为了扩展业务范围，依法设立的分社，其本身不具有企业法人资格，该分社在组织旅游活动中的违约责任，应由其总社承担。某旅行社不能以该分社有独立的经济利益为由，免除自己应当承担的民事责任。

二、交通工具等级标准如何认定？

俗话说花多少钱，买什么样的货，这叫做交易公平，质价相等。如果质价不等，则侵害了游客的公平交易权。单方擅自变更交通工具等级标准是一种违约行为，这不但包括交通工具等级标准的降低，也包括单方面擅自提高交通工具等级标准的行为。而是否构成交通工具变更，其基本的参照标准就是双方的合同约定。

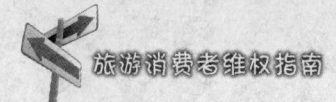

案例1-3-2 双方违约的法律责任应如何界定?

焦点:旅行社是否应当退赔全部费用?

2003年7月,王女士到某旅行社参加秦皇岛3日游活动。因知道自己腰椎不好,王女士特别在旅游合同中要求旅行社为自己订新空调特快硬卧车票一张。在导游人员的带领下,王女士上车后得知该车次并非新空调特快,也没有卧铺。导游告诉王女士因为铁路部门临时调换了车次,无法乘坐原定的列车,劝王女士先随车完成旅游行程,等行程结束后再协商进行赔偿。行至中途,王女士坐得腰疼,加上满腹怨气,径自下车返回,并以旅行社违约为由要求退还全部费用并赔偿违约金。旅行社以铁路部门临时变更车次、王女士擅自退团为由,拒绝赔偿。王女士向法院起诉,经调解旅行社退还差额,并赔偿差额20%的违约金。

维权依据:

上述案例中,旅行社存在先行违约行为。根据我国《合同法》的相关规定,当事人一方不履行合同义务或履行合同义务不符合约定的,就是违约行为。王女士同旅行社签订旅游合同时,乘坐新空调特快硬卧是合同的条款之一,旅行社也承诺按照合同约定履行合同。但是,游客在上车时却发现乘坐的列车并非新空调特快硬卧,旅行社所提供的服务与承诺标准不符,单方面构成违约,所以应承担相应的违约责任。

《合同法》第119条规定:"当事人一方违约后,对方应当采取适当措施防止损失的扩大;没有采取适当措施致使损失扩大的,不得就扩大的损失要求赔偿。"由于旅行社所购买的是真实的新空调特快硬卧车票,后来因为铁路运输部门临时变更车次,造成旅行社无法按约定履行合同,旅行社虽然存在先行违约行为,但并没有构成根本性的违约,旅游合同依然可以继续履行。同时,根据《合同法》第5条规定的公平原则,游客也应履行随车旅游的义务。由于王女士不听导游劝说,自己中途下了火车,未能履行随车旅游的合同义务,单方终止旅游合同,应承担相应法律责任。因此,旅行社只能退还其部分费用,而不是退赔全部

费用。依据《旅行社质量保证金赔偿试行标准》第 12 条的规定,因交通部门的原因低于合同约定的等级档次,旅行社应退还旅游者所付交通费与实际费用的差额,并赔偿差额 20% 的违约金。对于合同终止所造成的其他损失,旅行社不负赔偿责任,王女士应就其扩大的损失承担责任。

维权指南:

旅行社先行违约,游客应当正确维权。对方当事人违反合同约定,其行为已经违法,作为消费者权益受到不法侵害,要采取合法的途径维护权益,而不是意气用事以非法手段去解决问题。以上述案件为例,王女士维权最有利、损失最小的办法,就是听从导游的劝说,消除心中的怒气,心平气和地把旅游活动进行到底。这样,既能够实现游览秦皇岛的旅游之梦,不留下半途而废的遗憾,还能够在旅游结束后同旅行社协商解决合同纠纷问题,或许能够通过协商获得赔偿,更经济快捷地化解矛盾,而不必诉诸司法途径。如果协商不能解决,再诉诸法院追究其违约责任也不为迟。

案例 1-3-3 豪华空调大巴旅游车与普通大巴车的差别在哪里?

焦点:交通工具不达标应承担何种责任?

2003 年 8 月 1 日,某国内旅行社推出海南休闲娱乐游 VIP 团队旅游项目,旅游者朱女士报名参加了该 VIP 旅游团,并签订了旅游合同。合同约定旅游团全程交通标准为由豪华空调大巴接送。但是,由于车辆调配出现差错,旅游团返程只能乘坐普通大巴车。对此,朱女士要求旅行社赔礼道歉并进行赔偿。双方协商未果,朱女士遂以旅行社未提供合同约定的交通工具标准为由,对旅行社提起诉讼。经审理,法院判决旅行社退赔朱女士交通费用差价并支付违约金共计 600 余元。

维权依据:

《合同法》第 107 条规定:"当事人一方不履行合同义务或者履行

合同义务不符合约定的,应当承担继续履行、采取补救措施或者赔偿损失等违约责任。"本案中,按照双方签订的旅游合同约定,旅游团全程由豪华空调大巴接送。但是,旅行社在履行合同的过程中,并没有严格按照约定全面履行合同义务,不但无从体现贵宾标准,并且存在严重质量问题,使游客在盛夏高温天气条件下缺乏降温设备而不堪其苦,造成游客或晕车、或呕吐,而朱女士在坐车途中几乎中暑。因此旅行社应当承担违约责任,对旅游者在旅游活动中受到的损失给予应有的赔偿。

维权指南:

《合同法》第300条规定:"承运人擅自变更运输工具而降低服务标准的,应当根据旅客的要求退票或者减收票款;提高服务标准的,不应当加收票款。"承运人擅自变更运输工具有可能降低服务标准,也有可能提高服务标准。旅客购买不同等级、座别的客票,就应当享受相应等级的服务。一种情况是承运人不按照旅客所持票面载明的等级安排旅客乘坐约定运输工具,擅自降低旅客本应得到的服务标准,属于违约行为,当然应当承担违约责任。另一种情况是承运人为了保证旅客的旅行,在没有相同等级的运输工具情况下,可以安排比旅客票面载明的等级较高的运输工具将旅客送到目的地。但是,在这种情况下,承运人不应加收票款。无论何种情况,都是以维护游客的合法权益为出发点的,体现了国家立法对于旅客权益的保护。

本节小结:

尽管交通工具的变更会涉及交通运输企业,但在大多数情况特别是团队旅游情况下,交通工具往往是由旅行社提供或者代办的,旅游者和旅行社之间的关系更为密切,也更容易产生纠纷。因此,游客在和旅行社签订旅游合同时,应当明确约定乘坐何种类别的交通工具。如是乘坐水上、道路、航空还是铁路运输工具;乘坐何种等级的交通工具,如火车是D字头、T字头、K字头列车还是L、Y、JY列车,飞机是航班还是包机服务;乘坐何种标准座位,如火车的软卧、硬卧、软座、硬座,客轮的一等舱、二等舱、三等舱、四等舱、五等舱还是散席或者特等舱,飞机是F等舱、C等舱、Y等舱还是K等舱。不同类别、不同等级、不同座别的交通工具,其所享受的服务标准存在很大区别,都需要和旅行社事先进行明确约定,尽量细化服务标准,一旦发生旅游纠纷做到有据可依。

第四节 发生旅游交通事故怎么办?

《合同法》第302条规定:承运人应当对运输过程中旅客的伤亡承担损害赔偿责任,但伤亡是旅客自身健康原因造成的或者承运人证明伤亡是旅客故意、重大过失造成的除外。前款规定适用于按照规定免票、持优待票或者经承运人许可搭乘的无票旅客。

安全,是人们外出旅游时所考虑的首要问题,同前几节所讲的问题相比较而言,旅游交通事故是更为严重的问题。没有安全,就没有旅游。为了使我国旅游安全管理工作规范化和制度化,国家旅游局自1990年以来,先后制定了《旅游安全管理暂行办法》、《旅游饭店管理暂行办法实施细则》以及《重大旅游安全事故报告制度实行办法》等一整套旅游安全规章制度。在旅游活动中,无论是旅游者,还是旅游经营者,都存在着各种风险,如旅游者在旅途中可能出现的人身意外伤害、财物丢失,旅游业经营者则要承担可能出现的各种经营风险。为了减少损失,安心旅游,旅游保险便应运而生。

综合上述因素,本节将从游客在旅游交通中可能遭遇的风险、承运人和旅行社在交通过程中的安全保障义务、保险公司的理赔范围以及精神损害赔偿等方面,对旅游交通事故的不同情况及其责任分担问题进行分析说明。

一、游客在上、下交通工具过程中受到伤害可否获得赔偿?

参加旅游活动,自何时起拥有何种权利,是否能够在遭到损害时获得有效的救助是每一个游客都关注的问题。以下通过几个小案例,将会让旅游者了解到,只要我们具有积极自觉地依法维权的观念,就能合法有效地维护自身权益。

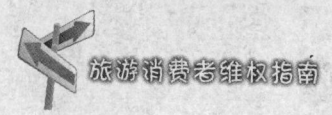

案例1-4-1 排队上车被挤伤,客运站是否承担赔偿责任?

焦点:旅客客运站内受伤事件责任归谁?

2004年5月,赵某和女儿一行两人乘火车去西双版纳游玩。因乘客流量太大,在车站上车时发生拥挤,赵某被推后跌倒,接着被踩伤,后经医院确诊为轻微伤。事件发生时,客运站执勤人员未及时进行疏导,而后亦未采取积极的救助措施。赵某向人民法院提起诉讼,要求客运站赔偿医疗费1 000余元,精神损害2 000元。法院判决客运站赔偿原告赵某医疗费999.70元,驳回其他诉讼请求。

维权依据:

《消费者权益保护法》第18条规定:"经营者应当保证其提供的商品或者服务符合保障人身、财产安全的要求……"旅游消费者在接受服务时享有人身、财产安全不受损害的权利,而经营者在提供服务时已有保障游客人身、财产安全不受损害的义务。具体到该案的经营者就是铁路运输企业,这是没有疑问的。

问题在于,上述案件发生在乘客在车站排队上车的过程中,责任究竟应当由列车承担责任、车站承担责任还是由发生踩踏的肇事乘客承担责任?根据铁道部《铁路旅客人身伤害及携带行李损失事故处理办法》第29条的规定,铁路运输企业责任伤害分为客运责任和其他单位责任。客运责任分为车站责任、列车责任。其中车站责任包括:①旅客持票进站后在检票口、天桥、地道、站台因组织不当,拥挤造成伤害时;②缺乏引导标志和有关标志不准确而误导旅客,发生伤害时;③车站设备不良,不及时修理或不及时报修造成旅客伤害时;④车站供应的食物不洁造成旅客食物中毒时;⑤因误售、误检不停车站车票造成旅客跳车时;⑥在规定停止检票后,继续检票放行,致使旅客扒车抢上造成伤害时。据此,该踩踏事件应当是车站责任,赵某要求车站承担赔偿责任是符合法律规定的。客运站作为为旅客提供运输服务的经营单位,应当在其服务的场所,对消费者及进入该服务场所的公民之人身、财产安全承担安全保障义务。上述案件中,赵某到客运站内排队上车时受到伤害,是由于客运站组织不当所致,发生踩踏事件后未及时疏导,亦未采取积极救助的措施,因此,客运站存在疏于管理和未尽到应有安全保障义务的过错,客运站应当在其能够防止或者制止损害的范围内,承担相应的赔偿责任。

维权指南:

铁路旅客人身伤害及携带行李损失事故的范围,既包括铁路运输过程中发生的旅客人身伤害及自带行李损失,也包括无票人员在运输过程中产生的人身伤害。旅客伤害的责任划分为四种类别:旅客自身责任、第三人责任、铁路运输企业责任及其他。具体来讲,旅客因不从规定的通道进出站、跨越线路、钻爬车辆、私自开启车门、不听从铁路工作人员劝阻等违法违章行为或其他自身原因造成的伤害,属于旅客责任,事故造成的损失由旅客自行承担。由于铁路运输企业人员和设备的原因,给旅客造成的伤害,属于铁路运输企业责任,视具体情况由车站或者列车承担。由于旅客和铁路运输企业合同双方以外的人的原因给旅客造成的伤害,属第三人责任。非上述三种原因造成的伤害,属于其他。

属于铁路运输企业责任给旅客造成的伤害,可以是由违约造成的也可以是由侵权造成的。造成事故的原因不同,承担的事故责任也不相同。违约责任主要基于合同而产生,包括继续履行、采取补救措施或者赔偿损失等。侵权责任主要基于不法侵害产生,包括停止侵害、消除影响、赔偿损失等,符合精神损害赔偿规定的,也可以同时要求给予精神损害赔偿。上述案例中,车站没有履行合理限度内的保障旅客人身安全的义务,其不作为行为构成的是违约行为而非侵权行为。因此,游客赵某只能追究车站的违约责任而不能追究其侵权责任,所以其精神损害赔偿的诉讼请求不能获得支持。

案例1-4-2 游客获得限额赔偿后,是否还能获取旅客意外伤害保险金?

焦点:限额赔偿能免除保险公司赔偿责任吗?

2000年春节,某科研所组织本所研究人员乘飞机到桂林旅游。在

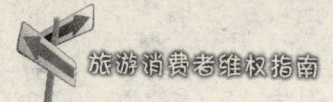

游客登机过程中,机身因不明原因突然发生剧烈震动,乘客慌作一团,而机组人员却未采取任何措施,致使年龄较大的黄教授猝不及防,一个跟跄从登舱悬梯上栽下来,当场昏迷不醒。后经医院诊断为脑颅积血压迫脑神经所致,抢救无效死亡。黄教授家属认为,黄教授的死亡完全是由飞机剧烈颠簸造成的,因此要求航空公司支付赔偿金30万元,并同时要求投保的保险公司进行旅客意外伤害理赔。航空公司认为只能按照法律规定限额赔偿黄教授家属4万元人民币,而保险公司则认为应当由某航空公司承担全部赔偿责任。黄教授家属于是将某航空公司告上法院,经法院判决,某航空公司支付黄教授家属赔偿金7万元。

维权依据:

该例属于航空客运意外事故引发的法律纠纷。作为旅游交通运输业来讲,承运人的责任首先是旅客的人身安全,然后是旅客的财物行李安全,再有就是按时运输和正点到达的问题。在旅游交通运输中,旅客和承运人之间一般不以签字的方式订立合同,承运人发售的客票、行李票即是双方法律关系的凭证。旅游者从交通运输部门购得客票、行李票之时,双方的法律关系即告产生。承运人即应承担相应的义务,向旅客提供相应的服务,包括要按照约定的时间将旅客安全运送到约定地点,要按照约定的或通常的路线运送旅客,在运送旅客过程中要保证旅客的人身财产安全,有义务在旅客登上交通工具之前和运送旅客过程中对旅客及其行李实施安全检查,承运人应当向旅客及时告知有关不能正常运输的重要事由和安全运输应当注意的事项,有义务送运旅客按规定免费携带的儿童和物品等。

承运人要及时、安全地将旅客和行李运至目的地,并为旅客提供良好的旅行服务,这是承运人的基本义务,违反规定的义务,则要承担相应的法律责任。《民用航空法》第3条规定:"旅客在航空器内或上、下航空器过程中死亡或受伤,承运人应当承担赔偿责任;但是,旅客的人身伤亡完全是由于旅客本人健康状况及疾病造成的,承运人不承担责任。"《国内航空运输旅客身体损害赔偿暂行规定》第4条规定:"承运人如能证明旅客死亡或受伤是不可抗力或旅客本人健康状况造成的,不承担赔偿责任。"第5条规定:"承运人如能证明旅客死亡或受伤是

由旅客本人的过失或故意行为造成的,可以减轻或免除其赔偿责任。"上述案例中,由于航空公司不能证明旅客死亡或受伤是不可抗力或旅客本人健康状况造成的,也不能证明黄教授存在过失或故意行为,因此应当对旅客在航空器内或上、下航空器过程中死亡或受伤事故,承担赔偿责任。

维权指南:

上述案例,法院依据国务院《国内航空运输旅客身体损害赔偿暂行规定》第6条:"承运人按照本规定应当承担赔偿责任的,对每名旅客的最高赔偿金金额为人民币七万元。"判决某航空公司支付黄教授家属赔偿金7万元,其实依据的仍然是限额赔偿条款。而笔者认为,法院这一判决值得商榷。因为该事故的发生,其直接原因是游客黄某在登机时机体的剧烈颠动所致,承运人负有重大过失,因此无权引用赔偿责任限制条款,而应当承担无限责任。同时,由于黄某等游客已经投保了航空运输人身意外伤害保险,航空公司的限额赔偿并不能免除保险公司的赔偿责任。因此,黄某家属可以依法再向投保的保险公司索赔相应的保险金。

案例1-4-3 司机疲劳驾驶出车祸,赔偿责任由谁当?

焦点:追究违约责任能够获得精神损害赔偿吗?

2004年1月17日,吴先生等人与某旅行社签订赴青藏旅游的旅游合同,旅行社负责联系某运输公司提供旅游客车服务,并派遣司机为旅游团驾驶车辆。旅游活动结束后,在返程途中,由于司机疲劳驾驶,发生交通事故,旅游车翻入公路旁边的深沟里,包括吴先生一家在内的多名游客身受重伤,造成吴先生肢体功能障碍。事故发生后,吴先生要求组团旅行社承担违约责任,该旅行社认为,这次交通事故的发生,责任在客车的所有人及其驾驶员,并非自己履约不当造成,交通事故造成的人身损害赔偿应由肇事车辆的单位和肇事者承担。由于就赔偿事宜协商未成,吴先生一家将该旅行社告上法庭,诉求某旅行社承担违约责任,赔偿经济损失和精神损失共计55万余元。法院一审判决该旅行社违约,并赔偿吴先生16万余元。

维权依据:

《旅行社质量保证金暂行规定》第2条规定:"旅行社因自身过错未达到合同约定的服务质量标准而造成旅游者的经济权益损失","旅行社不承担或无力承担赔偿责任时,以此款项对旅游者进行赔偿……"旅行社在组织旅游者旅游时,应当保证旅游者的人身安全,其未尽到合同约定义务的,应承担违约责任。旅行社由于自己的故意或过失,直接造成旅游者人身伤亡或财产行李损失,即构成侵权行为,应承担赔偿责任。上述案例中,吴先生等游客与组团社签订了正式的旅游合同,旅游合同依法成立。组团旅行社理应保证旅游合同约定的服务质量标准,其中包含游客的人身安全。旅行社未达到合同约定的服务质量标准,在其安排的旅游过程中发生重大交通安全事故,未能完全实现旅游合同约定的目的,造成旅游者的经济损失,属于旅行社质量保证金向旅游者进行赔偿的范围,旅行社应当对吴先生等游客承担违约的民事赔偿责任。

同时,《最高人民法院关于确定民事侵权精神损害赔偿责任若干问题的解释》第1条规定:"自然人生命权、健康权、身体权利遭受非法侵害,向人民法院起诉请求赔偿精神损害的,人民法院应当依法予以受理……"但由于吴先生主张的是旅行社合同违约,故要求旅行社承担违约责任的同时赔偿其精神损失于法无据,法院难以支持。

维权指南:

安全是旅游者对旅游交通的基本要求。但发生旅游交通事故后,旅游者如何寻求恰当的救助方式,选择何种诉求对象,提出何种诉讼请求,主张何种权利,也将会对诉讼结果和赔偿金额产生直接影响。例如选择主张侵权责任就不能同时选择主张违约责任,选择主张违约责任就不能获得精神损害赔偿,而最终作出何种选择,则应立足于哪种方式更有利于最大限度地实现旅游消费者的利益,这应当是消费者主张自己权益时首先要考虑的问题。上述案例中,吴某除了可以要求旅行社

承担违约责任之外,也可以追究造成交通事故人身损害赔偿的肇事司机及其所在单位某运输公司的侵权责任,如果愿意提出精神损害赔偿的,也只能够依法向肇事司机或某运输公司提起。当然能否获得法院的支持,还要看是否实际造成了精神损害及其程度如何。

二、旅行社和保险公司在旅游交通事故中有连带赔偿责任吗?

在旅游交通事故中,往往牵涉旅游者、肇事司机、交通运输企业、旅行社、保险公司等多方利益,而受害者之外的责任放在事故发生后又往往相互扯皮、推卸责任,把旅游者当球一样踢来踢去,使旅游者遭受的侵害难以全面得到补偿。以下几个个案的介绍,主要目的是要旅游者基本上知道旅行社、交通运输企业、保险公司三者在此类事件中各应承担何种责任,应各向其主张何种权益。

 案例1-4-4 旅客乘车意外死亡,应当向谁索赔?

焦点:旅行社对游客意外伤亡承担赔偿责任吗?

2006年9月3日,王某与某旅行社签订赴云南7日休假旅游合同。5日晚上,旅行社组织该旅游团队乘坐去云南的卧铺车出发。次日清晨左右,列车员发现睡在上铺的王某平躺在车厢地板上,已经死亡。经公安部门现场勘验,认定该上铺防护栏损坏后没有及时安装,导致王某意外从上铺跌下后死亡。事后,王某家属向旅行社索赔,旅行社认为应当向保险公司索赔。但保险公司却认为游客在火车上发生意外,应由承运部门负责。最后,王某家属将某旅行社诉至人民法院,要求旅行社给予人身伤害赔偿20万元。法院判决某旅行社赔偿死者家属死亡补偿费10万余元。

维权依据:

该案对于旅行社来讲,是因游客从火车上意外坠地死亡而引发的旅游合同纠纷。《合同法》第44条规定:"依法成立的合同,自成立时

生效。法律、行政法规规定应当办理批准、登记等手续生效的,依照其规定。"安全运输,是我国旅游交通运输法的重要原则。为保证旅客生命财产的安全,不但承运人应负安全运输的责任,旅行社作为旅游活动的组织者,也同样应当提供旅游合同所约定的安全保障服务。游客王某与某旅行社的旅游合同关系成立后,旅行社即负有保障游客在整个旅游行程中的人身、财产安全的义务。旅行社在王某旅游乘车途中,未对游客的人身安全尽到充分的注意义务,对王某在旅游途中意外坠车死亡,应承担违约责任。因此,旅行社应当先行承担损害赔偿责任,对旅游者家属给予人身伤害赔偿。然后,旅行社可以根据《旅行社投保旅行社责任险》的相关规定,向保险公司进行追偿。

同时,在坠车意外伤亡事故中,王某作为一个具有完全民事行为能力的成年人,应具备一定的安全防范意识,但由于他自己不慎从铺上跌下来导致死亡,也应承担部分责任。

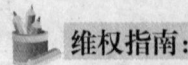
维权指南:

上述案件从不同角度,可以作不同的分析。如果从铁路运输部门来讲,则是一起乘客在乘车途中意外死亡引发的人身损害赔偿案件。旅客在运输过程中发生伤亡,除旅客自身原因外,承运人都应当承担赔偿责任。《合同法》第302条规定:"承运人应当对运输过程中旅客的伤亡承担损害赔偿责任,但伤亡是旅客自身健康的原因造成的或承运人证明伤亡是旅客故意、重大过失造成的除外。前款规定适用于按照规定免票、持优待票或者经承运人许可搭乘的无票旅客"。所谓旅客自身原因,主要包括三个方面:一是因旅客的故意行为造成的伤害。例如,旅客不遵守承运人的运输安全规章制度,造成人身伤亡的,应当由旅客本人负责,承运人不承担赔偿责任,但承运人负有举证责任。二是因旅客的重大过失而造成的伤害。重大过失与故意的区别在于前者自信能够避免危险的发生而作出了某种行为,而后者则明知可能发生某种危害后果而为之。不管是重大过失还是故意,都可以免除承运人的赔偿责任,但承运人负有举证责任。三是因旅客健康原因造成的伤亡。旅客健康原因就是旅客因病死亡或者伤残,这类情况承运人也不负赔偿责任。因此,从《合同法》的规定可以看出,对于旅客运输损害赔偿

旅游法律维权案例评析 上篇

实行的是有限制的无过错责任原则。所谓有限制的无过错责任原则，是指除法律规定可以免责的情况外，承运人都要承担责任，包括第三者的责任造成的人身伤亡，承运人也仍然要首先承担赔偿责任，然后向有责任的第三者追偿。关于赔偿标准，一般都实行限额赔偿原则，限额由国务院或者国务院运输主管部门规定。

上述案件中，王某既是随团旅游的游客，但从实质上来讲，他仍然是一名乘客，当然属于旅客的范围。《铁路旅客运输损害赔偿规定》第3条规定："本规定所称旅客，是指持有效乘车凭证乘车的人员以及按照国务院铁路主管部门有关规定免费乘车的儿童。经铁路运输企业同意，根据铁路货物运输合同，随车护送货物的人，视为旅客。"乘客在铁路旅客运输中受到意外伤害，铁路运输部门应负赔偿责任。所谓铁路旅客运输中，是指自旅客经检票进站始至到达行程终点出站时止。自王某购票乘车之时起，便与铁路运输公司建立了客运合同关系，铁路运输部门有义务将乘客安全、及时地运送到目的地，并承担合同约定和法律规定的其他义务，包括乘客的人身、财产安全。王某在火车行进途中发生意外，属于铁路旅客运输责任期间内发生的事故，无论是铁路运输部门的责任，还是第三者责任造成的旅客伤亡，铁路运输部门都应负赔偿责任。而且，铁路运输部门在该事件中也的确存在过错，其提供的设施存在安全隐患，应当按照法定标准进行赔偿。

案例 1-4-5　旅游者获得保险理赔后，旅行社是否仍需进行补偿？

焦点：保险公司和旅行社赔偿数额如何分担？

2005年2月初，旅游者季某参加某旅行社组织的哈尔滨冰雪3日游活动。在旅游观光途中，发生两车相撞事故，季某脸部受伤。导游将受伤游客送到当地医院进行治疗，两个月后基本痊愈。季某到旅行社要求赔偿医疗费用等2 320元，旅行社却通知季某前往投保的某保险公司领取赔偿金1 599元。季某认为，车祸发生在旅游期间，理应全额赔偿，并就此事向旅游行政主管部门投诉，经调解旅行社赔偿季某差额

· 45 ·

721元。

维权依据：

《旅行社投保旅行社责任保险办法》第3条规定："本规定所称旅行社责任保险，是指旅行社根据保险合同的约定，向保险公司支付保险费，保险公司对旅行社在从事旅游业务经营活动中，致使旅游者人身、财产遭受损害应由旅行社承担的责任，承担赔偿保险金责任的行为。"旅游者在旅游活动中产生的人身财产损失，虽然可以依照保险合同从保险公司获得赔偿，但根据《旅行社投保旅行社责任保险办法》第17条规定："在保险期限内发生保险责任范围内的事故时，旅行社应及时取得事故发生地公安、医疗、承保保险公司或其分、支公司等单位的有效凭证，向承保保险公司办理理赔事宜。"旅游者在旅游过程中发生安全事故时，旅行社应当先行向旅游者进行赔偿，然后再向保险公司进行索赔。

同时，根据《消费者权益保护法》第41条规定："经营者提供商品或者服务，造成消费者或者其他受害人人身伤害的，应当支付医疗费、治疗期间的护理费、因误工减少的收入等费用，造成残疾的，还应当支付残疾者生活自助用具费、生活补助费、残疾偿金以及由其扶养的人所必需的生活费等费用。"虽然保险公司根据《旅游安全人身保险条款》的有关条款，对季某在此次事故的医疗费按实际费用超过100元的部分按80%的比例予以补偿，但消费者的交通费、食宿费、生活补助费、误工补贴费、护理费等却不在保险公司的赔偿范围内。由于季某是在该旅行社组织的境外旅游途中遭遇车祸，所以旅行社应在保险公司给予赔偿的基础上进行赔偿，也就是除去保险公司赔偿的1 599元，旅行社还应赔偿其差额721元。

维权指南：

上述案例中，旅行社的处理方法明显不合理。季某与某旅行社签订了旅游合同，并交纳了旅游及保险等费用，双方旅游合同关系成立。季某在旅游期间，旅行社有义务保障原告的人身安全。旅游车发生事故后，虽经当地道路交通管理部门认定，责任不在旅行社司机，但旅行社对季某在旅游期间发生的人身损害赔偿责任不能推卸。因此,应由旅行社代理旅游者向承保保险公司办理理赔事宜,或者对旅游者的实际损害进行先行赔偿后,旅行社再向保险公司和境外旅行社进行追偿,该旅行社让游客自己前往保险公司领取赔偿金其实是程序倒置的。即使承保保险公司已经进行了赔偿,旅行社仍然应当承担违约责任,按照旅游者遭受的实际损失给予赔偿,保险公司的赔偿并不能免除旅行社自身应当承担的责任。

本节小结:

旅游在为人们带来快乐与欢笑的同时,也存在着一定的旅游安全隐患。旅游安全事故涉及旅游者人身、财产安全,可分为轻微事故、一般事故、重大事故、特大事故四个等级。其中,旅游交通安全事故较为常见。旅游意外风险防范,是每个参加旅游活动的人都不得不考虑的事项。为尽量减少由于旅游安全事故造成的风险,旅游者在参加旅游时,选择参加适合的旅游意外保险,则更为明智之举。

旅游安全事故一旦发生,应当严格按照规定的程序处理。对于旅游安全的监管,除了国家旅游行政主管机关、社会组织与社会舆论、消费者组织监管外,最主要的还是旅游法律关系的主体,即旅游者与旅游企业对自身民事法律行为的规范,全面履行法定职责。在实践中,由于旅游者是个人,力量较单薄,而旅游企业,包括旅游运输业,都是法人组织,占据强势地位。因此,应当加强对旅游者合法权益的保护,而以强制力督促旅游企业全面履行法定义务,落实安全保障措施,尽可能地减少事故的发生,帮助旅游者拥有安全的旅游环境。

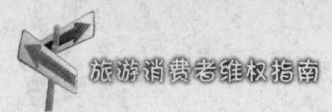

旅游住宿 第二章

旅游饭店是向旅游者提供食宿和其他服务的公共场所,是旅游业的重要组成部分,直接关系到旅游者的人身、财产安全。对旅游饭店的经营活动进行监督与管理,既是保障旅游饭店的正常经营、健康发展及维护社会治安的需要,也是保护旅游者合法权益的客观要求。从现代意义上说,旅游饭店已成为旅游业中的主要行业之一,并成为旅游领域中主体之间权利义务关系汇集之处。从我国目前的情况看,除国家旅游行政管理机关颁布的法规外,国家立法机关及其他行政机关也都颁布了相应的法规,如《中华人民共和国食品卫生法》、《中华人民共和国治安管理处罚法》、《中国旅游饭店行业规范》、《旅馆行业管理办法》等,主要规范旅游饭店的经营范围、标准,调整旅游饭店、旅游者以及旅馆和其他旅游法律关系主体之间就预订和登记住宿、就餐、提供和接受服务、侵权和损害赔偿为内容的权利义务关系,这些法律、法规为规范旅游饭店的经营活动提供了依据。

第一节　住宿条件不符合标准怎么办?

《消费者权益保护法》第19条规定:经营者应当向消费者提供有关商品或者服务的真实信息,不得作引人误解的虚假宣传。经营者对消费者就其提供的商品或者服务的质量和使用方法等问题提出的询问,应当作出真实、明确的答复。商店提供商品应当明码标价。

一、客房条件不符合合同标准怎么办?

旅游饭店与旅客的住宿合同一经成立,旅游饭店就有义务按照约定向旅客提供客房及相应服务,否则,就视为饭店违约,要承担违约责任。对于提前预订了客房的,饭店届时就应为旅客准备好房间。对于未经预订直接来饭店要求住宿的客人,只要有条件接待,饭店就不得无故拒绝,更不能因种族、民族、性别、国籍、宗教信仰的不同加以拒绝。旅客住进饭店后,饭店就应为旅客提供相应的食宿、交通、商品销售、康乐活动等服务设施和项目,这些服务设施和项目应该符合合同约定或有关法律规定的质量和标准。

因此,有两个问题值得注意:1.旅游合同中是否对住宿条件有明确的约定?饭店条件是否符合合同约定的标准?2.游客和饭店约定的住宿标准存在歧义如何处理?

 案例 2-1-1 对旅游合同约定的住宿标准发生争议怎么办?

焦点:住宿条件约定不明确的责任由谁承担?

某外企为提高职工福利待遇,2005 年"国庆节"长假组织公司员工100多人参加某旅行社组织的豪华休闲度假游,并特意向某旅游饭店预订了住宿标准为"总统套间"、享受 VIP 待遇的住宿等级。旅游团抵达武夷山某度假村住宿后,发现住房标准与普通的三星级饭店并无任何差异,价格上却要比三星级饭店贵两倍还要多。游客认为某度假村欺骗消费者,应当进行双倍赔偿。旅游饭店认为,虽然饭店住宿条件与一般三星级饭店相差不大,但地理位置优越,依山傍水,在当地被认为是"总统套间"标准,饭店服务周到,旅游者享受到了饭店提供的 VIP 待遇。旅游团向法院提起诉讼,要求某度假村双倍赔偿旅客经济损失28 000元。法院最后判决某旅游饭店支付旅游团差额9 600元。

维权依据:

本案争议的关键问题是,旅游合同约定的住宿标准应当如何来认

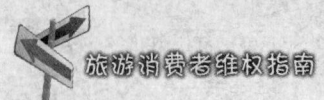

定?根据我国《合同法》第125条的规定:"当事人对合同条款的理解有争议的,应当按照合同所使用的词句、合同的有关条款、合同的目的、交易习惯以及诚实信用原则,确定该条款的真实意思。合同文本采用两种以上文字订立并约定具有同等效力的,对各文本使用的词句推定具有相同含义。各文本使用的词句不一致的,应当根据合同的目的予以解释。"本案中,游客与旅行社签订的旅游合同,住宿条件应达到所签合同中约定的标准为"总统套房"。但是,目前旅游饭店住宿标准只有星级标准,"总统套间"、享受VIP待遇的标准无法确认。虽然某度假村的住宿条件在当地俗称为"总统套间"、享受VIP待遇,但是,饭店实际提供的房间设备、安全设施等方面的住宿条件确实与旅客期待的"总统套间"、享受VIP待遇标准存在差距,一定程度上造成了游客的误解,而且价格明显与所提供的住宿条件存在较大反差,因此对约定的住宿标准应当做有利于消费者的解释,旅游饭店应退还旅游者所付房费与实际房费的差额。

 维权指南:

旅游者订房之后,就和宾馆之间形成了"订房契约",如果宾馆因客满、现住客人延迟退房等原因,不能向旅游者提供房间,宾馆首先应征得客人同意,为其在本宾馆内另换标准相近的房间,或为客人联系安排另一家宾馆。如果宾馆提供的住宿标准达不到合同约定标准,应对旅游者所受的实际损失负赔偿责任。因此,在预订客房时一定要明确各项住宿标准,不仅包括硬件设施、康乐活动,还要包括饭店服务水平等,这样旅游者才能在发生争议时占据优势。

 案例2-1-2 住宿条件不符合合同约定标准怎么办?

焦点:住宿条件低于合同约定标准怎么办?

2003年5月3日,魏某等11人与某旅行社签订旅游合同,双方约定住宿标准为三星级标间。旅游团飞抵旅游地后,地接社将旅客带到一家旅游宾馆。进入宾馆后,游客们发现该酒店距离旅游合同约定三

星级标准相差甚远,且十分拥挤,旅客们强烈要求换房,宾馆工作人员解释说"五一"期间客房紧张,只能提供此等服务,能有地方住就不错了。游客投诉要求旅行社当面致歉,并赔付每人300元。经调解组团社先行代赔每位游客140元。

维权依据:

这是一起因为住宿标准不符合旅游合同约定引发的旅游纠纷案例。住宿标准是旅游合同的必备条款,在旅游合同中,应当就住宿等级、标准、价位、服务项目等进行明确约定,以便于合同的履行。本案中,组团社与游客约定的住宿标准为三星级标间,而实际上旅行社未能按照旅游合同约定提供住宿条件,已经构成违约行为,应当承担违约责任。根据《旅行社质量保证金赔偿试行标准》第11条规定:"旅行社安排饭店,因饭店原因低于合同约定的等级档次,旅行社应退还旅游者所付房费与实际房费的差额,并赔偿差额20%的违约金。"所以,旅行社应当退还房费差额,并承担赔偿差额20%的违约金的违约责任。

维权指南:

出行在外,游客们旅途劳累,担心的就是是否能够有一个安适的住宿条件。因此,住宿标准必须在旅游合同中进行明确的约定。有些旅行社在旅游合同中故意含糊其辞,如"三星级标准或者相当水平住宿条件(不挂牌)"等约定,其实均因表述不明确而蕴涵陷阱,对此,旅游者要事先予以确认。

二、住宿标准可否单方随机变更?

一般来讲,住宿条件要么是在旅游合同中作为合同条款与其他内容一起约定,要么是旅游者预先同宾馆在住宿合同中进行预定,或者在入住宾馆时双方当事人临时商定。但是,无论确定的方式如何,一旦双方达成协议,就应全面履行。如果旅游者在支付相关费用后所享受的住宿待遇不符合约定标准,即可依据合同条款追究宾馆的违约责任。如果造成旅游者伤害的,还应承担相应的侵权责任。就住宿标准而言,本部分主要讨论以下两个问题:①旅行社或者旅游者是否可以单方变

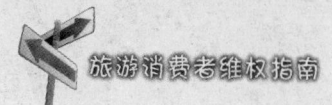

更住宿标准？②住宿价格标准发生浮动怎么办？

案例2-1-3 旅行社是否有权更换宾馆？

焦点：旅行社擅自变更住宿标准要承担何种法律责任？

2005年4月,龙某等人参加旅行社组织的旅游团,体验"吃农家饭、住农家炕"京郊民俗游活动。签订了一份旅游协议,合同约定住宿标准为农家院火炕,双人间。导游人员带领旅游团入住当地一家农家院后,游客发现住宿的是8人一间的大炕,而且晚上没有烧火,龙某等人向导游提出住宿条件不符合合同约定,导游说这是旅行社临时决定调换的,原来约定的住宿房间已经让给了另外一个旅游团,对于住宿的差价,旅行社可以退还。除此之外,没有别的地方可住了。龙某等人无奈,只得凑合一晚,因为郊区天气较冷,冻得一宿没有睡好。事后,龙某等人向旅游行政管理部门投诉,要求旅行社承担违约责任。

维权依据：

这是一起旅行社单方变更住宿标准引发的旅游纠纷案例。旅游合同一旦生效,对双方当事人都具有法定约束力,任何一方未经与他方协商一致,不得任意变更合同条款,否则,将承担违约责任。根据《旅行社质量保证金赔偿试行标准》第11条规定:"旅行社安排饭店,因饭店原因低于合同约定的等级档次,旅行社应退还旅游者所付房费与实际房费的差额,并赔偿差额20%的违约金。"本案中,旅行社在未经游客同意的情况下,单方变更旅游团住宿标准,将原定的住宿房间让与其他旅游团,已经违反了旅游合同约定,应当承担违约责任。除应当退赔旅游者所付房费与实际房费的差额外,还应当赔偿差额20%的违约金。

维权指南：

民俗旅游是今年来新兴起的一个旅游项目,可以使旅游者从繁忙紧张的城市生活中摆脱出来,领略田园风光、体验淳朴民俗,很受旅游者欢迎。但是,也正由于是新兴的旅游项目,相关旅游设施还不完备,管理还不够规范,旅游者在参加此类旅游项目时,特别要在旅游协议中明确住宿标准和餐饮标准。

案例 2-1-4 住宿价格上涨,旅客是否需要补足差价?

焦点:旅游者补交的差价可以要求讨回吗?

2006年5月,安某参加某旅行社组织的旅游团赴杭州游玩。双方在旅游合同中约定,住宿标准为三星级标间,人均价格280元。旅游团抵达杭州当晚,因为旅游团没有提前预约房间,加上当天雨水不断,直到晚上10点钟左右,旅游团还没有联系到住宿的饭店,游客们一片怨言。最后,导游谢某委托当地一个熟人介绍了一个三星级宾馆,但价格上涨100元,游客需要补上差价。安某等人无奈,只得入住并补上差价100元。事后,安某等向旅游行政管理部门投诉,要求旅行社退还差价。

维权依据:

这是一起住宿价格上涨引发的旅游纠纷案例。根据《合同法》第8条的规定:"依法成立的合同,对当事人具有法律约束力。当事人应当按照约定履行自己的义务,不得擅自变更或者解除合同。依法成立的合同,受法律保护。"旅行社既然已经与旅游者签订了合法有效的旅游合同,就应当遵从诚信的原则全面履行合同义务。旅游团到杭州后没有入住饭店,旅行社本身就已经构成违约行为,具有寻找到同等级的住宿饭店的义务,即使因为行情价格临时上涨,这也是由于旅行社自身安排不周、没有提前预订饭店造成的,旅行社不能够将自身工作失误造成的损失转嫁到游客身上。因此,旅行社要求游客补交住宿价格上涨后的差额是没有法律依据的。

维权指南:

根据《合同法》第3条的规定,合同当事人的法律地位平等,一方不得将自己的意志强加给另一方。就上述案件而言,旅行社违反旅游者真实意愿要求其补交的住宿差额,属于旅游者的被迫选择,不属于旅游合同变更的情况,而是一种违约行为。因此,旅行社不但要退还游客交纳的住宿费用差额,还可以依据旅游合同约定,追究旅行社的违约责任,要求其按照旅游合同约定标准支付违约金。

案例2-1-5 游客是否可以随时要求提高住宿标准?

焦点:游客要求提高住宿标准可以不必补交差额吗?

2007年冬季,罗某参加某旅行社组织的旅游团赴北京旅游,为节约团费,旅游协议约定的住宿标准为非星级普通双人间,而且没有供暖设施。入住当晚,罗某不习惯北方的寒冷天气,要求导游李某为其更换具有暖气的单人房间,导游与宾馆协商后,宾馆说可以满足罗某的要求,但要罗某每晚补交差额100元。罗某因为心疼钱,就在原来的房间住下,却因为受冷着凉得了感冒,花去医药费用200多元,罗某感到十分窝囊。返程后,罗某将旅行社投诉到旅游质监部门,要求旅行社承担没有为自己更换房间而导致自己感冒的药费。

维权依据:

这是一起游客要求提高住宿标准未果引发的旅游纠纷案例。旅游协议一般都明确规定旅游团在旅游景点的下榻饭店、星级标准等,如果接待社安排的饭店低于旅游协议约定的星级或者其他住房标准,即使是安排在同一星级但不是协议上标明的饭店,旅游者提出更换饭店的,旅行社也应当予以调换或者说明原委并提出补偿条件。本案中,旅行社完全是按照旅游协议的约定入住协议标明的饭店,虽然条件较差,但是这与其团费价格也是相当的,旅行社并没有违反旅游协议的约定,不存在违约责任问题。当罗某提出要求单独提高住宿条件时,导游人员和饭店方也答应满足其要求,也并无不妥。至于罗某因为心疼钱而没有调换房间,因为天气原因伤风感冒,则与旅行社没有任何关系,其投诉请求没有任何法律依据。

维权指南:

旅游者希望住同一饭店中高于旅游合同约定标准的客房,地陪导

游人员一般会与饭店联系,在饭店有空房的情况下,可以满足游客的个别要求,但是,客房差价是应当由游客自理的。即使饭店没有旅游者要求的客房,不能够满足其临时提出的要求,饭店方和旅行社也不会由此而承担额外的法律义务。

三、宾馆服务质量存在瑕疵怎么办?

旅游者在入住旅游饭店后,不仅享有相关硬件设施、康乐活动等相应权利,而且享有安静休息、不受骚扰、享受相应服务,以及知悉相关商品、服务的价格的权利。如果旅游者所享受到的服务水平有瑕疵,同样有权要求旅店经营者承担相应的法律责任。这里主要讨论两个问题:第一,旅游者的休息权利受到侵害怎么办? 第二,饭店提供的相关商品、服务没有明码标价怎么办?

 案例2-1-6 旅客住宿遭到无故骚扰,可否要求宾馆赔偿?

焦点:宾馆影响游客休息应承担什么责任?

游客赵某刚入住一家宾馆,一路旅途劳累只想尽早休息。但隔壁房间搓麻将、楼上唱歌跳舞整夜没消停,闹得赵某难以入睡。赵某越想越生气,进行电话投诉,要求宾馆立即换房,赔礼道歉,并且免除宾馆住宿费。双方最后达成和解:宾馆赔礼道歉,更换客房,并免除当晚50%住宿费。

维权依据:

《合同法》第107条规定:"当事人一方不履行合同义务或者履行合同义务不符合约定的,应当承担继续履行、采取补救措施或者赔偿损失等违约责任。"赵某入住该宾馆,办理完毕登记入住手续,就和宾馆形成了合同法律关系,相互间存在权利义务。赵某负有向宾馆交纳住宿费用的义务,宾馆负有为周某提供住宿服务的义务。宾馆提供的住宿条件,应当符合通常的住宿标准,适宜旅客休息。旅客入住宾馆,获得合理的休息和不被打扰,是最基本的要求。本案中,宾馆提供的住宿

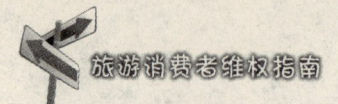

环境严重影响了旅客的休息权,不符合双方约定的住宿条件,宾馆一方在履行合同义务的过程中存在瑕疵,应当承担违约责任。

维权指南:

旅游者不但享有休息权,而且还享有个人隐私权、人格权等个人权利。某些饭店也存在侵犯旅客个人隐私的情况存在。所谓隐私权,实际上是指个人生活方面不愿意让别人知道的正当的私人秘密,是公民在一定范围内自由决定个人活动的权利。对此,旅游者应当敢于维护自己的合法权益。《中国旅游饭店行业规范》第16条规定:"饭店应当保护客人的隐私权。饭店员工未经客人许可不得随意进入客人下榻的房间,日常清扫卫生、维修保养设施设备或者发生火灾等紧急情况除外。"在我国,公民的隐私权受法律保护,任何组织和个人非经法定程序不得公开公民的秘密。游客入住宾馆后,其住房的使用权即属于游客,任何人(除宾馆清扫工、设备维修人员以及保安人员外)不得随意进入客房,无明显理由进入游客的房间,是一种侵权行为。同样,作为宾馆、饭店而言,未经游客许可,不应该随意将游客的姓名及情况透露给别人。如果宾馆将游客的姓名及情况告诉别人,骚扰了游客或侵犯了其隐私,则不管目的如何,都构成了侵权行为,应承担法律责任。

案例2-1-7 客房服务项目无明码标价,客人可以拒绝买单吗?

焦点:宾馆内部规定是否对旅客有效?

2003年国庆节,汪某到大连某旅游景点旅游,入住该旅游点的某海滨宾馆,价格为300元/天。当晚,汪某在洗澡时,发现在沐浴液旁边放有男士润肤膏,就顺手使用了一小瓶。汪某退房结账时,宾馆要求其加付男士润肤膏费用每瓶80元。汪某以该宾馆事先没有告知为由,拒绝付款,并向当地12315申诉,要求工商部门保护其合法权益,获得支持。

维权依据:

《消费者权益保护法》第19条规定:"经营者应当向消费者提供有

关商品或者服务的真实信息,不得作引人误解的虚假宣传……商店提供商品应当明码标价。"这是经营者所承担的提供真实信息的义务,宾馆及服务人员也应主动告知消费者应注意的事项,履行经营者应尽的告知义务,切实保护消费者的合法权益。在本案中,该宾馆将男士润肤膏放在一次性免费使用的牙膏、牙刷和洗发、沐浴液等旁边,并未加以说明或预先告知汪某男士润肤膏是有偿使用护肤品,没有明码标价,即并未与汪某达成使用与交费的协议。该宾馆的这种做法,足以使汪某认为,该男士润肤膏与其他一次性的洗浴用品是免费使用的。宾馆内部规定凡给旅客使用的一次性免费洗漱用品,均是一天供应一次,收费用品男士润肤膏并不是每日更换,显然不能对汪某产生效力。宾馆的这种做法,构成了"引人误解"的服务,也构成了对本条规定义务的违反和对汪某消费权益的损害。因此,汪某拒绝交纳使用男士润肤膏的费用,是依法保护自己合法权益的行为,工商部门按照消费者权益保护法的规定支持汪某的主张。

维权指南：

《消费者权益保护法》第二章第 8 条第一款规定:"消费者享有知悉其购买、使用的商品或接受的服务的真实情况的权利。"这是消费者所享有的知悉真情权。如果经营者在销售产品、提供服务时隐瞒真实情况,或者提供的信息足以造成消费者的误解,以及拒不提供相关信息的,消费者有权要求经营者进行说明或告知真实情况,经营者拒绝告知或者隐瞒真实情况的,消费者有权拒绝支付相关费用。由此给消费者带来损失的,消费者有权要求经营者予以赔偿。

本节小结：

对于旅游住宿问题,可以分情形采取不同的应对方法。一是关于旅游者与旅行社双方的关系问题,这个要在签订旅游合同明示约定,与旅行社拟定详细、明确的住宿标准、规格、价位,甚至地理位置、房间方位,做到未雨绸缪,防患于未然,有据可依,防止旅行社单方变更标准、偷梁换柱;二是关于住宿饭店单方违约的问题,如服务质量、设施标准、硬件条件等,这时候旅游者既可以与旅行社形成统一战线,共同向饭店

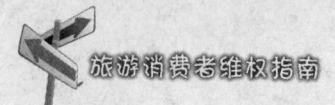

方追究违约责任,也可以直接依据合同标准向旅行社追偿,但总的来讲,在相关标准变化时,法律法规的规定是有利于保护消费者利益的;三是关于旅游者与住宿饭店之间的纠纷问题,此时可能并不牵涉旅行社的责任,特别是在游客自助旅游的情况下,这就需要旅游者在入住前详细核实相关信息,掌握《中国旅游饭店行业规范》、《旅馆行业管理办法》等基本法律常识,增强自我保护和自救意识,以及证据意识,切忌粗心大意。

第二节 住宿期间财物丢失怎么办?

《消费者权益保护法》第24条规定:经营者不得以格式合同、通知、声明、店堂告示等方式作出对消费者不公平、不合理的规定,或者减轻、免除其损害消费者合法权益应当承担的民事责任。

一、旅游饭店对旅客财物负有哪些保管责任?

《消费者权益保护法》第7条规定:"消费者在购买、使用商品和接受服务时享有人身、财产安全不受损害的权利。消费者有权要求经营者提供的商品和服务,符合保障人身、财产安全的要求。"在我国,从事对外接待的大、中型的旅游饭店里一般均备有安全保险箱,供客人存放贵重物品。旅游饭店必须对旅游者带进来的财物负责,毫无疑问地对旅客带入饭店的财物负有保障安全的责任。

旅游者带进饭店范围内的财物发生灭失的情况有多种原因,如失窃、损毁、火灾、物品的自然属性导致等。旅游饭店中一旦发生旅游者财物灭失的事件,首先要查明原因,分清责任。那么,旅游饭店对旅客财物负有哪些保管义务呢?实践中主要涉及以下几个问题:1.旅游饭店在什么范围内承担游客财物保管义务?2.旅店以店堂告示等形式声明的免责事项是否有效?3.住宿与财产保管合同成立的认定标准是什么?4.旅客财产损失赔偿的标准是什么?

案例 2-2-1　随身携带贵重物品未寄存,客房丢失可否获赔?

焦点:游客房间未办理贵重物品寄存手续的物品被盗,宾馆是否承担责任?

2005年7月3日下午2点,进行个人自助游的游客李某在河南某旅游饭店办理完入住手续后到客房休息。李某因旅途劳累,躺在床上休息,不觉之中熟睡入梦,忘记将房门上锁。下午4点左右,李某一觉醒来,看到自己的小背包扔在卫生间的地上,随身携带的高级数码相机、手机和3 000元现金不翼而飞。李某顿时慌了神,马上打电话通知服务台。在要求饭店赔偿,店方以有"贵重物品需要寄存、贵重物品要妥善保管"的提示为由拒绝赔偿后,李某向旅游质监部门进行投诉,要求饭店赔偿被盗物品所造成的全部损失13 000元。经旅游质监部门调解,宾馆赔偿李某500元。

维权依据:

旅游者进入宾馆,办理完毕住宿手续,就和宾馆之间用默示的形式达成了财物保管的合同,宾馆就应该对旅游者带进宾馆的财物安全负责。我国《消费者权益保护法》第7条规定:"消费者在购买、使用商品和接受服务时享有人身、财产安全不受损害的权利。消费者有权要求经营者提供的商品和服务,符合保障人身、财产安全的要求。"旅客投宿住店,一旦与宾馆履行了住宿手续,双方便达成买卖合同,旅客购买的是宾馆的服务,宾馆有责任保证客人的人身财产安全。本案中,对于李某的财物被盗事故,宾馆负有不可推卸的责任,应当进行赔偿。店方以有"贵重物品需要寄存、贵重物品要妥善保管"的提示为由,拒绝承担赔偿责任,但此合同条款与《消费者权益保护法》中的部分条款明显抵触。《消费者权益保护法》第24条规定:"经营者不得以格式合同、通知、声明、店堂告示等方式作出对消费者不公平、不合理的规定,或者减轻、免除其损害消费者合法权益应当承担的民事责任。"因此,顾客入住宾馆,店方适当地提醒是应尽的义务,但并不能豁免自己应承担的责任。

但是，宾馆对旅游者损害的赔偿范围不是无限的，赔偿数额也不是无限的，而是在一定的幅度之内。《中国旅游饭店行业规范》第20条也规定："客房内设置的保险箱仅为客人提供存放一般物品之用。对没有按规定存放在饭店前厅贵重物品保险箱内而在客房里灭失、毁损的客人的贵重物品，如果责任在饭店一方，可视为一般物品予以赔偿。"本案中，饭店一方已经尽到了提醒义务，更为关键的问题是，没有人能证明李某携带有数码相机、手机和现金及其价值数额，虽然宾馆因安全保障方面负有一定责任，但是李某损失多少难以举证，即使能够举证，饭店仍可按照一般物品予以赔偿。而且，李某之所以被盗，房门没锁好是主要原因，李某应对此承担主要责任。

 维权指南：

宾馆失窃是旅游活动中发案较高的事件。从法律角度来讲，旅客在宾馆丢失财物应属于宾馆未尽到相应的合同义务，应当承担赔偿责任，不能仅凭合同格式条款、提示就可以规避自己应承担的责任。实践中，在索赔纠纷发生后，大多数因顾客无法举证，致使多数宾馆失窃事件不了了之。在没有第三者证明的情况下，顾客与宾馆之间的信息不对称将造成顾客处于绝对的被动位置，双方僵持不下的结局往往是旅客因无法举证、耗不起时间而无法获得赔偿。造成上述结果的主要原因有以下几个方面：一是因为物品的保管权没有转移，仍在旅游者手中，让经营者赔偿依据不足。二是因为寄存物品未经核实，丢失财物的数量和价值难以认定。三是赔偿的额度很低，按照《中国旅游饭店行业规范》的有关规定，对没有按照规定将贵重物品交旅店保管而在客房里灭失、毁损的，如果责任在旅店一方，可视为一般物品予以赔偿，无疑会给旅游者带来较大的经济损失。

律师提醒，旅游者要特别重视保管好自己的物品，尽可能妥善保管，尽到保管义务。对于能够寄存的贵重物品，可以进行贵重物品登记，最好入住后贵重物品交宾馆寄存处保管。对于住宿的客房，要仔细检查门窗等安全设施。对于那些随身携带而不方便寄存的一般物品，要藏在可靠的地方。对于已经发生的被盗事件，要及时与经营者交涉，向当地公安部门报案，为保护自身权益提供尽量多的证据支持。

案例2-2-2　宾馆对游客寄存物品被盗按何种标准赔偿?

焦点:寄存物品被窃的赔偿标准如何界定?

2005年4月5日,游客王某夫妻二人由旅行社组织前往黄山游览。4月10日,旅游团住宿在某宾馆,王某夫妻将行李物品存在饭店为客人专设的寄存处。晚上外出吃饭回来后,王某到寄存处的行李中取东西时,被工作人员告知寄存行李箱被盗,王某要求宾馆赔偿行李箱内的现金1 000元,玉镯一对,总计损失8 363元,双方在赔偿数额上发生纠纷。王某向"消协"投诉,要求该宾馆赔偿全部被盗物品损失8 363元。经"消协"调解,宾馆赔偿王某夫妻经济损失4 500元。

维权依据:

宾馆和旅游者以及宾馆和其他法律关系主体之间的合同一经成立,便具有法律效力,在合同双方当事人之间就会发生权利义务的法律关系。双方当事人就必须按照合同的规定,互相向对方承担一定的法律义务,并享有相应的权利。若合同当事人一方或双方未按照合同规定履行义务,就要受到有关法律的制裁。本案中,王某夫妻二人住进宾馆,办理了住宿登记手续,交纳了住宿费用,已经与宾馆形成了住宿合同关系。根据我国《消费者权益保护法》第11条规定:"消费者因购买、使用商品、或者接受服务受到人身、财产损害的,享有依法获得赔偿的权利。"宾馆应当据此负有安全保障义务。《中国旅游饭店行业规范》第15条也明确规定:"饭店应当采取措施,防止客人放置在客房内的财物灭失、毁损。由于饭店的原因造成客人财物灭失、毁损的,饭店应当承担责任。由于客人自己的行为造成损害的,饭店不承担责任。双方均有过错的,应当各自承担相应的责任。"由于王某夫妻物品是在宾馆寄存处被盗的,宾馆应当对寄存物品的被盗事件承担全部责任。

维权指南:

对于寄存物品的遗失应根据什么标准进行赔偿呢?依据《合同

法》第375条规定:"寄存人寄存货币、有价证券或者其他贵重物品的,应当向保管人声明,由保管人验收或者封存。寄存人未声明的,该物品毁损、灭失后,保管人可以按照一般物品予以赔偿。"本案中,王某夫妻提供了寄存物品中包含的贵重物品,但没有交接清单,缺少证据,也只能按照一般物品获得赔偿。据此,宾馆可以按照一般物品对王某夫妻的财产损失进行赔偿,承担部分赔偿数额,对于超出宾馆赔偿数额以外的财产损失,只能由其个人承担。

 案例2-2-3　汽车在酒店停车场被盗,能否获得赔偿?

焦点:保险公司理赔后能否免除酒店赔偿责任?

2004年10月8日下午,刘某自助旅游,驾驶本田轿车到北京某酒店住宿,车辆停放在该酒店的停车场,并经保安人员进行车辆登记。10月9日11时左右,刘某到停车场取车时发现车辆丢失,于是报警。事发后保险公司赔偿购车款80%损失,尚有剩余款及其相关损失共计78 750元未能得到赔偿,车主遂将酒店告到法院,要求酒店赔偿差额。法院一审判令酒店赔偿刘某其余20%的购车款78 750元。

维权依据:

根据我国《合同法》第367条规定:"保管合同自保管物交付时成立,但当事人另有约定的除外。"本案中,刘某投宿酒店,将车停放在酒店停车场,并经保安人员进行车辆登记,双方已经形成保管合同关系,各自应承担相应的权利义务。根据《合同法》第369条第一款规定:"保管人应当妥善保管保管物。"刘某和保安人员进行车辆登记后,酒店就应当按照保管合同担负起保管义务,应妥善保管停车场内的车辆。《合同法》第374条规定:"保管期间,因保管人保管不善造成保管物毁损、灭失的,保管人应当承担损害赔偿责任,但保管是无偿的,保管人证明自己没有重大过失的,不承担损害赔偿责任。"由于该酒店未能全面履行服务合同,对顾客交付的财产未尽妥善保管的义务,致使刘某的汽车在停车场内丢失,并且不能证明自己存在免责事由,所以应当承担赔偿责任。而且,保险公司的理赔,并不能构成酒店拒赔的理由,酒店应当对保险公司理赔后刘某的其他损失进行补偿。

维权指南:

旅客办理了住宿手续,住进了饭店,就意味着双方的合同关系成立,双方的权利义务关系产生。在饭店的各项义务中,自然包括保障旅客财物安全的内容,且这一内容无须明示。就是说,只要住宿合同成立,旅游饭店就要保障旅客的财物安全,避免失窃、火灾、毁损等现象发生。同时,饭店对旅客的行李负有寄存保管义务,旅客应把带入饭店的贵重财物交饭店寄存起来,饭店要设置保险箱、柜、室,指定专人负责保管,还要建立登记、领取、交接制度。本案中刘某为证明其在该酒店住宿丢车的事实,提供了住宿的发票及报警资料等,双方进行了车辆登记,事实上形成了车辆保管关系,该酒店提供免费的停车场,实质上是一种以招徕顾客为主要目的有偿服务,故酒店保管不力导致刘某丢车,经营者理应予以赔偿。

二、旅游者过失造成的经济损失能获得赔偿吗?

根据我国《民法通则》第117条第二款的规定:"损坏国家的、集体的财产或者他人财产的,应当恢复原状或者折价赔偿。"因此,无论是宾馆给游客造成的损失,还是游客给宾馆带来的损失,都应当承担相应的民事赔偿责任。《民法通则》第132条规定:"当事人对造成损害都没有过错的,可以根据实际情况,由当事人分担民事责任。"

实践中,由于旅游者的过失,要么造成自己的合法权益无法得到维护,要么应赔偿对方相应经济损失,要么部分丧失相应权利。因此,本部分将重点探讨两个方面的问题:一是诉讼时效如何计算?二是双方都有过失责任如何分担?

案例2-2-4 寄存物品遗失,应当何时追偿?

焦点:寄存手提包丢失,诉讼时效如何计算?

2003年5月8日,宋某随某旅行团到新疆旅游,旅行结束后到宾

馆寄存处领取手提包时,寄存人员一时找不到宋某的手提包,为不误返程火车,宋某只得先随团返程。2004年8月8日,宋某向寄存处要求赔偿,遭到寄存处拒绝,宋某将宾馆诉至法院,要求宾馆赔偿手提包丢失造成的损失1 800元。法院以超过诉讼时效为由,驳回宋某的诉讼请求。

维权依据:

丢失东西要赔被看做是天经地义之事。宋某将手提包存放在宾馆寄存处,与宾馆建立了保管合同关系,其行为就受到了法律保护。宾馆寄存处将其手提包丢失,无法将手提包交还宋某,宋某的权利受到侵犯,寄存处应当承担赔偿责任。但是,根据《民法通则》第136条规定:"下列的诉讼时效期为一年:(1)身体受到伤害要求赔偿的;(2)出售质量不合格商品未声明的;(3)延付或拒付租金的;(4)寄存财物被丢失或者毁损的。"因此,宋某必须在一年内向法院提起诉讼,超过一年再向法院提起诉讼,就不能请求法院强制义务人履行义务,即申诉权丧失。本案中,宋某在2003年5月8日,就已经知道自己手提包被丢失。因此,诉讼时从2003年5月8日开始计算,到2004年5月9日零时止,如果这一年时间没有主张权利,就丧失了申诉的权利。本案宋某自手提包丢失之时起,到去寄存处主张权利,已经是一年又3个月,因此,本案件已经超过诉讼时效,宋某的请求赔偿权利不受法律保护,法院依法裁定驳回其诉讼请求。

维权指南:

所谓诉讼时效,是指权利人在法定期间内不行使权利就会丧失请求法院依诉讼程序强制义务人履行的权利。如果寄存物品丢失后长期没有去要,就会使财产关系长期处于不稳定状况,使社会财产关系复杂化,影响社会经济生活和经济秩序。因此,为了督促权利人及时行使自己的民事权利,有利于各种民事纠纷的解决,就产生了民事诉讼时效制度,超过诉讼时效,权利人的实体权利将得不到法律的保护。也就是说,如果超过了诉讼时效,即使诉至法院,也难以获得法律的救助。诉讼时效有长有短,一般为两年,特殊情况下为一年、三年、四年不等。起算时间以《民法通则》第 137 条规定为准:"诉讼时效期间从知道或者应当知道权利被侵害时起计算"。

案例 2-2-5 游客损坏宾馆财物,宾馆要求高价赔偿是否合理?

焦点:游客损坏客房物品,应该赔多少钱?

2003 年 7 月 20 日,河北的高先生到西藏旅游,入住某星级旅游宾馆,与宋某同住在一个标准间。其间,因为二人躺在床上看电视节目,高先生不慎把床单烧了一个洞。宾馆服务员检查房间后告诉高先生,损毁东西要赔偿,根据宾馆制定的《客房物品价目表》,要求高先生赔偿 800 元。高先生认为宾馆的索赔太高,向当地工商所进行了投诉,要求对宾馆的高价索赔讨个说法。经工商部门调解,高先生赔偿宾馆 230 元。

维权依据:

根据我国《民法通则》第 117 条第二款的规定:"损坏国家的、集体的财产或者他人财产的,应当恢复原状或者折价赔偿。"旅游者如果由于故意或过失损坏了宾馆的设施或财物,一般情况下,首先应当恢复原状或折价赔偿,宾馆如果因此遭受其他重大损失的,旅游者应当赔偿损失。但是,某些星级宾馆的经营者在消费者住宿物品受到损坏后,却向消费者高价索要赔偿。那么,宾馆的这种高价索赔要求,是否具有法律依据呢?目前,多数宾馆客房内都放置一本《入住须知》,里面标注了房间内各种物品的价格,作为赔偿物品的依据。《消费者权益保护法》第 24 条第一款规定:"经营者不得以格式合同、通知、声明、店堂告示等方式作出对消费者不公平、不合理的规定,或者减轻、免除其损害消费者合法权益应当承担的民事责任。"根据《合同法》第 40 条规定,提供格式条款一方免除其责任、加重对方责任、排除对方主要权利的,该条款无效。由此可见,经营者索赔也是合情合理的,但宾馆在《入住须知》中所标注的高价赔偿标准,属于宾馆单方制定的告示(价格表),属

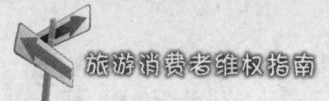

于不公平的格式条款,加重了对方的责任,没有法律效力,消费者可以按照市场价格进行赔偿。据此,经工商部门协调,高先生赔偿宾馆230元。

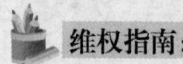**维权指南:**

宾馆应该对旅游者的财物安全负责,反之,旅游者也必须爱护宾馆内的一切设施和财物。但是,宾馆和住宿游客之间双方的权利、义务关系,是由相关的法律法规来规定的,而不能够由某一方单独决定。根据《消费者权益保护法》第8条规定,消费者享有知悉其购买、使用的商品或者接受的服务的真实情况的权利。律师提醒广大旅游者,入住宾馆时一定要认真阅读《入住须知》,和服务人员一起清点客房中的物品,仔细查阅备品单标明的备品与实物是否相符,以及备品有无损坏、玷污等情况,如缺少或者有问题,应当场和宾馆服务人员核定。宾馆及服务人员也应主动告知消费者应注意的事项,履行经营者应尽的告知义务。如果游客损坏了房间内的财产,宾馆要求赔偿时,应要求宾馆方予以说明并提供必要的凭证,如果宾馆方拒不说明也不提供必要的凭证,旅游者可以拒绝赔偿,以防止其无据高额索赔。

案例2—2—6 游客未寄存财物丢失可否得到赔偿?

焦点:非寄存财物丢失怎么办?

2003年4月23日,孙某随团到苏州游玩。25日上午,孙某在购物活动中高价购得"苏绣"两套,价值3 756元,并到宾馆服务总台寄存处办理寄存手续。服务总台的服务员说因为宾馆装修,暂时无法寄存,孙某只得把两套"苏绣"放在床头的枕头下面。当晚从景点返回宾馆住处,孙某发现两套"苏绣"不翼而飞,于是他立即向宾馆报失,并且要求赔偿经济损失。但宾馆以放在宾馆服务总台保险箱的贵重物品被盗或损坏宾馆负责赔偿,放在其他地方物品被盗或损坏,宾馆不负赔偿责任为由,拒绝赔偿。孙某向当地旅游质监部门进行投诉,要求宾馆赔偿丢失财物造成的全部经济损失。旅游质监部门在查证后裁决宾馆赔偿孙某全部经济损失2 800元。

维权依据：

宾馆对旅客应尽何种义务是该起旅游案例的核心问题和原则问题。游客入住宾馆，即形成住宿合同关系，此刻，宾馆要确保游客人身财产的安全。按照我国《中国旅游饭店行业规范》第17条规定："饭店应当在前厅处设置有双锁的客人贵重物品保险箱。贵重物品保险箱的位置应当安全、方便、隐蔽，能够保护客人的隐私。饭店应当按照规定的时限免费提供住店客人贵重物品的保管服务。"据此，如果游客寄存在宾馆的贵重物品被盗或者损坏，宾馆理所当然要赔偿。但是，如果应由饭店保管的财物而饭店拒绝寄存保管时，饭店能否限制其损害赔偿责任呢？《中国旅游饭店行业规范》第18条规定："饭店应当对住店客人贵重物品的保管服务作出书面规定，并在客人办理入住登记时予以提示。违反第十七条和本条规定，造成客人贵重物品灭失的，饭店应当承担赔偿责任。"本案中，宾馆本应具备相应的寄存贵重物品的设施，为旅客提供寄存服务。宾馆客房虽然装有门锁以及其他保安措施，但安全性较之由专人看管的保险箱要低得多。《民法通则》第132条规定："当事人对造成损害都没有过错，可以根据实际情况，由当事人分担民事责任。"由于宾馆未履行相关保管服务义务，拒绝接受游客孙某寄存的贵重物品而导致孙某物品被盗，主要责任在宾馆，孙某也有保管不当的责任，裁定宾馆承担主要赔偿责任是妥当的。

维权指南：

游客在住店期间往往随身携带有财物，为保障旅客财物的安全，减少失窃被盗等治安案件的发生，游客应将贵重物品在服务台寄存。如果不能寄存，在客房存放也要采取相应的防范措施，办理相关登记手续，并且要保留购物发票凭证等相关证据，以便在发生盗窃等案件时能够举证。

本节小结：

旅游者入住旅游饭店，遇到盗窃、丢失财物事件遭受经济损失的，哪些情形下可以获得赔偿，哪些情形下不能得到赔偿，哪些情形下只能够得到部分赔偿，哪些情况下本应得到赔偿却因为旅游者自身无力举

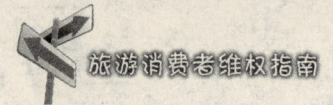

证而无法维护自身合法权益,是住宿中需要特别小心应对的一个问题。因此,在入住饭店时办理入住登记手续、物品交接托管手续、保留原始凭证,加强安全防范意识,是旅游者应当注意的问题。同时,旅游饭店只有规范管理、完善程序、履行安全保障义务,才能最大限度地减少相应的赔偿责任。

第三节　发生住宿伤亡事故怎么办?

《消费者权益保护法》第 18 条规定:经营者应当保证其提供的商品或者服务符合保障人身、财产安全的要求。对可能危及人身、财产安全的商品和服务,应当向消费者作出真实的说明和明确的警示,并说明和标明正确使用商品或者接受服务的方法以及防止危害发生的方法。经营者发现其提供的商品或者服务存在严重缺陷,即使正确使用商品或者接受服务仍然可能对人身、财产安全造成危害的,应当立即向有关行政部门报告和告知消费者,并采取防止危害发生的措施。

一、旅客过失造成人身伤害责任如何分担?

旅客在入住旅游饭店后,一方面由于行程匆匆,旅途劳累,容易因疏忽大意而造成意外的伤害,另一方面,由于身处异国他乡,人生地疏,对宾馆内环境不熟悉,也容易受到意外的伤害。同时,有些宾馆自身在安全服务方面也存在瑕疵,在产生人身伤害纠纷时常常处于被动局面。因此,本部分主要解决旅客自身存在过失的情况下,宾馆是否承担赔偿责任,以及宾馆安全服务存在瑕疵的情况下,双方责任如何分担这两个方面的问题。

 案例 2-3-1　旅客洗澡操作失误被烫伤,是否可以索赔?

焦点:旅客自己烫伤饭店是否该负赔偿责任?

2004 年 2 月 11 日,陈某到北京游玩,入住某大饭店。淋浴时因为

没能分清冷热水阀门,顺手拧开一个阀门,滚烫的水突然从喷头喷出,将陈某烫伤。陈某向法院提起诉讼,索赔 20 余万元。法院判决驳回陈某诉讼请求。

维权依据:

要回答陈某是否能够得到赔偿这个问题,应当从饭店和旅游两个方面分别进行分析。一是饭店安全保障是否存在问题。根据《中华人民共和国消费者权益保护法》第 18 条规定:"经营者应当保证其提供的商品或者服务符合保障人身、财产安全的要求。对可能危及人身、财产安全的商品和服务,应当向消费者作出真实的说明和明确的警示,并说明和标明正确使用商品或者接受服务的方法以及防止危害发生的方法。经营者发现其提供的商品或者服务存在严重缺陷,即使正确使用商品或者接受服务仍然可能对人身、财产安全造成危害的,应当立即向有关行政部门报告和告知消费者,并采取防止危害发生的措施。"作为经营者的饭店,自然应当对消费者陈某的生命健康权负相应的保障责任,但是这种保障责任并非是没有限度的。如果经营者提供的商品或服务正确使用不会对人身、财产安全造成危害,并且尽到了合理限度范围内的安全保障义务,经营者则不应承担责任。本案中,饭店提供的洗浴设施是有安全阀的,这种安全措施是简单有效的,饭店所提供的服务并无瑕疵,已经尽了合理范围内的安全保障义务,因此可以免责。

二是陈某本人是否正确使用洗浴设施。洗澡调水温属于生活常识,热水可能会烫伤人,洗澡的水温要先经过调试,这是一个常识问题。本案中,陈某人身虽然遭受伤害,但其个人有过失。陈某作为完全民事行为能力人,因其自身粗心大意和操作失误,由此所造成的损害后果应当自行承担。

维权指南:

消费者享有生命健康权,《中华人民共和国消费者权益保护法》赋予了消费者保护自己合法权益的权利,但这种权益保护不是无限度的,消费者在依法享有购买商品或接受服务时合法权益得到保护的同时,也应尽到正确使用商品、接受服务的基本义务。否则,将会是自己承担

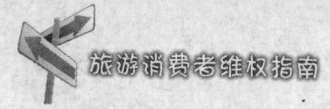

不必要的损失。

 案例2-3-2 旅客宾馆滑倒摔伤,宾馆是否承担赔偿责任?

焦点:旅客自己摔伤宾馆承担赔偿责任吗?

2004年12月17日,游客任某入住某宾馆。因服务员刚刚打扫完卫生,宾馆内地面湿润。任某人老体迈,行动不便,不慎滑倒,髋部骨折。事发后,宾馆总台立即派人用车将任某送往当地医院急救,并住院治疗,先后花去医疗费1 647元,营养费360元,护理费1 080元,住宿费3 780元,共计各类费用6 867元。2005年4月21日,任某将某宾馆诉至法院,要求该宾馆赔偿其经济损失16 000元。经法院调解,宾馆一次性赔偿任某医疗费、误工费、交通费、营养费和护理费共计3 500元。

维权依据:

《最高人民法院关于审理人身损害赔偿案件适用法律若干问题的解释》第6条规定:"从事住宿、餐饮、娱乐等经营活动或者其他社会活动的自然人、法人、其他组织,未尽合理限度范围内的安全保障义务致使他人遭受人身损害,赔偿权利人请求其承担相应赔偿责任的,人民法院应予支持。"按照《民法通则》"过错原则",宾馆地面湿滑且没有明显的提醒标示,在安全保障方面存在过失,由此造成旅客伤害的应当承担相应赔偿责任。同时,任某自身作为具有民事行为能力和民事责任能力人,应当对自身安全具有一定的防范能力,但任某本人没有充分注意行走谨慎而摔伤,自己有一定过失,因此对自己在宾馆中不慎滑倒所造成的摔伤事故,也应当承担相应的责任。经法院调解,宾馆同意参照《最高人民法院关于审理人身损害赔偿案件适用法律若干问题的解释》的赔偿标准,一次性赔偿任某医疗费、误工费、交通费、营养费和护理费共计3 500元。

维权指南:

要确定宾馆是否承担游客在店内摔伤所造成的损失赔偿责任,关键的问题在于宾馆提供的服务上是否存在瑕疵。宾馆作为经营者,应为住宿者提供安全舒适的消费环境,其所提供的服务应当能够保障住宿者的人身、财产安全,应对经营场所内的设施及时检修,并应尽到相应的安全提醒义务,否则,宾馆就难以避免相应的法律责任。

二、旅客遭第三人侵害责任如何划分?

在旅游饭店里有多种因素可能影响到旅客的人身安全,如火灾、设备故障、建筑物倒塌、食物变质、工作人员疏忽大意或管理不当、他人侵害等,凡此种种,在旅游者逗留饭店期间均可成为致伤原因,这都要求旅游饭店把旅客的人身安全放在十分重要的位置上,排除损害旅客人身安全的各类事故发生,消除旅客的不安全感。

饭店有义务保障旅客的人身安全。我国对旅客在饭店内遭受人身伤害的处理,主要适用我国《民法通则》的有关规定。这里主要讨论澄清下面三个问题:①如果是因为饭店的过错而使旅客遭受人身伤害,侵权的民事责任由谁承担?②如果是因为旅客自身的过错造成的伤害,责任由谁承担?③如果是因为第三人的过错造成旅客人身伤害,责任又如何承担?

案例2-3-3 住宾馆被打伤,宾馆是否赔偿游客所受的损失?

焦点:游客被打事件宾馆是否应当承担责任?

2004年8月23日,马某随团入住某旅游景点宾馆,在吃饭时无故遭受3名陌生醉汉殴打。在场保安和服务员却视而不见,旅行团导游立刻报警,3名男子逃离现场。导游带马某到医院治疗,马某被诊断为轻微伤,花去医疗费近千元。马某将该宾馆告上法庭,要求其赔偿医疗费、交通费、误工补贴等费用共计3 301元。法院判令宾馆赔偿马某医疗费、交通费、误工补贴等费用共计2 800元。

维权依据:

首先,宾馆对住宿旅客负有保障其人身和财产安全的责任。马某

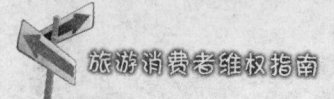

在宾馆登记住宿,接受宾馆提供的有偿服务,马某就是消费者,宾馆既是服务者、又是经营者,双方即存在民事法律关系。根据《消费者权益保护法》第 7 条的规定:"消费者在购买、使用商品和接受服务时享有人身、财产安全不受损害的权利。消费者有权要求经营者提供的商品和服务符合保障人身、财产安全的要求。"《消费者权益保护法》第 18 条规定:"经营者应当保证其提供的商品或者服务符合保障人身、财产安全的要求。"因此,马某依法享有在宾馆的人身、财产安全不受损害的权利,宾馆对住宿旅客负有保障其人身和财产安全的义务。

其次,宾馆没有履行法律规定的义务致使马某人身受伤害,应当承担赔偿责任。《民法通则》第 106 条第一款规定:"公民、法人违反合同或者不履行其他义务的,应当承担民事责任。"《消费者权益保护法》第 35 条第三款规定:"消费者在接受服务时,其合法权益受到损害的,可以向服务者要求赔偿。"本案中,宾馆在马某遭受殴打时,未能迅速采取有效措施加以制止,没有履行法律规定的应尽义务,致使马某的合法权益受到侵害并造成损害结果,因此宾馆应当承担民事责任。根据《民法通则》对民事责任承担方式的有关规定,马某的人身受到伤害,除了采取赔偿的方式外,不可能采取其他方式来弥补马某所受的损失,因此宾馆应承担赔偿责任。

最后,宾馆应当承担的赔偿项目,应包括医疗费、交通费、误工补贴等费用。《消费者权益保护法》第 41 条规定:"经营者提供商品或者服务,造成消费者或其他受害人人身伤害的,应当支付医疗费、治疗期间的护理费、因误工减少的收入等费用。"这一规定所指的医疗费包括医药费及其他合理的费用。《最高人民法院关于审理人身损害赔偿案件适用法律若干问题的解释》第 17 条规定的赔偿标准:"受害人遭受人身损害,因就医治疗支出的各项费用以及因误工减少的收入,包括医疗费、误工费、护理费、交通费、住宿费、住院伙食补助费、必要的营养费,赔偿义务人应当予以赔偿。"因此,宾馆应当赔偿马某的医疗费、交通费、误工补贴等费用。

维权指南:

本案的焦点问题是游客被打事件宾馆是否应当承担责任?从表面

上来看,本案中殴打马某的 3 名醉汉并非宾馆工作人员,损害的发生不是宾馆工作人员所为,也与宾馆人员素不相识,似乎应当由 3 名醉汉承担一切法律后果。然而从经营者和消费者之间的关系来看,宾馆负有保障顾客人身、财产安全的义务。为了保障住宿旅客的人身和财产安全,宾馆应当完善安全防范和管理措施,明确其保安等职能部门的职责。而一旦发生如本案的情况,应当迅速采取有效措施加以制止,并防止事态的发展,以保障住宿客人的人身安全。《最高人民法院关于审理人身损害赔偿案件适用法律若干问题的解释》第 6 条规定:"从事住宿、餐饮、娱乐等经营活动或者其他社会活动的自然人、法人、其他组织未尽合理限度范围内的安全保障义务致使他人遭受人身损害,赔偿权利人请求其承担相应赔偿责任的,人民法院应予支持。因第三人侵权损害结果发生,由实施侵权行为的第三人承担赔偿责任。安全保障义务人有过错的,应当在其能够防止或者制止损害的范围内承担相应的补充赔偿责任。安全保障义务人承担责任后,可以向第三人追偿。赔偿权利人起诉安全保障义务人的,应当将第三人作为共同被告,但第三人不能确定的除外。"游客可以对于在酒店、公园、餐馆等公共场所发生的人身损害赔偿案件,要求经济赔偿。本案中宾馆的不作为行为,导致游客受到人身伤害,难辞其咎,赔偿责任不可推卸,法院依法判令其对马某进行赔偿是符合法律规定的。

案例 2-3-4 游客住宿遭抢劫,酒店承担责任吗?

焦点:旅游酒店对游客店内遭抢应负何种责任?

2005 年 1 月 7 日,游客杨某在某景点的旅游饭店内遭遇抢劫,损失 1 900 元。杨某要求酒店赔偿经济损失,遭到拒绝,随后向法院起诉,要求酒店赔偿经济损失 1 900 元,精神损失 10 000 元。法院判决该旅游饭店全额赔偿杨某经济损失 1 900 元。

维权依据:

根据我国《合同法》第 60 条的规定,当事人应当按照约定全面履

行自己的义务。本案中,游客杨某入住酒店,就与酒店形成了住宿合同关系,酒店就负有履行保护旅游者人身、财产安全不受非法侵害的合同义务。根据国务院批准、公安部发布的《旅馆业治安管理办法》第5条规定:"经营旅馆,必须遵守国家的法律,建立各项安全管理制度,设置治安保卫组织或者指定安全保卫人员。"第9条规定:"旅馆工作人员发现违法犯罪分子,形迹可疑的人员和被公安机关通缉的罪犯,应当立即向当地公安机关报告,不得知情不报或隐瞒包庇。"本案中,该旅游饭店在安全管理机构的设立、安全规章制度和安全管理责任制的建立、安全设施的设立等方面存在严重漏洞,未达到规定的标准。游客杨某在店内被陌生人抢劫,损失钱财1 900元,说明游客在住宿期间,宾馆没有基本的安全管理措施,保安人员没有起到应有的安全保卫作用。由于酒店未尽到保障旅游者人身、财产安全的义务,致使游客人身安全受到威胁,财产遭受损失,应当承担赔偿责任。

 维权指南:

　　本案的关键问题在于酒店是否尽到了合理限度范围内的安全保障义务。酒店作为从事住宿业的公共场所,对住店客人应尽安全保障义务。这不仅包括酒店应该有完备的安全制度,自身提供的服务设施能保证客人安全,而且应该包括当客人在受到第三人伤害时,及时保留现场证据,协助客人解决问题。旅游者在住宿宾馆遭受抢劫,是犯罪行为人的加害行为所致,应当由公安部门立案侦查,依法追究犯罪行为人的刑事责任。刑事案件所产生的刑事责任和民事侵权责任,应由犯罪行为人承担,而不应由酒店承担。但是,如果宾馆安全保障存在漏洞,则应承担相应的赔偿责任,司法部门对犯罪行为人责任的追究并不免除宾馆应当承担的民事违约责任。

案例2-3-5 宾馆对于旅客住宿期间被害事件是否应当承担法律责任?

　　　　焦点:旅客住宿被害,宾馆是否负有法律责任?

　　1997年12月23日,游客赵某旅游期间住入某宾馆,当晚在该宾馆213房间被害身亡。赵某遇害身亡后,其妻以该宾馆治安防范措施较差,致使其夫遇害身亡为由,向市法院递交起诉书,将该宾馆推上了被告席,要求其宾馆支付丧葬费、死亡赔偿金、被害人父母赡养费、子女抚养费、精神赔偿费、误工费等,总计8.15万余元。法院判决该宾馆赔偿赵某家属3.17万余元。

维权依据:

根据我国《消费者权益保护法》第18条规定:"经营者应当保证其提供的商品或服务符合保障人身、财产安全的要求。"宾馆负有保障消费者人身、财产安全的法定义务。我国《民法通则》第85条规定:"合同是当事人之间设立、变更、终止民事关系的协议。依法成立的合同,受法律保护。"该宾馆与赵某之间的关系,是合同法律关系,应当适用合同法律规定来调整。《民法通则》第111条规定:"当事人一方不履行合同或者履行合同义务不符合约定条件的,另一方有权要求履行或采取补救措施,并有权要求赔偿损失。"宾馆除应履行向赵某提供与宾馆收费标准相应的房间设施与服务的义务外,还应当履行保护其人身、财产安全不受非法侵害的义务。由于该宾馆安全保卫措施不力,未尽到合同义务,对于赵某住宿期间被他人杀害事件,应当承担一定的责任。据此,法院判决宾馆赔偿丧葬费、交通费、住宿费及应支付其他各种费用3.17万余元符合法律规定。

维权指南:

本案中,存在双重法律关系,即刑事法律关系和民事法律关系。一方面,赵某被他人杀死,犯罪嫌疑人应当承担刑事和刑事附带民事责任,对此可以另案处理。另一方面,宾馆作为经营者,并非没有责任。由于自赵某登记入住宾馆时起,赵某就和宾馆形成了以住宿、服务为内容的合同关系,双方均享有法律上的权利、承担法律上的义务。宾馆作为服务性行业,以向旅客提供与收费相应的住宿环境和服务,来获取旅客支付的报酬。对于宾馆住宿条件和提供服务上存在瑕疵导致的损失,旅游者可以依法要求其予以赔偿。

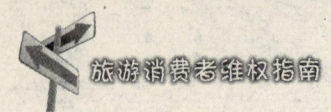

三、旅客在饭店发生意外事故责任如何认定?

案例 2-3-6 游客醉酒丢性命,事故责任在谁?

焦点:醉汉在旅店摔死,责任在谁?

2004年4月27日,张某随团旅游,行程结束后,嗜酒如命的张某不顾导游人员劝阻,与同游的赵某等人在旅店狂饮,因醉酒不慎失足坠楼身亡。事发后,张某的家人以张某坠楼死亡造成的损失为由,向法院提起上诉,将旅社告上法庭,要求旅社赔偿人身损害赔偿173 246.73元,及精神损害抚慰金10 000元,共计赔偿损失183 246.73元。法院判决张某和旅店各负50%的责任。

维权依据:

对于这起旅客意外死亡事故,张某和宾馆双方都存在过错。一方面,张某是一个正常的成年人,不顾导游人员的劝阻,不顾后果,肆意饮酒,在此事件中是有过错的。也就是说,在张某不醉酒的情况下,不可能会出现坠楼身亡的意外事故,此事故发生的根本原因是张某醉酒不能控制自己的行为造成。《最高人民法院关于审理人身损害赔偿案件适用法律若干问题的解释》第2条规定:"受害人对同一损害的发生或者扩大有故意、过失的,依照民法通则第一百三十一条的规定,可以减轻或者免除赔偿义务人的赔偿责任。"旅社可以据此减轻赔偿责任。另一方面,旅社负有安全保障义务,安全设施存在隐患。我国《消费者权益保护法》第11条规定:"消费者因购买、使用商品或者接受服务受到人身、财产损害的,享有依法获得赔偿的权利。"第18条规定:"经营者应当保证其提供的商品或服务符合保障人身、财产安全的要求。"《最高人民法院关于审理人身损害赔偿案件适用法律若干问题的解释》第6条也规定:"从事住宿、餐饮、娱乐等经营活动或者其他社会活动的自然人、法人、其他组织未尽合理限度范围内的安全保障义务致使他人遭受人身损害,赔偿权利人请求其承担相应赔偿责任的,人民法院应予支持。"旅社应根据有关规定完善设施,预防事故的发生,本案中

旅店楼梯台阶过陡过高,为事故的发生留下安全隐患,因此要因设施不完善对他人造成的损害承担相应的赔偿责任。

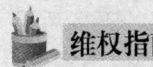**维权指南:**

民事法律关系主要遵从的是"过错责任"原则,即谁有过错,谁承担责任。具有主要过错者承担主要责任,具有次要过错者承担次要责任,双方过错相当的各自承担对等责任。本案中,既然张某和宾馆在事故发生中都存在过错,且双方过错程度相同,那么双方应负同等责任。基于以上事实,法院依法判决张某和旅店各负50%的责任,宾馆赔偿张某家人死亡赔偿金、死亡丧葬费、子女抚养费、交通费、伙食补助费、误工费共86 431.19元,精神损害抚慰金5 000元。

案例2-3-7 宾馆发生火灾,旅客受到人身伤害如何追偿?

焦点:宾馆意外事故造成旅客伤害应负何种法律责任?

2004年5月24日,杨某一行3人随团旅游,住进一家旅游宾馆。当天晚上5时左右,客房电线突然发生短路着火,整个房间浓烟弥漫。事发后,旅店迅速扑灭烟火,并将杨某等3位客人送往当地医院治疗。由于吸入有害气体,3人均不同程度地感到身体不适,并有局部烧伤。事后,杨某等人要求宾馆进行人身伤害赔偿。经双方协商,宾馆退还游客全部住宿费并支付了600元的慰问金,共计1 272元。

维权依据:

我国目前对旅游者在饭店范围内所遭受的人身伤害事故的处理,一般按照我国《民法通则》有关侵权行为的规定来承担相应的民事责任。根据我国《消费者权益保护法》第7条规定:"消费者在购买、使用商品和接受服务时享有人身、财产安全不受损害的权利。消费者有权要求经营者提供的商品和服务,符合保障人身、财产安全的要求。"《旅馆业治安管理办法》第3条规定:"开办旅馆,其房屋建筑、消防设备、出入口和通道等,必须符合《中华人民共和国消防条例》等有关规定,

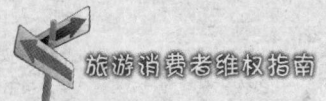

并且要具备必要的防盗安全设施。"本案中,宾馆着火的原因是电线老化,潜藏着安全隐患,没有达到《中华人民共和国消防条例》的要求,对住宿者的人身安全造成伤害,宾馆应对这一安全隐患引起的不良后果负全责。根据《民法通则》第119条规定:"侵害公民身体造成伤害的,应当赔偿医疗费、因误工减少的收入、残废者生活补助费等费用;造成死亡的,并应当支付丧葬费、死者生前扶养的人必要的生活费等费用。"本案经双方协商,最后宾馆按照我国《民法通则》的有关规定免除了游客在宾馆及住院的一切费用和其他费用并支付损害赔偿金,使该意外事故得到较好解决。

 维权指南:

消费者维权有很多救济途径,例如可以依法提起民事诉讼,可以向旅游行政部门、工商管理机关进行行政投诉,也可以向消费者协会投诉,进行调解,也可以在双方自愿的基础上,进行平等协商,及时解决出现的纠纷。其中,当事人双方进行协商解决问题,可以有效节约维权成本,在最短的时间内达成解决问题的合意,也有利于化解矛盾,避免当事人之间的激烈冲突,是一种处理民事法律纠纷的较好途径。但是,协商解决纠纷对消费者自身的综合素养、法律维权知识、技能等都有较高的要求,否则容易造成无法有效维护自身权益,难以在协商时达成共识,可谓有利有弊。

本节小结:

我国对旅客在饭店内遭受人身伤害的处理,主要适用我国《消费者权益保护法》、《民法通则》和《最高人民法院关于审理人身损害赔偿案件适用法律若干问题的解释》等有关法律规定。一般来说,旅客在饭店内出现人身伤亡事故而产生的民事赔偿责任的分担,无外乎三种情况:第一,如果是因为饭店的过错而使旅客遭受人身伤害,则由饭店承担侵权的民事责任;第二,如果是旅客自身的过错造成的伤害,则饭店不承担责任;第三,如果是因为第三方的过错造成旅客人身伤害,则先由饭店承担赔偿责任,然后再由饭店向第三方追偿。

第三章 旅游餐饮

旅游饭店业主要是为旅游者提供食宿、娱乐服务的行业,在旅游业的六大要素中,占有举足轻重的地位,是旅游业的三大支柱之一,《评定旅游涉外饭店星级的规定》、《旅馆业治安管理办法》、《娱乐场所管理条例》和《食品卫生法》等法规,是旅游饭店管理工作的主要法律依据。

"民以食为天,食以安为先。"旅游饭店除了向旅客提供住宿服务外,其最基本的职能之一是向旅客提供饮食服务。餐饮服务质量直接关系广大游客的身体健康和生命安全。如果旅游餐饮行业所提供的服务不符合相关卫生标准,不但不能满足旅游者身体所需营养,反而会有损身体健康,甚至关系生命的安全。因此,加强对旅游饭店食品卫生的管理,防止食品污染和有害食品对旅客的危害,对于保证旅客的身体健康具有重要意义。

第一节 餐饮不符合卫生标准怎么办?

《消费者权益保护法》第16条规定:经营者向消费者提供商品或者服务,应当依照《中华人民共和国产品质量法》和其他有关法律、法规的规定履行义务。

旅游者经长途跋涉,旅途劳累,身体免疫力水平较低。如果旅游饭店不能提供符合卫生标准的餐饮服务,容易影响旅游者的身体健康,引

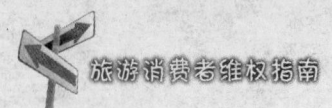

发消化系统疾病,甚至造成食源性中毒事故。对此,我们应当注意两个方面的问题:第一,餐饮不符合卫生标准,旅客可否得到赔偿?第二,游客要求不随团就餐,食物中毒事故责任谁来承担?

案例3-1-1　旅游酒店饭菜不卫生,应当赔偿游客哪些损失?

焦点:饭菜中吃出异物可获哪些赔偿?

2007年5月2日,杨某等人随团到北京旅游,入住某酒店。在用餐过程中,吃水煮鱼一道菜时,竟然吃到一只鱼钩,导致口腔被钩破,流血不止。杨某与酒店交涉未果,遂投诉至"12315投诉中心",要求酒店赔偿经济损失,并免除食宿费用。经"消协"调解,由酒店一次性补偿杨某经济损失1 000元,作为对其医疗费、就餐费等的补偿。

维权依据:

游客旅游过程中,安全问题是不可忽视的,而餐饮是关系旅游者人身健康安全的最基本要素之一。饭店向旅游者提供的食品,除了应当具备无毒、无害外,还要符合应有的营养要求及具备相应的色、香、味等感官性状。旅游者在就餐时,如果在菜肴中发现有异物,如苍蝇、沙子、毛发、布条等物,有权要求饭店负责调换和退赔,而饭店也应当更换或退赔。旅游者因食用了饭店的饮食而受到伤害,根据《食品卫生法》的规定,可以要求损害赔偿。我国《食品卫生法》第9条规定,禁止生产经营腐败变质、油脂酸败、霉变、生虫、污秽不洁、混有异物或者其他感官性状异常,可能对人体健康有害的食品。本案中,酒店餐饮质量不符合国家食品卫生法的相关规定,水煮鱼中吃出鱼钩,属于食品中混有异物的情形,是酒店工作人员洗涤不当所致,责任方应属酒店。《中华人民共和国消费者权益保护法》第11条规定:"消费者因购买、使用商品或者接受服务受到人身、财产损害的,享有依法获得赔偿的权利。"游客杨某在就餐过程中,因为饭菜中的异物而受到人身伤害,由此而造成的经济损失酒店应当承担赔偿责任。经济赔偿的具体标准,可根据《中华人民共和国消费者权益保护法》第41条规定:"经营者提供商品或者服务,造成消费者或者其他受害人人身伤害的,应当支付医疗费、治疗期间的护理费、因误工减少的收入等费用。"李某有权要求酒店赔偿因受伤而支付的医疗费、治疗期间的护理费、因误工减少的收入等费用。

维权指南:

旅游者在合法权益受到侵害时,除了可以向旅游行政部门进行投诉外,也可以向消费者协会进行投诉,由"消协"出面进行调解,这也是解决旅游消费纠纷的一条有效途径。当前,因为异地诉讼有不便之处,而旅游者与经营者进行协商解决又往往处于劣势,通过消费者协会进行中间的调解,既可以增强消费者一方的势力,也可以较为方便快捷地使问题得到解决。游客在餐饮消费过程中发生纠纷可以进行投诉,如涉及食品安全问题可向食品卫生行政管理部门反映,也可以依照法律程序提起诉讼,根据相关法律法规,切实保护好自己的合法权益。本案经"消协"调解,由酒店经营者一次性补偿杨某1 000元,作为对其医疗费、就餐费等的补偿,杨某对此也比较满意。

案例3-1-2 游客在饭店就餐发生食物中毒,赔偿责任由谁承担?

焦点:游客饭店食物中毒,旅行社应先行赔偿吗?

2007年冬,游客朱某等共22人参加了北京某旅行社组织的海南游,在旅行社安排的某大酒店用餐后,先后有十几个人出现了腹泻、高烧等症状。因怀疑饭菜不洁导致了食物中毒,遂连夜送往医院救治。该集体中毒事件发生后,当地卫生部门调查报告结论为细菌性食物中毒导致的"急性胃肠炎"。旅游团向旅行社索赔,旅行社认为系某酒店的责任,与自己无关。朱某等16名游客向法院起诉,要求北京某组团社赔偿每位游客双倍的旅游费及医疗费等共计28 800余元。法院判决北京某组团社支付游客治疗费和医药费3 900元,并如数退还游客未发生的旅游团款。

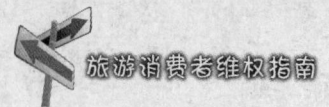

维权依据：

本案同时涉及旅行社和酒店两个旅游行业的法律责任问题。作为组团社，北京某旅行社应对游客赔礼道歉，将突发事件造成的未发生旅游团款（门票、住宿、餐费等）全额退还给游客，并有义务配合生病游客进行继续治疗，直至他们身体全部康复。至于游客要求旅行社赔偿双倍旅游费1 520元的诉求，由于旅行社本身不存在《旅行社质量保证金暂行规定实施细则》第18条所规定的保证金赔偿范围的情形，没有法律依据。但是根据双方签订的旅游合同，旅行社应当退还未发生的全部旅游费用，并对游客进行适当补偿。依据《旅行社质量保证金赔偿暂行办法》和《旅行社质量保证金赔偿试行标准》的规定，旅行社应当先行赔偿游客的损失包括旅游团因集体食物中毒而延迟行程所发生的食宿费用、游客医疗费用、延迟行程所造成的其他经济损失。作为餐饮服务部门，该酒店必须严格遵守《中华人民共和国食品卫生法》的规定。食品生产经营过程必须符合卫生要求，禁止生产经营腐败变质、油脂酸败、霉变、生虫、污秽不洁、混有异物或者其他感官性状异常，可能对人体健康有害的食品；含有毒、有害物质或者被有毒、有害物质污染，可能对人体健康有害的食品；以及其他不符合食品卫生标准和卫生要求的食品。违反法律规定，生产经营不符合卫生标准的食品，造成食物中毒事故或者其他食源性疾患的，责令停止生产经营，销毁导致食物中毒或者其他食源性疾患的食品，没收违法所得，并处以罚款。饭店供应的食品，应当无毒、无害，符合应有的营养要求，即其出售的食品应该是含有默示的质量保证的。因此，饭店向旅游者提供的饮食如果不符合卫生标准，或质量发生变化而致使旅游者身体受到伤害，按照我国《民法通则》和《食品卫生法》的规定，饭店应该负损害赔偿责任。本案中，饭店因为出售不符合卫生标准的食品而造成旅游者集体食物中毒，使游客的身体健康受到了损害，旅游行程也被迫变更，应当承担损害赔偿责任。根据我国《民法通则》的规定，酒店的损害赔偿的范围应包括医疗费、误工工资、生活补助费等。

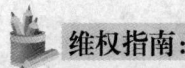 **维权指南：**

旅游者来到饭店就餐，就和饭店之间发生一种买卖合同所赋予的权利义务关系。在买卖合同中，饭店餐饮服务应该就买卖合同中标的质量、规格是否符合合同的约定向旅游者承担责任。因旅行社安排的饭店食品变质造成游客食物中毒所造成的各种损失，旅游者既可以向旅行社追究其违约责任，要求其退赔团款并支付违约金，也可以直接向造成损害的酒店主张权利，要求其承担赔偿责任，要求该酒店支付游客全部治疗费和医药费。

本节小结：

常言道"祸从口入"，旅游者在旅游过程中尤其要注意饮食卫生，以做到防患于未然。一旦发生因为餐饮卫生问题引发的纠纷，可以依照《民法通则》、《消费者权益保护法》和《食品卫生法》的相关规定，要求经营者承担相应的法律责任。特别是在集体性食源中毒事件中，无论是旅游者、旅行社还是饭店，都应当冷静对待、及时采取急救措施，而不能相互推诿责任，贻误治疗疾病和抢救的最佳时机，避免出现人员伤亡的事件发生。至于旅游者的合法权益，则可以妥善保留相关证据，如异物、呕吐物、检测结果等，以作为康复之后维权之用。

第二节　就餐发生安全事故怎么办？

《消费者权益保护法》第 11 条规定：消费者因购买、使用商品或者接受服务受到人身、财产损害的，享有依法获得赔偿的权利。

旅游者在饭店住宿用餐过程中，既可能因为饭店方的原因产生安全事故，也可能由第三方造成损害，还可能因自身原因造成损失。无论是人身损害，还是财产损失，都有责任如何划分的问题，我们应当对以下问题有一个清晰的界限：第一，游客有过失的情况下造成伤害如何处理？第二，饭店服务人员给旅游者造成损害如何处理？第三，第三方给旅游者造成损害如何处理？

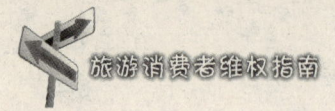

案例 3-2-1　游客误撞玻璃门,饭店是否承担责任?

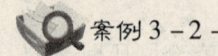

焦点:旅客自己撞伤可否要求饭店赔偿?

2005年10月,郭某携其子随团旅游,在某饭店就餐过程中,其6岁的儿子王某在玩耍过程中,不小心撞在饭店拐角处的玻璃门上,被尖锐的玻璃碎片扎伤,顿时鲜血直流。郭某要求饭店赔偿遭到拒绝,将饭店告上法庭,要求饭店支付医疗费、误工费、交通费和精神赔偿费。法院判决饭店赔偿郭某医疗费等共计8 700余元。

维权依据:

本案的关键问题是饭店应承担什么样的安全义务,对于此类意外伤害应承担何种责任。根据《中华人民共和国消费者权益保护法》第7条规定:"消费者在购买、使用商品或者接受服务时享有人身、财产安全不受损害的权利。消费者有权要求经营者提供的商品和服务,符合保障人身、财产安全的要求。"第18条规定:"经营者应当保证其提供的商品或者服务符合保障人身、财产安全的要求。对可能危及人身、财产安全的商品和服务,应当向消费者作出真实的说明和明确的警示,并说明和标明正确使用商品或者接受服务的方法以及防止危害发生的方法。"这两条法律条文既规定了消费者享有的人身财产安全权利,也规定了经营者负有的安全保障义务。在本案中,饭店经营者采用的玻璃门,容易引起人的视觉错误,而且安装的是易碎的普通玻璃门,造成了王某受伤,其经营环境是不符合安全需要的。鉴于经营者的消费环境存在安全问题,本案中郭某提起诉讼是有法律依据的。同时,本案中郭某未尽到相应的监管义务,自己对受伤事件也有过错。根据《中华人民共和国民法通则》的规定,受害人对于损害的发生也有过错的,可以减轻侵害人的民事责任。

维权指南:

《最高人民法院关于审理人身损害赔偿案件适用法律若干问题的

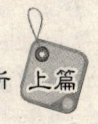

解释》第 6 条规定:"从事住宿、餐饮、娱乐等经营活动或者其他社会活动的自然人、法人、其他组织,未尽合理限度范围内的安全保障义务致使他人遭受人身损害,赔偿权利人请求其承担相应赔偿责任的,人民法院应予支持。"饭店作为餐饮服务行业,应该为顾客提供安全的就餐环境,酒店安全防范方案有过错的,应当承担相应的民事赔偿责任。但是,如果对该种损害结果的发生,旅游者自身存在过错的,也应承担一定责任。

案例 3-2-2 游客饭店门口跌伤,能否要求饭店赔偿?

焦点:游客饭店门前摔伤,店方能否免其责?

2004 年 12 月 12 日,游客侯某随团到北京游玩。旅行团按照行程被安排到某饭店住宿就餐。侯某从旅游车上下来,拖着行李往饭店走。适逢大雪过后,地面积水成冰,侯某不慎在饭店门前滑倒,右手腕着地严重扭伤。导游人员马上带侯某到医院就诊。事后,侯某向饭店索赔,饭店经营人员认为是侯某自己不小心所致,其摔伤与饭店无关,不予赔偿。侯某将饭店投诉至"消协",经调解获得赔偿 800 元。

 维权依据:

根据《消费者权益保护法》的规定,消费者有权要求经营者提供的商品和服务符合保障人身、财产安全的要求。本案中侯某之所以滑倒,是因饭店并未尽到清洁该区域的责任,店门口地面过于光滑,致使侯某摔倒受伤,店方就有不可推卸的责任。根据《中华人民共和国消费者权益保护法》第 11 条规定:"消费者因购买、使用商品或者接受服务受到人身、财产损害的,享有依法获得赔偿的权利。"所以,饭店应当对侯某因摔伤而造成的经济损失承担部分赔偿责任,本案经"消协"调解,饭店赔偿侯某经济损失 800 元。

维权指南:

一般情况下,消费者在经营场所内摔倒致伤,经营者往往难辞其答。但是,消费者在经营场所门口滑倒,这责任又该如何界定呢?究竟是属于旅游者的失误而应当责任自负,还是应当由店方承担该区域范围内所发生的一切责任事故?以往也有很多消费者在经营场所内,比如餐馆就餐时滑倒,最终都取得了餐馆赔偿的案例,但这些情况与本案区别在于发生的场地不同。此案中的焦点在于,能否将餐馆门口前的区域所发生的事故认定为饭店方的经营场所。如果属于店方经营场所领域,则饭店应承担相应责任。如果不能认定为店方的经营范围,则饭店就不必承担相应责任。严格意义上,饭店门前的保洁区不属于经营场所范围,经营者对保洁区所负有的义务与责任应该只限于卫生清洁。但是,由于餐饮行业的特殊性,如果饭店在清扫保洁区的时候,没有尽到完全义务,地面光滑致使消费者摔伤,那么,饭店就有义务担负部分相应的责任。同时对于广大游客也有启示作用,即除了事后积极维权,更为重要的是要增强安全意识,时刻小心谨慎,预防意外事件的发生。

案例 3-2-3 游客就餐过程中被砸伤,饭店应承担哪些损害责任?

焦点:悬置物砸伤游客饭店承担何种责任?

2004年7月7日,游客曹某随团在某景点饭店进午餐时,饭店墙壁上的风扇突然坠落,正好砸在曹某的头部,致使曹某脸部被刮伤,流血不止。随团导游立即把曹某送到医院进行治疗。事后,曹某向饭店进行索赔,双方达成和解,饭店同意支付其医药费1 000余元。

维权依据:

饭店对旅游者的侵权行为的产生,可以是多种形式的,如对有故障的设备不加修理而造成旅游者伤亡,向旅游者提供不符合卫生标准的餐饮而造成的伤害等。本案就是一起因饭店设备不符合安全标准而造成的侵权案例。该类侵权行为的发生,通常是由于饭店的过失或疏忽大意造成的。当事双方以和解的方式结案,属于一种比较快捷的旅游纠纷解决途径,而且其结果也能够为双方当事人所接受。但是,从法律

的角度讲,这样的结果并不能弥补曹某的实际损失,这是因其法律知识的局限性所造成的。本案主要涉及明确责任、赔偿范围等法律问题,酒店应当承担本案的全部责任。按照《中华人民共和国消费者权益保护法》第7条规定:"消费者在购买、使用商品和接受服务时享有人身、财产安全不受损害的权利。消费者有权要求经营者提供的商品和服务,符合保障人身、财产安全的要求。"饭店墙上的风扇突然坠落,使正在就餐的曹某身体受到伤害,侵犯了曹某的生命健康权。根据《中华人民共和国民法通则》第126条规定:"建筑物或者其他设施以及建筑物上的搁置物、悬挂物发生倒塌、脱落、坠落造成他人损害的,它的所有人或者管理人应当承担民事责任,但能够证明自己没有过错的除外。"本案的主要原因在于饭店设施不符合安全保障标准,未及时检修所致。对此该意外事故的发生,曹某并无任何过错,饭店应该对此负全部责任。

维权指南:

对于人身损害的赔偿范围,包括但并不仅仅局限于医药费。《最高人民法院关于审理人身损害赔偿案件适用法律若干问题的解释》第17条中明确规定:"受害人遭受人身损害,因就医治疗支出的各项费用以及因误工减少的收入,包括医疗费、误工费、护理费、交通费、住宿费、住院伙食补助费、必要的营养费,赔偿义务人应当予以赔偿。受害人因伤致残的,其因增加生活上需要所支出的必要费用以及因丧失劳动能力导致的收入损失,包括残疾赔偿金、残疾辅助器具费、被扶养人生活费,以及因康复护理、继续治疗实际发生的必要的康复费、护理费、后续治疗费,赔偿义务人也应当予以赔偿。"对于造成精神伤害的,还可以依法要求精神损害赔偿。

案例3-2-4 游客就餐过程中丢失财物,饭店是否承担赔偿责任?

焦点:无偿保管出差错,游客依法可索赔

2003年10月5日,游客谢某随旅游团到某饭店就餐。为方便就

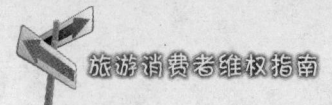

餐,谢某将随身携带的手提拉杆旅行箱交给前台服务员保管,服务员随手将旅行包放在柜台里面。饭后,谢某向服务员取回旅行包时,发现箱子已被割破,内装的财物被盗。谢某要求店方赔偿损失未果,将饭店告上法院,要求饭店赔偿经济损失2 357元。法院判决该饭店赔偿谢某被盗物品经济损失2 357元。

维权依据:

本案中,谢某和饭店之间就旅行箱的存放问题形成了保管关系,所以应适用我国《合同法》的有关规定。按照《合同法》有关"保管合同"的规定:"保管合同是保管人保管寄存人交付的保管物,并返还该物的合同。"本案中,谢某已经将旅行箱交付给饭店前台服务员,旅行箱实际上置于饭店有效控制之内,保管合同关系已经形成。《合同法》第374条规定:"保管期间,因保管人保管不善造成保管物毁损、灭失的,保管人应当承担损害赔偿责任,但保管是无偿的,保管人证明自己没有重大过失的,不承担损害赔偿责任。"本案中,饭店前台工作人员代为谢某无偿保管旅行箱,属于一种职务行为,即使这种临时的保管服务是无偿的,也得认真负责,否则,被保管物丢失,作为保管人的饭店又不能证明自己没有重大过失,因此不能免除赔偿责任。就如何确定赔偿的额度问题,应当以保管物的实际价值计算,本案中谢某提供了手拉杆箱内物品的购物发票,证明了其实际价值,法院依法判令饭店应照价赔偿。

 维权指南:

《中华人民共和国消费者权益保护法》第18条规定,经营者承担的责任仅限于经营者的服务直接侵害消费者人身或财产安全的情形。例如,饭店提供的饭菜中有玻璃块、虫子等异物,消费者吃后影响了健康,这种情形经营者要承担责任。但是,超市、商店保安虽有保障消费者在消费过程中人身、财产安全的责任,但更多的是一种注意、警戒和防范,并不能完全保证消费者的财产和人身不受损害,而只能降低这种风险。该案中,如果谢某旅行箱不是由饭店临时保管,而是自己随身携带自行保管的话,则旅行箱被窃与饭店提供的服务之间就没有直接的因果关系,不负赔偿责任。因此,要饭店承担因第三人侵权而产生的责任,最大限度只能是适当地给予消费者补偿,消费者的举证是关键。律师再次提醒广大旅游者,在外出旅游时要妥善保管好自己的物品及相关购物凭证,一旦失窃,旅游者是第一利益受损人,且赔偿工作的认定与实施是一个相当烦琐的过程,尽量杜绝或减少类似偷窃事件的发生。

案例 3-2-5 服务员烫伤游客后失踪,可否要求饭店经营者赔偿?

焦点:服务员的行为后果是否应当由饭店承担?

2004 年 8 月 18 日,游客贾某驾车自助游。当天中午在某饭店就餐时,被该饭店一女服务员端的热汤烫伤,被送往医院治疗。伤愈后,贾某找到该饭店负责人进行协商赔偿事宜,饭店负责人以服务员已经辞职、不知去向为借口,拒绝赔偿。贾某向法院起诉,饭店被判一次性赔偿贾某治疗费2 000元。

维权依据:

根据《中华人民共和国消费者权益保护法》的规定,消费者接受服务时享有人身和财产不受侵害的权利。贾某在饭店就餐过程中,被饭店服务员烫伤,造成人身伤害,可以依法要求赔偿。《最高人民法院关于审理人身损害赔偿案件适用法律若干问题的解释》第9条规定:"雇员在从事雇佣活动中致人损害的,雇主应当承担赔偿责任;雇员因故意或者重大过失致人损害的,应当与雇主承担连带赔偿责任。雇主承担连带赔偿责任的,可以向雇员追偿。"本案中,服务员与饭店之间存在雇佣关系,服务员即是雇员,酒店即是雇主。酒店服务员的工作行为,应认定为在履行工作职责,从事雇佣活动,其行为所造成的损害后果,酒店应当承担赔偿责任。

维权指南:

在民事法律关系中,存在雇佣关系的雇主与雇员之间,实行替代责任原则,即雇主应当对雇员履行工作职责的行为负责。所谓从事雇佣活动,是指从事雇主授权或者指示范围内的生产经营活动或者其他劳务活动。雇员的行为超出授权范围,但其表现形式是履行职务或者与履行职务有内在联系的,也应当认定为从事雇佣活动。例如,饭店工作人员在执行工作过程中因过失而造成旅游者财物损坏或灭失,或者造成旅游者人身伤害,则饭店应对受损害的旅游者负法律上的赔偿责任。这是因为,饭店工作人员在法律上被视为饭店的代理人,其在工作中的一切行为,均被认为是饭店自己的行为,饭店应承担由此产生的责任。因此,该案中饭店应当对服务员造成的损害后果承担赔偿责任。

案例3-2-6 第三人致伤就餐游客,饭店是否承担责任?

焦点:饭店经营者是否应对第三人的致伤行为承担责任?

2004年8月18日,游客刘某随团到北京旅游。中午用餐过程中,邻桌客人突然发生斗殴,导致刘某左眼受伤,被送往医院进行救治。康复后,刘某将该饭店告上法庭,要求店主赔偿全部损失。法院判决饭店给付刘某医药费、交通费、财产损失费、误工费、餐费等共计2 794.3元。

维权依据:

对于在饭店等公共场所内遭遇不测的旅游者,该场所的经营者究竟要不要负责?《旅游安全管理暂行办法实施细则》第6条规定,旅游饭店、旅游娱乐场所和其他经营旅游业务的企事业单位等是旅游安全管理工作的基层单位,负有安全管理工作的职责。旅游者是一个特殊的消费群体,作为特定的消费者,旅游者因购买、使用商品或者接受服务受到人身、财产损害的,享有依法获得赔偿的权利,经营者应当保证其提供的商品或者服务符合保障人身、财产安全的要求,经营者提供商品或者服务,造成消费者或者其他受害人人身伤害的,应当支付医疗费、治疗期间的护理费、因误工减少的收入等费用,造成消费者财产损害的,应当按照消费者的要求,以退还货款和服务费用或者赔偿损失等方式承担民事责任。所以,本案问题的关键在于,饭店经营者是否尽到

安全保障义务,是否存在过错,才是其是否承担责任的法律依据。本案中,刘某就餐时,无端遭他人殴打,属于第三人侵权导致损害结果发生的情形,应当由第三人承担赔偿责任。但是,由于店主未及时制止,又未及时报警,致使打人者逃逸,未尽到安全保障义务,存在过错,应当承担民事责任。由于侵权的第三人逃逸,所以饭店经营者应当在其能够防止或者制止损害的范围内承担相应的补充赔偿责任。

 维权指南:

  本案的特殊之处在于,这是一起间接责任引发的旅游纠纷案件。所谓间接责任,就是损害行为并非饭店本身造成,但与饭店有关的责任,例如,由于旅游者之间的斗殴引起的人身伤害或由于饭店以外的人进入饭店范围而加害于旅游者并造成旅游者的伤害,饭店仍应负全部赔偿责任。具体到该案中,刘某受伤并非饭店的直接行为所致,是属于其他顾客突发的斗殴行为造成的,这是饭店事前预料和防范所不及的。表面看来,让饭店经营者承担赔偿责任似乎有失公平。但是,根据《最高人民法院关于审理人身损害赔偿案件适用法律若干问题的解释》第6条规定:"因第三人侵权导致损害结果发生的,由实施侵权行为的第三人承担赔偿责任。安全保障义务人有过错的,应当在其能够防止或者制止损害的范围内承担相应的补充赔偿责任。安全保障义务人承担责任后,可以向第三人追偿。赔偿权利人起诉安全保障义务人的,应当将第三人作为共同被告,但第三人不能确定的除外。"如果饭店不能提供已经尽到安全权保障责任的相应证据,就应当承担间接责任所造成的部分法律后果。

本节小结:

  旅游者外出旅游,不但要玩得好,还要住得好吃得好,才能身体好心情好。旅游者出门在外,食宿条件自然比在自己家中要差一点,而且众口难调,旅游饭店提供的团餐,要满足每一个旅游者的口味的确困难。那么,在饭菜口味以及饮食习惯与饭店服务之间发生冲突时,既可能涉及旅游者与旅行社之间的关系,也可能涉及旅游者与饭店之间的关系,甚至旅游者之间的关系。因此,可能会出现食物卫生或者食物中

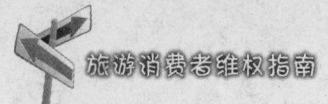

毒事件,就餐过程中的财物丢失、被盗事件,因用餐引发的意外伤害事件等,旅游者可以根据《娱乐场所管理条例》和《食品卫生法》等法规维护自己的合法权益。此外,还应当注意民族习俗问题,饭店饭菜不符合旅游者饮食习俗怎么办?根据《消费者权益保护法》第14条规定:"消费者在购买、使用商品和接受服务时,享有其人格尊严、民族风俗习惯得到尊重的权利。"对此,旅游者要事先向旅行社明示,要求旅行社在用餐上给予个别照顾。

游览观光

第四章

游览活动,是旅游者整个旅游活动的核心环节,也是旅游者最关心的环节。整个旅游活动能否达到预期目的,旅游服务质量是否符合旅游者的要求,旅游者对整个旅游过程的评价如何,都要以其游览需求是否得到满足作为重要的衡量标准。在众多因素中,旅行社作为专门为旅游者提供和安排旅行游览服务的旅游中介机构,其旅游服务活动贯穿旅行游览的始终,在整个旅游过程中发挥的作用越来越显著。目前,随着我国旅游业的快速发展,旅行社的数量剧增,成为旅游业的一大支柱产业,同时,各种类型的旅游案件纠纷,也都直接或间接地和旅行社相联系。因此,本章将以旅行社旅游服务的法律责任为重点,介绍相关旅游案例和法律知识。

第一节 行程可否单方变更?

《旅行社管理条例实施细则》第53条:旅行社组织旅游者旅游,应当与旅游者签订合同。所签合同应就下列内容作出明确的约定:(一)旅游行程(包括乘坐交通工具、游览景点、住宿标准、餐饮标准、娱乐标准、购物次数等)安排;(二)旅游价格;(三)违约责任。

一、旅行社可以单方变更行程吗?

旅行社最基本的义务,是关心旅游者的利益,按照合同约定的活动项目向旅游者提供各项服务,认真组织好旅游,保证旅游活动的顺利进行。旅行社在旅游者动身之前,要周密安排好旅游项目,使计划的旅游线路、日程、项目顺利得到实施。除非受到不可抗力因素的影响,旅行社应保证旅游者能够准时抵达每一目的地和进行每一项活动。旅游者在游览过程中常遇到旅行社单方变更旅游行程的情况,因此需要解决以下问题:1.旅行社是否可以单方变更旅游合同?2.旅行社擅自变更旅游合同应承担何种法律责任?

案例4-1-1 旅行社延期出游,旅游者可获得哪些赔偿?

焦点:旅行社延期出游属于违约吗?

2003年5月16日,彭某等3名旅游者与某国内旅行社接洽联系并交纳了去四川九寨沟旅游的单程旅费1 800元(600元/人),由于该国内旅行社导游人员紧缺,致使该旅游团在兰州滞留一天,延迟一日出游。彭某等3名旅游者认为旅行社违反合同约定行程安排,向旅游质量监督管理所投诉,要求该国内旅行社全额退还所交旅行费用,并赔偿由此造成的经济损失。旅游行政部门依法裁决该旅行社赔偿彭某等3名游客各项费用共计1 870元。

维权依据:

我国《合同法》第8条规定:"依法成立的合同,对当事人具有法律约束力。当事人应当按照约定履行自己的义务,不得擅自变更或者解除合同。依法成立的合同,受法律保护。"该旅行社擅自变更行程安排,未完全履行约定的义务,属于违约行为,应承担违约责任,赔偿由此给旅游者造成的经济损失。依据《旅行社质量保证金赔偿试行标准》的有关规定,旅行社在收取旅游者旅行费用后,因旅行社的原因造成旅游不能成行的,应承担违约责任,赔偿旅游者已交旅行费用10%的违约金;旅行社安排的旅游活动与合同协议约定不符,造成旅游者经济损失,应退还旅游者合同金额与实际花费的差额,并赔偿同额违约金。据此,旅游质量管理所责令该国内旅行社补偿彭某等3名旅游者在兰州滞留一天的食宿费及违约金共计1 870元。

维权指南：

为了规范旅行社的经营行为，维护旅游者的合法权益。《旅行社管理条例实施细则》第39条规定："旅行社应当为旅游者提供约定的各项服务，所提供的服务不得低于国家标准或行业标准。"该国内旅行社在收取旅游者付给的旅行费用后，本应严格履行约定，保证旅游者依约进行旅行游览活动。但是由于旅行社本身的原因，造成旅游者旅行时间的延误，损害了旅游者的合法权益，所以该国内旅行社不仅应当退还所取的旅行费用，还应当承担由此产生的违约责任。

案例4-1-2 旅行社擅改行程是否属于欺诈行为？

焦点：旅行社擅改行程应承担什么责任？

2002年8月，游客王某在报纸上看到某旅行社九寨沟之旅的广告，称能提供全程优质实景录像服务。王某等人参加该旅行团后，由于景点游客拥挤，不得不临时变更旅游路线，而且只录制一些景点的片断，录制效果也很模糊。2002年11月，王某等人认为旅行社有欺诈行为，将旅行社告上法院，要求旅行社按照《消费者权益保护法》的规定给予双倍赔偿。法院判决该旅行社赔偿王某等7人违约损失人均1 790元，占旅游者所交旅游费用的30%。

维权依据：

在上述案例中，该旅行社没有按照旅游合同中双方的约定履行承诺，根据《旅行社质量保证金赔偿试行标准》第6条的规定："旅行社安排的旅游活动及服务档次与协议合同不符，造成旅游者经济损失，应退还旅游者合同金额与实际花费的差额，并赔偿同额违约金。"旅行社应当承担相应的法律责任。本案中，由于旅行社与游客所达成的旅游协议是双方的真实意思表示，后来实际情况与旅行社的承诺不一致，属于客观情况变化所致，并非旅行社故意欺骗游客，不能因此认定旅行社存在欺诈行为。但是,国家旅游局令《旅行社质量保证金暂行规定实施细则》第18条也规定,旅行社因故意或过失,未达到合同约定的服务质量标准而造成旅游者的经济权益损失属于保证金赔偿的范围。由于旅行社在履行合同中严重违约,包括擅自变更旅游路线,未按合同约定标准提供全程优质实景录像服务项目,使游客未充分领略到精选的世界自然风景区的风光,应承担赔偿责任,严重侵害了旅游者的利益,因此旅行社应负违约责任,承担旅游者的经济损失并支付违约金。

维权指南:

我国《合同法》的相关规定,合同双方当事人应当全面履行合同约定的各项义务,如需变更,应经过双方当事人协商决定。若一方当事人不履行自己的合同义务,或履行合同不符合约定,应当承担违约责任。当事人一方不履行合同义务或者履行合同义务不符合约定,给对方造成损失的,损失赔偿额应当相当于因违约所造成的损失,包括合同履行后可以获得的利益。

案例4-1-3 旅行社单方取消旅游活动,游客可否获得双倍定金赔偿?

焦点:旅游者交的是"预付款"还是"定金"?

2002年9月10日,王某报名参加了某旅行社组织的"十一黄金周"九寨沟观光旅游团,价格是每人5 200元。当日,王某向这家旅游公司交纳了1 000元的定金。因为正处旅游旺季,旅行社导游人员紧张,无法履行旅游合同,旅游行程被迫取消,旅行社答应向王某原数退还其交纳的费用。王某认为旅游团违反双方约定,应当双倍返还定金,经旅游行政部门调解,旅行社退还王某现金1 000元。

维权依据:

本案关注的焦点是王某能否享有要求返还双倍定金的权利。依照《担保法》第89条规定:"当事人可以约定一方向对方给付定金作为债权的担保。债务人履行债务后,定金应当抵作价款或者收回。给付定金的一方不履行约定的债务的,无权要求返还定金;收受定金的一方不履行约定的债务的,应当双倍返还定金。"《最高人民法院关于适用〈中华人民共和国担保法〉若干问题的解释》第118条规定:"当事人交付留置金、担保金、保证金、订约金、押金或者定金等,但没有约定定金性质的,当事人主张定金权利的,人民法院不予支持。"那么,本案中王先生交的是"预付款"还是"定金"呢? 预付款的性质是合同一方当事人在合同履行期限到来之前,预先支付给对方的一部分价款,实质上是提前履行合同约定的部分或全部义务;而定金是一种担保手段,目的在于保证合同当事人能够履行合同约定的义务,但其本身并不是实际的履约行为。定金应当以书面形式约定,当事人在定金合同中应当约定交付定金的期限,定金合同从实际交付定金之日起生效。旅行社收取了王某交付的定金并开有收据,定金合同成立生效,所以王某实付的是"定金",而非"预付款",因为预付款性质不起担保作用。由于旅行社未能完成组团和游览活动,单方取消旅游合同,违约在先,根据《担保法》关于定金罚则的规定,旅行社应当双倍返还王某定金。

维权指南:

经消费者协会调解,当事双方本着自愿、诚实信用的原则,旅行社向王某退还现金1 000元,似乎双方就此事件已经达成了合意。但是,从法律维权的角度来讲,游客王某提出的双倍返还定金的要求是正当的,享有要求旅行社双倍返还定金的法律权利。

定金和预付款有相似之处,二者都是一方当事人先行给付对方当事人的一定款项,实践中常易混淆,但两者是有区别的。所谓定金,是指合同当事人为了确保合同的履行,依据法律规定或者当事人双方的约定,由一方当事人在合同订立时或者订立后履行前,按照合同标的额的一定比例,预先给付给对方当事人的金钱。而预付款是指在消费活动中,消费者在得到所需要的某种商品或接受某项服务以前,先向经营者支付一笔货款,然后,经营者在一定期限内向消费者提供商品或者服务的情形。定金与预付款都属于预先给付金钱的范畴,都是合同一方当事人按照约定向对方当事人交付的金钱,而且在合同履行之后,都发生抵消价款的功能。因此,二者经常容易发生混淆。"定金"和"预付款"的不同主要表现为:第一,二者的性质不同。预付款是一种在合同履行期限未到而提前支付的价款,实质是提前履行合同约定的部分或全部义务;而定金是一种担保手段,目的在于担保债务人履行债务,本身并不是提前履行合同义务。第二,定金只是价款或者服务费的一部分,是按照合同标的额的一定比例支付的,一般不能超过合同标的额。我国《担保法》明确规定:"定金的数额由当事人约定,但不得超过主合同标的额的20%";而预付款可以是价款的部分,也可以是价款的全部或更多,即所谓"多退少补"。第三,两者的结果不同。在合同得以履行的情况下,定金是收回还是抵为价款,应根据双方当事人的约定来确定,并非一定是抵作价款。而预付款本身就是价款或价款的一部分。在合同没有得到履行的情况下,不管是给付预付款一方当事人违约,还是接受预付款的一方当事人违约,预付款都应退回,由违约方承担相应的违约责任。而定金则不同,在合同不能履行的情况下,违约者就得承担丧失定金或双倍返还定金的不利后果。

定金的数额应如何计算呢?根据《担保法》第91条规定:"定金的数额由当事人约定,但不得超过主合同标的额的百分之二十。"《最高人民法院关于适用〈中华人民共和国担保法〉若干问题的解释》第121条规定:"当事人约定的定金数额超过主合同标的额百分之二十的,超过的部分,人民法院不予支持。"本案中,王某交的定金没有超过主合同标的额的20%,所以王某应获得双倍定金数额2 000元。

二、遇不可抗力旅行社可以单方变更行程吗?

一般而言,旅游合同签订后即发生法律效力,合同双方当事人应严格遵照旅游合同确定的行程路线完成旅游过程,旅行社单方变更旅游行程的行为属于违约行为,应当承担违约责任。但是,并非任何单方变更行程的行为都应承担法律责任。如果存在法定的免则事由,则旅行社可以据此免除违约责任,如遭遇不可抗力。对于不可抗力问题,现实中非常复杂,以下章节中还会进一步涉及相关问题,这里主要把握两个问题:第一,遇到不可抗力是否都能免除旅行社的违约责任?第二,不可抗力发生后双方当事人各应履行什么法律义务?

案例4-1-4 遭遇不可抗力不能成行,旅行社该负什么责任?

焦点:不可抗力改旅游行程,旅行社是否承担违约责任?

2003年7月15日,朱某等人报名参加了某旅游团组织的登山探险1日游活动。由于当日突降大雨引起山洪暴发,为安全起见,行程被迫取消,未能成行。对此,旅行社只承诺返给游客70元的长白山旅游票款(全程300元/人)。朱某等人表示不满,与旅行社发生纠纷,向旅游质监部门进行了投诉,要求旅行社返还全部旅游费用,并承担违约赔偿责任。旅游质监部门裁决旅行社返还全额旅游费。

维权依据:

根据《旅行社质量保证金赔偿暂行办法》第5条规定,"旅行社因不可抗力因素不能履行合同的",不适用保证金赔偿案件的审理。我国《合同法》第117条规定:"因不可抗力不能履行合同的,根据不可抗力的影响,部分或者全部免除责任,但法律另有规定的除外。"所以,本案中旅游团因大雨造成山洪暴发,属于不可抗力导致的游客行程改变,旅行社无违约责任,旅游者提出的违约赔偿请求无法律依据。由于旅游合同实际上已经不能履行,对于游客未发生的旅游费用,旅行社应全部返还给游客。

维权指南:

常言道:天有不测风云,人有旦夕祸福。在旅游行程中,不可避免地要遇到各种非人力所及的情况出现。那么,在旅游团旅游过程中遭遇不可抗力,旅行社该负什么责任呢?旅游者提出赔偿是否合理?旅游行程中因不可抗力或不可归责于旅行社的意外情况(天气变化、道路堵塞、列车航班晚点等),导致无法按照约定的线路、食宿安排等继续履行合同的,旅行社可以在征得团队内2/3以上成员同意后对相应内容予以变更,但团队成员无法达到2/3多数意见或情况紧急无法征求意见时,由旅行社决定;因变更而超出的费用由旅游者承担,节省的

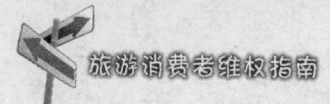

费用应返还旅游者。旅游过程中,因客观原因需要变更路线或日程时,导游人员应向旅游者做好解释工作,及时将旅游者的意见反馈给组团社和接待社,并根据组团社或接待社的安排做好工作。

案例4-1-5 旅行社单方变更行程后遭遇风雪,是否属于不可抗力?

焦点:旅行社擅自变更行程应承担什么责任?

2000年12月,某旅行社接待某旅行团游客15人。在游览过程中,该旅行社导游声称旅行社临时变更行程,将当天安排的旅游景点更换为购物活动和其他自费旅游项目。当天晚上,北京突降一场大雪,大雪封堵山路,无法完成旅游合同约定的全部旅游项目。游客当即要求旅行社承担违约责任,旅行社认为取消剩余的游览行程属于不可抗力,旅行社无任何责任。旅游团向法院提起诉讼,要求旅行社退还全部团款并赔偿违约金。法院判决旅行社退还游客景点费、导游服务费1 500元,并赔偿同额违约金。

维权依据:

根据我国《合同法》第117条规定:"因不可抗力不能履行合同的,根据不可抗力的影响,部分或者全部免除责任,但法律另有规定的除外。当事人延迟履行后发生不可抗力的,不能免除责任。"从表面上看,游长城计划被取消的直接原因的确是由于不期而至的大雪,属于不可抗力。虽然大雪封山是无法预料、无法克服、无法避免的,事件本身属于人力无法抗拒。但是,实际情况是旅行社违约行为在先,大雪封山事件在后,游览项目的取消是由于行程变更直接造成的。只要导游按照原先计划履行合同,不擅自改变行程,该团队本来完全可以在大雪到来前完成旅游计划,避免这起纠纷的产生。导致旅游计划被迫取消是旅行社违反规定,擅自变更旅游行程造成的,违约与取消行程之间存在着因果关系,因此不适用于不可抗力的免责事由,旅行社对此应承担违约赔偿责任。

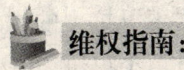

维权指南:

所谓不可抗力,是指不能预见、不能避免且不能克服的客观情况。需要注意的是,并非只要存在不可抗力的发生,就可以完全不承担法律责任,即"迟延履行后不发生不可抗力"。对于该起旅游纠纷,必须要弄清楚的一个问题是本案的情形是否应用不可抗力的免责规定,旅行社违约与取消行程之间是否存在因果关系,才能确定旅行社是否应承担赔偿责任。根据我国《合同法》的规定,合同签订后即发生法律效力,合同双方当事人应严格履行。旅游合同是旅游者和旅行社协商一致签订的协议,具有法定效力,任何一方无权擅自变更。本案中,旅行社在未征得该团同意擅自改变日程属于违反合同的行为,并且造成游客一定的损失,无法完成旅游项目,应当由旅行社承担违约责任。依据《旅行社质量保证金赔偿试行标准》第8条的规定,导游员擅自改变活动日程,减少或变更参观项目,旅行社应退还景点门票、导游服务费并赔偿同额违约金。

案例4-1-6 不可抗力发生后旅行社和游客各应承担何种法定义务?

焦点:游客未履行法定义务能否获得赔偿?

2000年1月30日至2月4日,马某等16名游客参加某旅行社组织的"海南双飞游"。按日程计划应于2月4日乘飞机返回。但由于大雾和雷雨天气,当天航班被取消。旅行社为了保证游客顺利返航,积极采取补救措施,拟改乘火车返回并向游客退赔费用差额。由于与游客协商未能达成一致,以致滞留海南两天才乘机返程。游客投诉该旅行社,要求旅行社承担违约责任,支付滞留期间的食宿费及误工费等。旅游行政部门裁决游客承担滞留期间发生的一切费用。

维权依据:

本案是一起因不可抗力引发的旅游合同纠纷。根据我国《合同

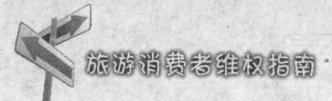

法》第117条规定:"因不可抗力不能履行合同的,根据不可抗力的影响,部分或全部免除责任,但法律另有规定的除外。"所谓不可抗力是指不能预见、不能避免并且不能克服的客观情况。不可抗力发生后,当事人一方因不可抗力不能履行合同的,应当及时通知对方,以减轻可能给对方造成的损失,并应当在合理期限内提供证明。航空公司因天气原因,为了飞行安全取消当日航班,属不可抗力。旅行社为了保证今后的行程顺利进行,建议改乘大巴返程并向游客退赔费用差额,实际上属于不可抗力下采取的一种补救措施,旅行社已经履行了法定义务,因此不应承担赔偿责任,只需要退机票与车票之间的差价即可。本案例中,由于天气原因造成航班取消,责任不在旅行社方面,而旅行社也采取了补救措施,但马某等16名游客不予接受,坚持按原定计划乘飞机返程,以致滞留海南两天,造成损失扩大,由此所造成的一切额外费用应由马某等16名游客自行承担。因此,旅游质监部门裁决旅行社无过错,不承担赔偿责任,游客承担滞留期间所发生的一切费用的行政裁决是正确的。

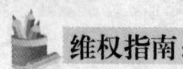

维权指南:

本案的关键点是不可抗力发生后旅行社和游客双方的法律责任问题。旅行社之所以不承担违约责任,是因为变更行程是由于不可抗力造成的,属于法定的免责情形,因此不应承担违约赔偿责任。游客无权就扩大的损失获得赔偿的原因在于,根据我国《合同法》第119条的规定:"当事人一方违约后,对方应当采取适当措施防止损失的扩大;没有采取适当措施致使损失扩大的,不得就扩大的损失要求赔偿。当事人因防止损失扩大而支出的合理费用,由违约方承担。"如果旅游者不履行相应的法定义务,恣意苛求造成损失扩大,对于扩大部分的损失只能自吞苦果。

三、旅游合同条款可以变更吗?

旅游合同经常表现为较为固定的格式合同,一方面有利于旅行社统一规范管理,提高效率,但同时也会产生一些不平等条款,可能侵害旅游消费者的权益,对于这种格式合同,旅游者是否可以要求旅行社予以变更？还是旅行社可以随意变更合同条款？下面的案例将为我们回答这个问题。

案例 4-1-7 旅游合同中单方声明的格式条款是否有效？

焦点：旅行社的声明对游客是否具有约束力？

2006年4月，郑某等20多人参加某旅行社组织的旅游活动。旅行社未与旅游者协商，擅自调整行程顺序。在完成全部旅行项目返回后，游客投诉旅行社擅自变更行程，导致游览过程十分匆忙，非常不舒服，应承担违约责任。旅行社则声称，旅游合同中已经作出声明旅行社在保证不减少行程的前提下，保留调整行程的权利。就是说，旅行社和导游都有调整行程的权利，团队出发前已经告知游客，游客已经知情，所以旅行社不承担赔偿责任。郑某等将旅行社告上法庭，要求旅行社承担违约责任，法院判决旅行社支付违约赔偿金。

维权依据：

本案中，旅行社随意变更旅游行程，导致游客无法从容地欣赏景点美景，实质上是对旅游者合法权利的侵犯。旅行社和游客作为完全平等的民事主体，在民事活动中各自拥有的权利和义务是对等的，旅行社和游客不能将自己的意志强加给对方。按我国《合同法》第40条的规定，格式条款或者提供格式条款一方免除其责任、加重对方责任、排除对方主要权利的，该条款无效。《中华人民共和国消费者权益保护法》第24条也规定，经营者不得以格式合同、通知、声明、店堂告示等方式作出对消费者不公平、不合理的规定，或者减轻、免除其损害消费者合法权益应当承担的民事责任。格式合同、通知、声明、店堂告示等含有前款所列内容的，其内容无效。本案中，旅行社这则声明在给自己增加变更合同权利的同时，剥夺了游客的权利，是不公平、不平等的，此条款依法不具有法律效力。既然该条款无效，那么，根据我国合同法的规定，合同签订后，双方当事人应当本着诚实信用的原则，严格按照合同的约定，全面、适当、积极地履行合同约定义务，正当行使自己的权利，

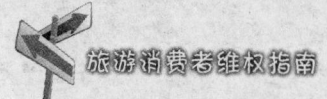

当事人不能轻易违反约定,擅自变更旅游合同。旅游合同变更的关键是应当符合程序,充分尊重双方当事人,任何一方擅自变更就是违约,都要承担相应的违约责任。

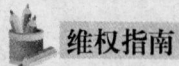

维权指南:

从法律角度看,旅行社的声明缺乏依据,应当承担违约责任。具体而言,旅行社与游客签订旅游合同时,已经收取了游客的团款,也就是说,旅行社已经行使了收取团款权利,游客已经履行了支付团款的义务。按照权利义务对等的原则,在履行旅游合同时,旅行社只要履行义务,提供约定的服务,游客就可以享受权利即接受旅行社的服务。根据合同自愿原则,合同双方当事人可以就合同的签订、履行、转让、变更、解除等内容自愿达成协议,这样达成的协议就应当受到保护和尊重。在履行旅游合同的过程中,旅行社和游客有权就双方的权利、义务协商一致,在此基础上进行变更。因此,旅行社调整旅游景点和旅游项目顺序,尽管没有减少,但它毕竟使合同的计划履行与实际履行发生了时间上的变化,仍然视为是对游客旅游合同的变更,应当由旅行社和旅游者在平等自愿的基础上协商,征得旅游者的同意,而不是由旅行社单方说了算。旅行社单方变更旅游合同,即属于违约行为,给对方造成损失,应当承担赔偿责任。

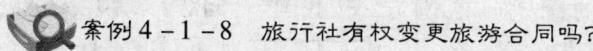

案例 4-1-8 旅行社有权变更旅游合同吗?

焦点:旅行社是否应当支付等同于全额旅游团款的违约金?

2002 年"五一"黄金周前夕,张先生所在单位 20 人准备前往某海岛景点旅游,与当地某旅行社签订了旅游合同,张先生等共支付 14 000 元团费。4 月 29 日,旅行社业务人员告诉张先生,由于船票非常紧张,旅行社未能购得合同约定的船票,旅游行程难以完成。如果张先生等能够选择其他时间出游,可以在一年内任何时间提出,只需提前半个月通知旅行社,旅行社仍然按照原合同提供服务,否则应支付同额违约金。如果不同意变更出行日期,旅行社按照合同约定,支付总价款

旅游法律维权案例评析 上篇

10%的违约金;张先生等同意其他时间出行,并签订了书面协议。8月5日,旅行社通知张先生,旅游行程安排在8月6日,请张先生等务必参加,否则就认为张先生等放弃权利,旅行社将不再承担任何责任。张先生等以没有时间准备为由,拒绝参加旅游,要求旅行社支付等同于全额旅游团款的违约金;旅行社则辩称,是张先生等放弃了旅游行程,旅行社只需退还全额旅游团款,而不必支付违约金。在协商不成的前提下,张先生等向法院提起诉讼,要求旅行社承担违约责任。法院判决旅行社退还张先生等14 000元旅游团款,并支付违约金14 000元。

维权依据:

本案属于典型的旅游合同纠纷,涉及两个旅游合同。首先,是旅游合同的效力问题。根据我国《合同法》第44条规定:"依法成立的合同,自成立时生效。"本案中,不论是第一个旅游合同,还是第二个旅游合同,均经过旅行社和旅游者的充分协商,反映了旅行社和旅游者之间的真实意思,其合法性和有效性不容置疑,应受到法律的保护。其次,是关于旅游合同的履行。我国《合同法》第60条规定:"当事人应当按照约定全面履行自己的义务。当事人应当遵循诚实信用原则,根据合同的性质、目的和交易习惯履行通知、协助、保密等义务。"旅游合同一旦签订,旅行社和旅游者都必须严格按照合同约定,全面及时履行合同义务。除非发生了不可抗力,任何一方不得以各种理由,拒绝履行合同。最后,关于违约责任。《合同法》第8条规定:"依法成立的合同,对当事人具有法律约束力。当事人应当按照约定履行自己的义务,不得擅自变更或者解除合同。依法成立的合同,受法律保护。"违反合同约定的后果,就是违约方承担合同约定的违约责任。

维权指南:

本案中,旅行社在履行合同义务过程中,没有按照合同约定,先后两次违反合同约定。第一次违约责任由于旅行社和张先生等达成了新的旅游合同而消灭,第二次违约责任是否承担、承担多少则成为纠纷的焦点。当旅行社第一次违反约定后,由于旅行社提供了解决纠纷的两个方案,张先生等并没有选择收取违约金方案,而是在和旅行社协商一

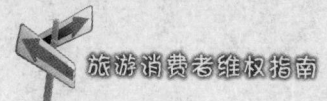

致的基础上,选择了重新参加旅游行程,应当视为张先生等放弃了向旅行社索赔的权利。从旅行社和张先生等的第二个合同约定内容看,在其他时间出行的安排应当由张先生等在一年内提出,且提前半个月通知旅行社,而不是由旅行社另行安排时间。旅行社提前一天通知张先生参加旅游行程,旅行社再一次违反了合同约定,应当按照合同约定承担违约责任,返还全额团款,并支付同额违约金。

四、旅游者可以单方变更行程吗?

在合同法律关系中,合同双方当事人的地位是平等的,权利义务是对等的。旅行社不能够单方变更旅游行程,那么,旅游者是否可以根据自己的实际情况灵活调整行进路线、时间安排呢?或者说,旅游者是否具有单方变更旅游行程的权利呢?如果在未经旅行社同意的情况下,强行改变旅游行程或者解除旅游协议会带来什么样的法律后果呢?这些问题是以下案例所涉及的内容。

案例4-1-9 游客先行违约,旅行社取消游客随团旅游资格合法吗?

焦点:履行旅游合同的义务有先后顺序吗?

2001年3月15日,张先生与某国际旅行社协商签订了一份"五一"黄金周"新马泰5日游"旅游合同。根据旅游合同的约定,旅游期间为2001年5月2日—2001年5月6日,张先生先交纳6 000元的担保费,其余10 000元旅游费于4月30日前全部支付给旅行社。因为张先生未能按旅游合同的约定按时交纳相关费用,旅行社多次催促未果,决定取消张先生5月2日出国旅游的资格,并同意扣除签证费和机票损失后退还余款。张先生坚持要求旅行社退还全部费用,协商未果,张先生将旅行社告上法院,要求旅行社退还全部费用6 000元。法院判决驳回张先生诉讼请求。

维权依据:

以上案例中,张先生没有按照旅游合同约定履行先行给付旅游费用

的给付义务,旅行社依照合同法律规定正确行使了后履行抗辩权,取消了张先生出国旅游的资格,属于符合法律规定的维权行为,并无不当。

旅游合同是一种双务合同,即旅游合同的双方当事人都享有合同约定的相应权利,都应当履行合同约定的相应义务。本案中,双方在平等自愿、协商一致的基础上订立的旅游合同,为有效合同。合同订立后,双方即应按合同约定履行各自的义务,旅行社应按照合同约定为游客提供旅游服务,游客应支付旅游相关费用。按旅游合同约定先行支付有关费用是旅游者的主要义务,旅游者不支付、少支付或迟延支付有关费用,则构成违约。由于张先生未按旅游合同约定履行先行支付旅游费用的义务,违反合同约定在先。因此,旅行社为了确保交易安全,维护自己的合法权益,可以依法行使后履行抗辩权,取消张先生随团出游的资格,拒绝继续为其提供出国旅游服务,这是符合我国合同法律规定的。张先生除应自行承担由此造成的经济损失外,还应当承担相应的违约责任。

 维权指南:

根据我国《合同法》第67条规定:"当事人互负债务,有先后履行顺序,先履行一方未履行的,后履行一方有权拒绝其履行要求。先履行一方履行债务不符合约定的,后履行一方有权拒绝其相应的履行要求。"法律为保护先履行义务的一方当事人的权利而设置了后履行抗辩权来保证其利益。从法律规定可以看出,行使后履行抗辩权必须符合有关要件,其法律构成要件包括:第一,存在基于同一双务合同产生的有对价关系的两项债务;第二,有先后履行顺序,即在双务合同中,双务合同中的当事人履行义务的期限有先后履行顺序;第三,应当先履行一方当事人不履行或履行合同义务不符合约定。只有同时符合上述条件,后履行义务一方才能行使后履行抗辩权。

 案例4-1-10 旅客单方解除旅游合同,是否可以要求退赔损失?

焦点:旅游者单方解除旅游合同的行为是否有效?

2004年4月21日,游客孟某与某国际旅行社签订了旅游合同,约定孟某参与该旅行社组织的"五一"期间"南亚风情游"。旅行社为孟某及其余5人提供4月30日北京去南亚往返北京的机票,入住五星级大酒店标间,每人为此支付的费用是13 580元。旅行社为预订机票、酒店支付费用5 460元。4月24日,孟某以北京市及外地出现"非典"疫情为由,传真提出退团,并要求旅行社退还全款,旅行社以孟某未正式办理退团手续为由,拒绝解除合同,双方未能达成一致意见。孟某向旅行社提出退团、返还费用的要求遭对方拒绝,遂将旅行社告上法院,请求法院撤销旅游协议,由旅行社退还5 460元并承担诉讼费。法院判决终止双方签订的旅游合同,驳回孟某要求撤销旅游合同、退还5 460元的诉讼请求。

维权依据:

这是一例旅游不能成行导致的旅游合同纠纷案例。其争论的关键点在于,游客要求免责解除合同的理由是否成立?以及旅游合同未履行的责任应如何确定?因此,要确认本案是否构成不可抗力。本案中,旅游者孟某要求免责解除旅游合同的理由不能成立。孟某与旅行社签订的旅游合同,是双方真实意思的表示,合同的内容不违背法律的禁止性规定,应认定有效,双方都应遵守合同约定的权利和义务。在合同签订后,孟某交付全部旅游费用,旅行社为孟某预订了机票和酒店客房,并支付了费用。至此,双方已经按照合同的约定履行了各自的义务。在旅行社履行了自己的义务后,孟某以出现"非典"疫情为由,要求与旅行社解除合同并全部退款,其免责解除合同请求权的行使,应符合我国《合同法》的规定。当时我国"非典"疫情对普通公众的日常生活已经不构成危害,即孟某不能以当时"非典"疫情的出现作为免责解除合同的依据。这是因为中国政府并没有明令规定这一期间旅行社不得组织跨地区旅游,旅游目的地也没有限制外地游客进入。因此,不能适用不可抗力的有关规定,孟某以此为由单方面要求解除合同并由对方承担全部责任的主张,缺乏事实和法律依据。旅行社根据孟某的要求,为其代购机票和代订酒店后,有权利按协议收取必要的费用。孟某提出解除合同和要求退款是可以理解的,但在双方没有达成一致意见时,仍应继续履行合同所规定的权利和义务,违反合同约定的一方,应承担合同违约的责任。孟某在双方未对是否解除合同达成一致意见时,放弃履行合同,强行要求解除合同,致使损害结果发生,由此造成的经济损失,应自行承担全部责任。

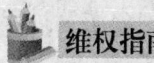

维权指南:

《合同法》第 93 条规定:"当事人协商一致,可以解除合同。"也就是说,合同一方当事人提出解除合同时,有权要求对方当事人采取合理措施,尽可能减少因解除合同所造成的损失,但无权在未与对方协商一致的情况下,即单方面强行解除合同,并要求对方承担解除合同的全部损失,相反应当承担法律责任。

本节小结:

旅游合同依法成立后,合同双方当事人都应当全面履行合同义务。严格来讲,对于任何旅游合同行程,如路线、时间安排、待遇标准等的改变,都属于旅游合同变更,需要经双方协商一致后才能生效,否则,单方变更行程的行为要承担违约责任。当然,如果存在不可抗力,可以免除或者部分免除违约责任,但必须是行程的变更与不可抗力的发生之间具有直接因果关系,而不能简单地认为只要有自然力量的介入,就必然影响旅游合同的履行。

第二节 导游服务不合格怎么办?

《导游人员管理条例》第 2 条规定:本条例所称导游人员,是指依照本条例的规定取得导游证,接受旅行社委派,为旅游者提供向导、讲解及相关旅游服务的人员。

为了规范导游活动,维护旅游市场的秩序,提高服务质量,保障旅游者和导游人员的合法权益,1999 年 5 月 14 日,国务院发布《导游人员管理条例》,国家旅游局又先后颁布了《导游人员管理实施办法》、《导游人员资格考试制度》、《全国导游人员资格考试管理办法》、《导游人员职业等级标准》等法规。按照《导游人员管理条例》等旅游法律法

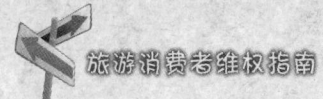

规的规定,导游人员应承担接待服务、导游讲解服务、维护安全和处理问题等服务项目,严格按照旅行社确定的接待计划,安排旅游者的旅行、游览活动,不得擅自增加、减少旅游项目或者终止导游活动等。本节内容将介绍导游服务质量出现问题怎么办,以及如何划分游览过程中旅游者与导游员之间的责任问题。

一、导游服务质量存在瑕疵的责任由谁承担?

导游人员是旅行社接待工作中的一线人员,是旅游业的灵魂,是旅行社的窗口。随着旅游活动的发展,导游人员在旅游过程中的作用越发显得重要。旅游者预定的各项服务需要通过导游人员的联络安排付诸实践,旅游过程中出现的各种变故和意外,需要导游人员加以处理和协调,使旅游活动能顺利进行。导游人员服务质量的优劣,往往直接影响到一家旅行社、一个城市乃至一个国家旅游业的声誉。那么,导游服务质量出现问题,责任应当由谁承担?旅行社和导游人员相互推诿责任怎么办?这是旅游者在游览活动中经常遇到的问题。

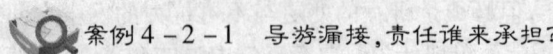

案例4-2-1　导游漏接,责任谁来承担?

焦点:如何认定是旅行社"弃团"还是游客"中途离团"?

2002年5月28日,游客李某报名参加某旅行社组织的海南双飞四日游,单价为每人1 580元。5月31日,李某一行与组团社导游赵某于当晚6点50分准时抵达海南机场。在机场等候两个多小时,一直未见到地接社接站人员。其间,导游多次拨打合同上提供的接团社电话号码,却一直无人接听。至晚上9点多,旅游团乘坐出租车自行住店。由于工作失误当地接待社将时间搞错,未能接到游客,游客认为因旅行社原因终止游程,属弃团,应当按旅游合同第十六条"弃团"条款赔偿游客的一切经济损失。组团社认为,地接社导游员漏接,系工作失误,不属弃团,旅行社不承担任何责任。协商未果,游客将组团社投诉至旅游质监局,要求旅行社赔偿每位游客3 500元。经行政裁决组团旅行社承担违约责任,赔偿每位游客在多支出的旅游费2 500元及200元出租车费、住宿费,共2 700元。

维权依据:

本案系一起因导游漏接导致行程终止的旅游纠纷,主要焦点在于旅行社的行为是否构成弃团,游客行为是否属擅自离团。该案中,旅行社并非弃团,不适用合同中的弃团条款。旅行社构成弃团须满足故意终止(或中止)旅游团队这一要件。本案地接旅行社导游漏接旅游团,存在严重的工作失误,但调查情况及证据都不能充分证明旅行社有主观故意,因此认定旅行社弃团,依据不足,不能适用合同的弃团条款,所以也不适用赔偿旅游费一倍违约金的罚则。同时,组团旅行社未能对游客的行程进行妥善安排,没有及时与当地旅行社取得联系,也有不可推卸的责任,但旅行社不存在弃团行为,只是一起因旅行社工作失误造成漏接而导致游程终止的旅游纠纷,应按照一般违约赔偿方式处理,旅行社承担违约责任。根据我国《合同法》第113条第一款规定:"当事人一方不履行合同义务或者履行合同义务不符合约定,给对方造成损失的,损失赔偿额应当相当于因违约所造成的损失,包括合同履行后可以获得的利益,但不得超过违反合同一方订立合同时预见到或者应当预见到的因违反合同可能造成的损失。"赔偿的标准,按照《旅行社质量保证金赔偿试行标准》第5条规定:"因旅行社过错造成旅游者误机(车、船),旅行社应赔偿旅游者的直接经济损失,并赔偿经济损失的10%的违约金。"本案中,旅行社应当赔偿游客在海南的一切额外支出,其中包括因自身工作严重失误造成游客额外支出的合理的旅游费和5月31日的出租车费及住宿费。

维权指南:

导游人员,包括全程陪同、地方陪同,作为旅行社的代表,其一切与工作有关的行为都被视为旅行社的行为,因此,旅行社要对其导游人员在工作中造成的旅游者人身伤害或经济损失负赔偿责任。而且,无论是组团社自己违约,还是其安排的地接社违约,组团社自身的法律责任都不能免除。

旅游消费者维权指南

案例 4-2-2　导游中途"换岗"是否违约?

焦点:旅行社中途更换导游人员是否构成违约?

2006年暑假,李某等12人参加某旅行社组织的长白山五日游,旅游合同约定人均全程费用1 760元,游览长白山、镜泊湖两个景点,往返乘坐特快硬卧。旅行社导游员马某带领旅游团游览了长白山景点,其精彩的讲解深深吸引了游客。但由于该旅行社又有一个贵宾团需要接待,旅行社将马某调回,另外指派了一名导游员张某接替马某的工作。由于张某准备仓促,讲解中张冠李戴,漏洞百出,游客很是不满,认为旅行社擅自更换导游人员,属于违约行为,应当退赔每人导游费用200元。经双方协商,旅行社将马某重新派回该团,并向每位游客每人退还导游费用100元。

维权依据:

本案是一起由于旅行社擅自更换导游人员而引发的旅游纠纷案例。可以说,该案中,旅行社的处理是明智的。旅行社提供的旅游服务,必须保证服务质量能够达到旅游合同约定标准,其中,导游人员服务水平是其中的重要内容。广大游客通过导游人员的讲解,可以更好地领会景点的奥妙,获得更多的旅游知识,享受旅游活动的愉悦体验。由于该旅行社临时更换的导游人员景点讲解存在严重失误,无形中降低了服务水平,影响了游客的情绪,实质上就是一种"质量缩水"的违约行为,应当承担违约责任。退一步讲,即使导游员张某的讲解没有出现问题,旅行社这种"临阵换将"的做法也不妥当,往往会给自己带来麻烦。根据《旅行社质量保证金赔偿试行标准》第7条的规定:"导游未按国家或旅游行业对客人服务标准的要求提供导游服务的,旅行社应赔偿旅游者所付导游服务费用的2倍。"因此,游客要求旅行社退还导游服务费用是合理的。而双方经过协商解决,旅行社及时纠正了错误做法,得到了游客的谅解,最终达成了较为满意的结果。

维权指南:

旅游者在与旅行社发生旅游纠纷时,既要敢于维权,不能忍气吞声,也要善于维权,以使纠纷得以尽快解决。旅行社对待游客应当一视同仁,虽然在具体服务项目和服务标准上会有所区别,这是市场经济的运行规律,但不应当有"大饼团"与"贵宾团"的歧视待遇。旅行社可以根据对价的原则提供不同水准的服务,但不能够因为旅游团的经济实力而进行差别性待遇,甚至将其剥夺。

案例4-2-3 假导游带团造成损失,旅行社是否承担责任?

焦点:外出旅游遇"李鬼"怎么办?

2002年国庆节期间,游客张某参加某旅行社组织的旅游团去九华山。在旅游过程中,导游员李某带领游客在一个小商店购买大量旅游纪念品,返程后发现购买的旅游纪念品全部属于假冒伪劣商品。张某向旅行社要求赔偿,旅行社声称李某没有导游证,不属于旅行社正式职工,旅行社对此不承担责任。张某于是向法院提起诉讼,要求某旅行社承担赔偿责任,法院判决该旅行社赔偿张某经济损失1 980元。

维权依据:

这是一桩由导游人员不具备职业资质引发的旅游纠纷案例。《导游人员管理条例》第2条规定:"本条例所称导游人员,是指依照本条例的规定取得导游证,接受旅行社委派,为旅游者提供向导、讲解及相关旅游服务的人员。"第4条规定:"在中华人民共和国境内从事导游活动,必须取得导游证。"根据《导游服务质量》的规定,参观游览过程中的地陪服务,应努力使旅游团(者)参观游览全过程安全、顺利。应使旅游者详细了解参观游览对象的特色、历史背景等及其他感兴趣的问题。抵达景点后,地陪应对景点进行讲解。讲解内容应繁简适度,应包括该景点的历史背景、特色、地位、价值等方面的内容。讲解的语言应生动,富有表达力。本案中,该旅行社委派的导游人员无导游资格,无权从事导游业务活动,而该旅行社的做法存在违法经营行为。我国《旅行社管理条例》第24条规定:"旅行社为接待旅游者聘用的导游和为组织旅游者出境旅游聘用的领队,应当持有省、自治区、直辖市以上

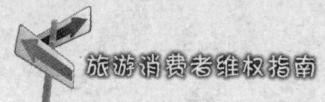

人民政府旅游行政管理部门颁发的资格证书。"本案中,该导游员虽然没有导游资格,但仍然属于该旅行社雇用的工作人员,按照我国《民法通则》的规定,雇员造成损害后果,应当由雇主承担。《旅行社质量保证金赔偿试行标准》第8条规定,导游擅自安排旅游者到非旅游部门指定商店购物,所购商品系假冒伪劣商品,旅行社应当对旅游者的经济损失进行赔偿。因此,该旅行社除应当受到旅游行政管理部门的处罚之外,还应当对由此给游客带来的损失进行赔偿。

 维权指南:

在法律上,导游是旅行社的工作人员,是旅行社的代理人,导游在旅行社的授权范围内代理旅行社行使职权,其在代理权限内的行为在法律上就被视为旅行社自己的行为。也就是说,由导游代理行为所产生的权利和义务直接归被代理人即旅行社承受。从某种意义上来讲,导游的权利和义务是旅行社的权利和义务的引申,导游代理旅行社行使权利和承担义务。该旅行社不打自招,承认了擅自雇用不具备导游资格的人员从事导游服务的违法事实,本就应受到行政处罚,再加上给旅游者造成的经济损失,同时还要承担民事赔偿责任。

二、旅游者存在失误是否可以免除导游过错责任?

在旅行游览过程中,由于多种不确定因素的存在,随时都会有潜在的风险发生。导游人员具有保障旅游者人身、财产安全的义务,但这种义务不是无限的。在这里我们要讨论两个问题:一是导游人员在游览过程中应当承担的义务范围是什么? 二是如果旅游者不服从安排,因自身过错造成损失的,导游人员是否可以免除相应责任?

 案例4-2-4 游客记错起飞时间的责任由谁承担?

焦点:双方均有过错如何划分责任?

2004年3月25日,柯某等17名游客与某旅行社商定,柯某等17名游客组成一个旅游团,于3月30日从北京抵上海,游览华东五省,由某旅行社负责地面接待,安排旅游日程,团费为1 160元/人。旅游团30日抵达上海后,某旅行社为其代购了返程航班机票,机票由游客本人保存。4月5日行程结束后,某旅行社按照游客提供的航班起飞时间为当晚22:20,派导游马某提前1小时30分钟送游客到达昆明机场。游客在自己办理手续时发现机票记载的航班起飞时间是20:20,此时飞机已飞走了30分钟。柯某等17名游客认为,为游客送机是双方约定的服务内容之一,由于导游送机迟到,造成游客误机,要求旅行社赔偿由于误机造成的全部损失,法院判决双方各自承担相应责任。

维权依据:

柯某等17名游客与某旅行社签订了旅游合同,交纳了旅游费用,双方之间的合同真实、有效。但游客通过旅行社购买了机票,与航空公司建立起了承运人与乘客的关系,游客没有配合导游对起飞时间进行确认,造成误机事故,旅游者存在严重过失,应承担主要责任。造成游客迟到的真正原因是因自己对机票记载的航班起飞时间认识有误,而并非旅行社送机延误。因此,重购机票的费用应由旅游者承担。但是,根据《导游服务质量》规定的服务内容,地陪导游应确认交通票据及离站时间,旅行社"送机服务"包括了核对航班起飞时间。本案中,旅行社按照旅游者要求的时间将其送到机场,履行约定的义务,但是,旅行社提供送机服务的过程中导游没有坚持认真核实航班起飞时间,没有按照国家规定的标准提供服务,履行合同义务有瑕疵,对游客误机也有一定过错,旅行社也应当承担相应责任。因此,由于误机造成游客滞留所产生的住宿、地面交通等费用应由旅行社承担。

维权指南:

《合同法》第120条:"当事人双方都违反合同的,应各自承担相应的责任。"一般情况下,民事法律遵循的是一种"过错原则",即一般应当由有过错的当事人承担不利的法律后果,如果双方均存在过错,则按照过错程度分别承担相应的法律责任。旅游者在旅游过程中,应当全面履行自身应当履行的法律义务,以审慎的态度处理相关问题,尽可能减少自身失误,方能够最大限度维护自身权益。

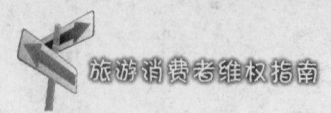
旅游消费者维权指南

案例4-2-5 游客不顾导游警告出事故,造成损害由谁承担责任?

焦点:游客雪中登长城,伤亡责任谁承担?

2002年12月初,广东某单位与当地某旅行社签订旅游合同,组织本公司员工到北京旅游。在参观完市内景点后,最后的行程安排是登八达岭长城。第二天,旅游团抵达长城时,天空中突然飘起了雪花,导游方某考虑到雪中登长城不太安全,就动员旅游团取消游览计划,返回饭店。但旅游团千里迢迢来到北京,游客们游兴高涨,要在雪中登长城,实现"不到长城非好汉"的愿望。导游没有强劝,告诉游客注意安全,然后自己在山下等候。不料,游客张某在登长城的过程中,由于坡陡路滑,一个跟头滚下去,摔在城墙上,撞得头破血流,导游协助将其送往医院治疗,被诊断为轻微伤。事后,张某要求旅行社赔偿经济损失,旅行社以游客自己摔伤与旅行社无关为由,拒绝赔偿。张某将旅行社告上法院,要求旅行社赔偿经济损失14 285元,法院判决某旅行社赔偿张某经济损失2 630元。

维权依据:

《导游人员管理条例》第14条规定:"导游人员在引导旅游者旅行、游览过程中,应当就可能发生危及旅游者人身、财物安全的情况,向旅游者作出真实说明和明确警示,并按照旅行社的要求采取防止危害发生的措施。"在整个旅游过程中,导游人员是旅游者接触最多的人,导游服务水平的高低,直接关系到整个旅游产品质量的高低。因此,根据该规定,导游人员除了要为游客提供向导服务、讲解服务、生活服务之外,还承担着保护旅游者人身、财产安全,处理突发事故的责任。

在本案中,导游方某在旅游环境突然发生变化的情况下,出于对游客安全的考虑,虽然提示和劝阻游客取消登长城的旅游计划,但并没有对发生危险的严重性对旅游者进行明确的警示,更没有采取防治危害发生的有效措施,而是自己在山下等待游客,对于游客的受伤事件存在

过错,负有一定的责任。同时,游客张某不听导游的善意劝阻,没有足够谨慎的防范风险,造成自己摔伤,应负主要责任。导游人员是旅行社的代表,由于导游人员的过失造成的损害,应当由旅行社来承担赔偿责任。因此,法院判决旅行社承担一定的赔偿责任是正确的。

维权指南:

旅游者希望能够一览祖国大好河山、领略祖国悠久的历史文化的感情与愿望是可以理解的,但是,在整个旅游过程中必须理智处理问题,在涉及有关人身、财产安全等重大问题时,要尽量听从导游人员的指挥与安排,不可刚愎自用,不计后果,否则,有可能是自食苦果。即使可以要求旅行社或者导游人员承担部分责任,但自身造成的损失有可能不能再恢复如初。

三、导游在服务过程中的权限范围是什么?

导游在服务过程中,并不是完全被动、事事都必须俯首听命于旅游者。在有些场合,旅游者的要求可能过于苛刻,甚至不合法;大多数情况下,导游比游客更熟悉行程路线和应当注意的事项,旅游者也应当听从导游人员的善意劝告。那么,旅游者是否享有无上的权利?当导游人员人身受到侵害时享有哪些权利?在出现特别紧急情形下导游人员是否有特别的权限?这就是我们在下面需要进一步弄明白的问题。

案例 4-2-6 游客无理取闹,导游可否中止导游服务?

焦点:导游人员有拒绝提供导游服务的权利吗?

李某与某旅行社签订了一份旅游合同,约定行程路线为华东五市、水乡乌镇,双卧 5 日,全程费用 1 380 元。在游览水乡乌镇时,李某随手将吃剩下的水果皮丢到水中。导游人员郑某看到后,善意提醒李某要注意环保、爱护文物,不想李某恼羞成怒,破口大骂郑某多管闲事,并动粗打人。郑某感到十分气愤,无法再和李某相处下去,就将旅游团丢在景点,自行回旅行社去了。旅行社得知此事后,迅速指派另外一名导游

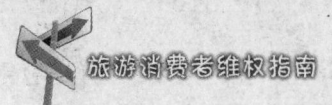

人员带领旅游团完成了剩下的行程。返程后,李某等游客以导游郑某擅自中止导游服务为由,要求旅行社半数退赔旅游费用,旅行社以事情由游客李某过错引起为由拒绝赔偿,旅游团将该旅行社告上法庭。法院判决旅行社赔偿每位游客276元。

维权依据:

这是一起导游人员"甩团"引发的旅游纠纷案例。导游人员擅自中止导游服务,半道"甩团"是一种严重的责任事故。根据《旅行社质量保证金赔偿试行标准》第9条规定:"导游在旅游行程期间,擅自离开旅游团队,造成旅游者无人负责,旅行社应承担旅游者滞留期间所支出的食宿等直接费用,并赔偿全部旅游费用的30%违约金。"该案中,虽然导游人员郑某无故受到李某的打骂,当然是十分委屈的,但其他旅游者是无辜的,郑某不应当因为李某的行为而置整个旅游团于不顾,半路"甩团",其责任不可免除。对于李某的行为,郑某可以通过正当途径进行防卫和反击,相信会得到旅游团其他旅游者和相关部门的支持。由于旅行社及时指派了另外一名导游带领旅游团顺利完成了行程安排,没有给旅游者造成额外的费用损失,所以法院根据法律规定,结合双方过错程度,判处旅行社承担20%的违约金是适当的。

维权指南:

旅游者在旅游过程中维护自己的合法权益是必要的,也是应当鼓励与支持的,但是,旅游者也应当注意提高自身素质,爱护旅游景点的环境与文物,尊重为其提供导游服务的相关人员,才能共同营造和谐愉悦的旅游氛围,达到外出旅游陶冶情操、愉悦身心的目的。

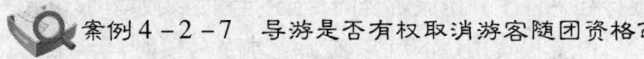

案例4-2-7 导游是否有权取消游客随团资格?

焦点:导游人员取消游客随团旅游资格是否构成违约?

2007年4月25日,李某与旅行社签订一份旅游合同,参加该社组织的大连5日游,团费1 200元。抵达大连的当天晚上,旅游团第一个

项目是游览大连夜景滨海广场,导游人员张某约定游览时间两个小时,超过两个小时后不返回集合地点的,旅游车将继续下一景点,不再等待,掉队的游客可以乘公交自行回住宿饭店。李某因为忙于在景点照相,结果误了时间,没有赶上旅游车,十分懊恼,回饭店后对导游张某破口大骂,而且表示要向旅行社投诉张某。张某认为李某不尊重自己,而且还要打自己的"小报告",就当场宣布,取消游客李某的随团资格。李某自觉没趣,就径自返程,要求旅行社退还全部团费。经旅游质监部门调解,旅行社退还李某团费880元,赔偿经济损失360元。

维权依据:

这是一起由于导游人员擅自取消游客随团旅游资格引发的旅游纠纷案例。根据《合同法》第107条的规定:"当事人一方不履行合同义务或者履行合同义务不符合约定的,应当承担继续履行、采取补救措施或者赔偿损失等违约责任。"当事人可以约定一方违约时应当根据违约情况向对方支付一定数额的违约金,也可以约定因违约产生的损失赔偿额的计算方法。本案中,既然游客李某向旅行社支付了全部费用,旅行社就应当依照旅游合同约定提供相应的旅游服务项目,否则即应当承担违约责任。李某虽然存在过错,但导游人员应当做好解释工作,争取双方达成谅解,无论发生的旅游纠纷能否当场处理完毕,一般情况下,都应当及时向旅行社进行请示汇报,按照旅行社的要求进行处理,而不应当自作主张,意气用事,造成更大的损失。

维权指南:

导游人员只是代表旅行社提供相应的导游讲解等服务,但没有权利直接代表旅行社进行实体权利的处置,更没有随意取消旅游者随团旅游的资格。李某当时其实可以直接向旅行社反映具体情况,通过与旅行社协商使问题能够得以迅速解决,也不会乘兴而来,扫兴而归,一无所获。虽然旅行社退回了部分团费,但旅游计划却完全泡汤了。

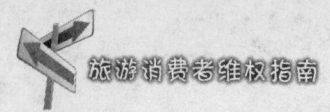

案例4-2-8 遭遇不可抗力,导游是否享有紧急处置权?

焦点:导游人员什么情况下享有紧急处理权?

2008年3月,赵某与某旅行社签订一份旅游合同,参加该社组织的西藏旅游团。在旅游团刚离开始发站时,由于藏独分子的暴乱,为保护游客的人身安全,政府部门暂时限制旅游团入藏游览。导游王某立即与旅行社取得联系后,准备按照旅行社的指示带领旅游团原路返回。赵某等游客认为王某的说法纯属虚构,不能因为风吹草动就放弃向往多年的西藏之行,要求导游按原合同约定行程履行。在导游王某的再三劝说下,旅游团终于安全返回。但赵某等游客认为导游人员擅自变更行程,违反了旅游合同约定,向旅游质监部门投诉,要求旅行社承担违约责任,按照团费的20%承担违约金,被旅游行政管理部门驳回。

维权依据:

这是一起遭遇不可抗力后导游人员变更行程的旅游纠纷案例。旅游过程中,旅游团(者)提出变更路线或日程的要求时,导游人员原则上应按合同执行,特殊情况报组团社。旅游过程中,因客观原因需要变更路线或日程时,导游人员应向旅游团(者)做好解释工作,及时将旅游团(者)的意见反馈给组团社和接待社,并根据组团社或接待社的安排做好工作。因此,在特殊情况下,导游人员在旅游活动中享有调整或变更接待计划权。《导游人员管理条例》第13条第二款规定:"导游人员在引导旅游者旅行、游览过程中,遇有可能危及旅游者人身安全的紧急情况时,经征得多数旅游者的同意,可以调整或变更接待计划,但是应当立即报告旅行社。"根据该条法规的规定,导游人员享有调整或变更接待计划的权利。但是,导游人员行使这一权利时,必须符合下列条件。

1. 必须是在引导旅游者旅行、游览过程中。也就是说,必须是在旅游活动开始后。在旅行、游览活动开始之前,导游人员不得行使这一权利。在旅游合同订立之后,旅游活动开始之前,如果出现不利于旅游活动的情形,应当由旅行社与旅游者进行协商,达成一致意见后,由旅行社调整或变更旅游接待计划。

2. 必须是遇到可能危及旅游者人身安全的紧急情形时。由于导游人员只身执行带团任务,为了避免可能危及旅游者人身安全情形的发生,导游人员就需要当机立断地调整或变更旅游行程计划。

3. 必须征得多数旅游者的同意。这是一个非常重要的条件。即在旅行、游览中,遇到有可能危及旅游者人身安全的紧急情形时,导游人员如果要调整或变更接待计划,必须要征得旅游团中多数旅游者的同意。这是因为,旅游合同包括旅游接待计划一经双方确认订立后,就应当严格按照合同约定履行。如果需要调整或变更旅游计划,应当经过双方协商一致。但是,由于临时发生了可能危及旅游者人身安全的紧急情形,所以导游人员只要征得多数旅游者的同意,就可以调整或变更旅游接待计划,而不必得到全体旅游者的同意。

4. 必须立即报告旅行社。这是因为旅游接待计划是由旅行社确定的,是得到旅游者认可的。导游人员是受旅行社的委派带团执行旅游接待计划,调整或变更旅游接待计划并不是导游人员的职责权限。但是,由于导游人员在执行带团旅游任务的途中,遇到可能危害旅游者人身安全的紧急情形,为了保证旅游者人身、财产安全,在征得多数旅游者同意后,必须立即报告旅行社,以得到旅行社的认可。

维权指南:

不可抗力有多种因素,包括自然灾害、战争、罢工、政府行为等,只要是不可预见、不可克服、不能避免的情况,均属于不可抗力的范畴。在出现不可抗力的情况下,可以免除违约一方当事人的全部或者部分责任。在旅游过程中遭遇不可抗力,特别是危及游客人身、财产安全的事件,法律之所以赋予导游人员特别的处理权,主要是为了能够更好地保障游客的人身、财产安全,游客对此要有所了解和认识,能够与导游人员进行积极地配合,不可一时意气用事和主观上想当然而造成无谓损害。

本节小结:

旅游质量的高低、效果的好坏,很大程度上取决于导游人员的水平

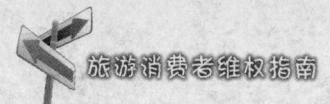

和素质。因此,国家有关部门专门制定了《导游人员管理条例》等法律法规,以及《导游服务质量》等行业规范,对于导游人员的资格、职业准入、服务要求等做了严格、细致的规定。对于导游人员服务质量达不到国家或者行业标准,不具备法定资质,以及违反旅游合同约定等行为给旅游者造成损失的,旅游者都可以要求旅行社承担相应的法律责任。同时,为了有效保障导游人员能够依法履行导游职责,更好地保护旅游者的权益,法律规定导游人员也享有人身权利不受侵犯,以及紧急情况下的特别处理权等权利,旅游者同样要知道,权利义务关系是一种对等关系,要想更好地维护自身权益,首先不能侵害他人的正当权益。

第三节　游览过程中发生意外怎么办?

《旅游安全管理暂行办法》第2条:旅游安全管理工作应当贯彻"安全第一,预防为主"的方针。

安全问题历来是旅游业最重要的问题,是旅游业的生命线。我国政府十分重视旅游安全及旅游保险问题,制定了《旅游安全管理暂行办法》、《旅游安全管理暂行办法实施细则》以及《旅行社投保旅行社责任保险规定》等一系列的法规。通过本章典型案例的具体解析,有助于我们更好地理解和掌握旅游安全工作的基本方针原则、旅游安全管理机构的职责、旅游安全事故的处理程序以及旅行社责任保险及旅游意外保险等有关法律法规。这对于保障旅游者的人身财产安全、维护旅游活动的正常进行是十分重要的。

一、游览过程中的财产遭受损失可否获得赔偿?

旅游者外出旅游,往往存在"智者千虑,必有一失"等情况,再加上旅游过程中手忙脚乱,丢三落四的情况经常出现。那么,旅游者在游览过程中遭受的财产损失能否获得赔偿呢?这就要区分两种情况:一是旅游者自带随身物品遗失或者损坏可否获得赔偿?二是旅游者交给旅行社服务人员代为保管的物品遗失或者损坏可否获得赔偿?

案例 4-3-1 旅游车中财物被盗,游客可否得到赔偿?

焦点:旅行社对于旅游车中物品被盗是否具有赔偿责任?

2006年5月,冯某与某旅行社签订了一份旅游合同,约定"五一"期间随团到北京旅游,团费人均1 200元。整个旅游活动进行都很顺利,行程的最后一个景点是去登八达岭长城。由于旅游团是直接由颐和园景点去八达岭长城,中途没有回住宿饭店,游客们又购了不少物品,登长城十分不便。导游人员张某就对大家说,可以将所购物品留在旅游车上,由司机王某看管,张某等游客就将所购物品留在了大巴车上。当游客们从山上回到车上时,由于司机王某在车内休息时忘了将车玻璃关好,导致靠窗的几位游客物品被盗,冯某在颐和园花800元请的一尊佛像,也被盗丢失。冯某等游客要求旅行社给予赔偿,旅行社认为这是张某、王某的责任,游客应当向张某、王某追偿,与旅行社无关。最后,冯某等人将该旅行社诉至法院,要求其赔偿经济损失15 600元,其诉讼请求获得法院支持。

维权依据:

这是一起旅游者在旅游过程中财物损失引发的旅游纠纷案例。根据《旅行社投保旅行社责任保险规定》的规定,旅游者行李物品的丢失、损坏或被盗所引起的赔偿责任,属于旅行社责任保险的投保范围。那么,旅行社实际是否应当承担这种赔偿责任,则需要确认旅行社与游客之间是否就大巴车上的财物保管存在权利义务关系。根据《合同法》第367条规定:"保管合同自保管物交付时成立,但当事人另有约定的除外。"本案中,冯某等游客已经将财物交由张某、王某保管,保管合同已经成立,因此,张某、王某就有依据保管合同向冯某等游客返还保管物的义务。那么,旅行社的辩解是否成立呢?由于张某是该旅行社的导游,因此,张某的行为就代表了旅行社的行为,旅行社应当对张某的行为承担责任。王某是旅行社雇用的客车司机,根据民事法律的规定,雇员对他人造成损害的,应当由雇主承担赔偿责任,因此,旅行社同样要对王某的行为负责,其辩解理由是站不住脚的。

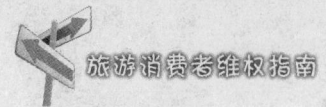

旅游消费者维权指南

 维权指南：

问题在于，此种情况下，旅游者如何来证明自己将财物交给了导游人员与司机保管？这是认定旅行社是否承担赔偿责任的关键。《合同法》第 368 条规定："寄存人向保管人交付保管物的，保管人应当给付保管凭证，但另有交易习惯的除外。"因此，保管凭证是保管合同是否成立的有力证据。如果旅游者不能够以有效的证据证明双方存在保管合同关系，那么，想要获得法院的支持也是较为困难的。本案中，一方面按照惯例，这种情况下一般不必提供保管凭证，另一方面冯某等游客相互可谓证言，并且能够出具购物凭证，因此才获得了完全的赔偿。但是，在其他情况下，旅游者在交付保管物时，还是要多留一个心眼，拿到保管凭证，才能够在出现纠纷时更好地维护自身权益。

 案例 4-3-2 游客随身携带物品遗失，是否应由旅行社赔偿？

焦点：随身携带物品遗失，旅行社能够免予赔偿吗？

2000 年 2 月 18 日，旅游者李某参加某旅行社组织的香港 5 日游，虽然出发前和旅途中导游人员曾反复提醒游客注意物品安全，但在旅游过程中，因一时疏忽，李某随身携带的装有手机、数码相机、现金等财物价值 3 万余元的背包不慎遗失。李某认为这是旅游团没有很好地尽到保障游客安全的义务所致，要求旅行社赔偿未果，便将旅行社诉上法庭，要求旅行社退还旅游团费，赔偿丢失物品损失，法院判决驳回李某的诉讼请求。

维权依据：

这是一起游客随身物品丢失引发的旅游纠纷案例。按照惯例和常识，旅游者的个人物品属个人隐私，理应自己保管好，如有遗失，责任自负。我国《合同法》关于保管合同的规定："保管合同是保管人保管寄存人交付的保管物，并返还该物的合同。"据此，只有当旅游者将其物品交付旅行社保管，因旅行社的原因，将游客物品丢失，旅行社才应当承担赔偿责任。而在本案中,李某的物品并没有交给旅行社保管,而是由其本人随身携带,也就是说,在李某与旅行社之间并不存在保管法律关系,也即丢失的物品是在李某本人的保管之下。既然是在自己的保管之下,发生丢失后要旅行社承担赔偿责任没有法律依据。

那么,李某所讲的旅行社没有履行相应安全保障义务的说法是否成立呢?依据《旅行社投保旅行社责任保险规定》第7条的规定:"旅游者参加旅行社组织的旅游活动,应当服从导游或领队的安排,行程中注意保护自身和随行未成年人的安全,妥善保管所携带的行李、物品。由于旅游者个人过错导致的人身伤亡和财产损失,以及由此导致需支出的各种费用,旅行社不承担赔偿责任。"需要注意的是,本案中,由于李某随身携带的物品并没有交付旅行社或导游人员保管,所以旅行社和导游人员承担的是一般的提示义务而不是财产的保管义务。旅行社在组织游览过程中,对有关旅游者人身财物安全事项已作了多次明确的警示和说明,已尽到了必要的提醒、告知义务。李某随身携带物品丢失是属于个人过错所致,所以李某所讲的旅行社没有履行相应安全保障义务的说法不能成立。

维权指南:

如果旅游者随身携带物品确实丢失,应当由保险公司赔偿。根据《旅行社投保旅行社责任保险规定》第24条规定:"旅游者参加旅行社组织的团队旅游时,可以根据实际需要,从具有保险代理人资格的旅行社或直接从保险公司自愿购买旅游者个人保险。旅行社在与旅游者订立旅游合同时,应当推荐旅游者购买相关的旅游者个人保险。"在本案中,如果旅行社在组织旅游者旅游时,已经按照国家法律法规要求,为该旅游者办理了旅游意外保险,则李某随身携带物品不慎丢失,则应当及时取得有关方面的有效证明,协助游客办理索赔事宜。由承保保险公司按保险合同约定,承担赔偿责任。

二、游览过程中遭受人身损害向谁索赔?

旅游活动中除了要注意交通安全之外,游览过程中也会因为种种意外因素引发各种风险,因此需要注意几个问题:第一,游客在景点意外受伤的责任承担问题;第二,游客遭受第三方侵害的处理问题;第三,旅游意外保险问题;第四,游客自身原因引发的意外伤害问题。

案例4－3－3 游客游览景点发生意外事故应当向谁索赔?

焦点:树木砸伤游客景区有无责任?

2004年"五一"黄金周,游客李某在某生态旅游区游玩时,突然下起倾盆大雨,李某等游客就在景区主干道附近的一棵大树下躲雨,大树的一根树枝忽然被狂风折断,砸伤李某等3名游客。由于缺乏医护人员和救护设施,造成一重伤两轻伤的严重后果。事后,李某将该景区管理部门告上法庭,要求其承担大树折断造成的人身损害赔偿。景区管理部门辩称该案属于意外事件,景区管理部门不承担任何责任。法院判决景区管理部门负全责,赔偿受害旅游者合计25万多元。

维权依据:

这是一起人身伤害事故引起的旅游纠纷案例。对于景区管理者是否对大树折断致伤事故造成的损害予以赔偿,关键是应当先弄清楚旅游景点管理部门的景区安全管理是否有瑕疵。就本案来讲,为预防老树致人伤害意外,景区应对老树存在的折断致人伤害可能做安全警示。砸伤游客的大树枝干已有部分枯死,而景区对此未进行安检,未进行加固,而且没任何安全警示,存在管理上的瑕疵,应负有管理责任。此外,事故发生后,由于景区紧急救援人员与设备均未能达标,延误了最佳的救助时机,也是存在过错的,应承担主要责任。

维权指南:

为加强旅游安全管理与监督,国家对于不同类别、等级的旅游景点规定了不同的安全与急救标准。根据国家质量监督检验检疫总局发布的《旅游区(点)质量等级的划分与评定》中规定,4A级旅游区(点)须"建立紧急救援机制,设立医务室,并配备医务人员。设有突发事件处理预案,应急处理能力强,事故处理及时、妥当,档案记录准确、齐全"。

如果旅游景区疏于管理,质量等级达不到要求,因而存在安全隐患或者管理疏漏的,无论何种原因造成旅游人员伤害的,都很难避免相应的法律责任。

案例4-3-4 游客意外溺水身亡,赔偿责任由谁承担?

焦点:游客溺水身亡谁之过?

2005年夏季,张某参加本市一家旅行社组织的旅游团赴大连旅游。到达大连后,旅游团入住一家海滨饭店。当天晚饭后,张某自行到酒店的海滩边去捡贝壳,不幸溺水身亡。事后,张某家属认为旅行社未尽到相应的义务,须对张某的死亡负全部责任。旅行社则表示,张某在抵达入住饭店后,在没有告知导游人员的情况下,擅自到海滩游玩,致使发生意外事故,与旅行社没有关系,旅行社已尽到告知义务。张某家属将旅行社告上法院,要求旅行社对张某的死亡承担全部赔偿责任。法院判决旅行社承担部分赔偿责任。

维权依据:

这是一例因混合过错而产生的旅游纠纷案例。所谓混合过错,指实质损害的发生或扩大,不仅行为人有过错,受害人自己也有故意或重大过失。混合过错既然是当事人双方对于损害的发生都有过错,就要依据他们各自的过错程度来确定双方应负责任的大小。旅行社如果对损害的结果虽然有过错,但损害的发生并非全属旅行社的过错,旅游者自己也有过错,则旅行社的法律责任便因此而有一定的限度,要根据双方的过失程度的大小合理分担责任。本案,就是由旅行社和旅游者双方的混合过错造成的意外伤亡事件。一方面,旅行社没有完全尽到应有的义务,具有一定的过失。国家旅游局《旅行社管理条例实施细则》第40条规定:"旅行社应当为旅游者提供符合保障旅游者人身、财物安全需要的服务,对有可能危及旅游者人身、财物安全的项目,应当向旅游者作出真实的说明和明确的警示,并采取防止危害发生的措施。"因此,组团社以及旅游团领队在带领旅游者旅行、游览过程中,对于可能

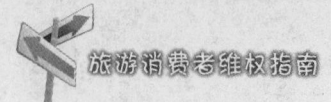

危及旅游者人身安全的情况,负有向旅游者作出真实说明和明确警示的义务。本案中,旅行社在履行合同过程中未履行说明和警示的法定合同附随义务,未根据入住饭店周边的地理环境特点向旅游者作出说明和警示,这是造成游客身亡的原因之一,旅行社应负事故部分责任。另一方面,作为参加自由行旅游的成年人,张某也应具有对自身条件和危险状况的预见能力,在明知自己不习水性且无别人陪同的情况下贸然到海滨游玩,以致酿成悲剧,因此应负事故主要责任。

 维权指南:

旅游者在参与旅游的过程中,要对旅游合同事前约定的整个行程有所了解,以便对游览期间的安排做到心中有数,同时,导游人员也应当向游客详细介绍行程的安排,并且要对当地的旅游环境进行说明,对可能出现的危险进行警示,以免旅游者因为无所事事而盲目行动,遭遇意想不到的严重后果。

 案例4—3—5 孩子被动物园动物咬伤,责任由谁承担?

焦点:斑马咬伤儿童,动物园应负赔偿责任吗?

2004年5月4日,朱某带着刚上小学的儿子趁"五一"假期到某森林野生动物园内游玩。朱某手牵儿子观看游客喂斑马食物的过程中,一匹斑马突然将脑袋从铁栅栏中伸出,去吃朱某儿子手中的饼干,竟然将朱某儿子的手指咬掉两个,顿时鲜血直流,朱某被这突如其来的一幕惊呆了。幸好驯兽师、导游、安全员等工作人员迅速赶到,立即将孩子送到医院治疗。该园区管理部门表示,将承担动物致人伤害的责任,并对由此给朱某儿子造成的人身损害进行赔偿。

维权依据:

本案是一起因为旅游景点服务质量导致游客人身损害的旅游纠纷案件。从法律角度来讲,本案主要涉及旅游景点的安全保障义务和动物致人伤害的赔偿责任问题。我国《民法通则》第98条规定:"公民享有生命健康权。"《消费者权益保护法》第 7 条也规定:"消费者在购买、使用商品和接受服务时享有人身、财产安全不受损害的权利。消费者有权要求经营者提供的商品和服务,符合保障人身、财产安全的要求。"朱某儿子被斑马咬伤,人身权利受到严重侵害。园区管理部门负有安全保障义务,安全设施存在瑕疵。《消费者权益保护法》第 18 条规定:"经营者应当保证其提供的商品或者服务符合保障人身、财产安全的要求。对可能危及人身、财产安全的商品和服务,应当向消费者作出真实的说明和明确的警示,并说明和标明正确使用商品或者接受服务的方法以及防止危害发生的方法。经营者发现其提供的商品或者服务存在严重缺陷,即使正确使用商品或者接受服务仍然可能对人身、财产安全造成危害的,应当立即向有关行政部门报告和告知消费者,并采取防止危害发生的措施。"本案中,隔离斑马的铁栅栏空隙太大,致使斑马可以将脑袋伸到栅栏外边觅食,存在与游客近距离接触的危险,对游客安全构成威胁,动物园管理机构应当对此采取必要的措施。本案中,动物园管理机构在安全保障方面存在漏洞,没有严格履行安全保障义务,侵害了游人的安全,应当承担相应的责任。而且,我国《民法通则》第 127 条也明确规定:"饲养的动物造成他人损害的,动物饲养人或者管理人应当承担民事责任;由于受害人的过错造成损害的,动物饲养人或者管理人不承担民事责任;由于第三人的过错造成损害的,第三人应当承担民事责任。"本案中,除非动物饲养人或者管理人证明受害人的损害系自身过错造成的以外,都要承担赔偿责任。

维权指南:

根据《最高人民法院关于审理人身损害赔偿案件适用法律若干问题的解释》第 6 条的规定:"从事住宿、餐饮、娱乐等经营活动或者其他社会活动的自然人、法人、其他组织,未尽合理限度内的安全保障义务致使他人遭受人身损害,赔偿权利人请求其承担相应赔偿责任的,人民法院应予支持。"由于朱某的儿子在此事件中身心两方面都受到了严重伤害,那么,一方面,按照《最高人民法院关于审理人身损害赔偿案件适用法律若干问题的解释》第 17 条的规定:"受害人遭受人身损害,因就医治疗支出的各项费用以及因误工减少的收入,包括医疗费、误工

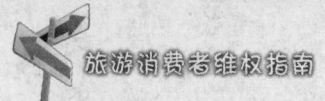

费、护理费、交通费、住宿费、住院伙食补助费、必要的营养费,赔偿义务人应当予以赔偿。受害人因伤致残的,其因增加生活上需要所支出的必要费用以及因丧失劳动能力导致的收入损失,包括残疾赔偿金、残疾辅助器具费、被扶养人生活费,以及因康复护理、继续治疗实际发生的必要的康复费、护理费、后续治疗费,赔偿义务人也应当予以赔偿。"朱某的儿子可据此向动物园经营管理者要求人身损害赔偿。另一方面,由于朱某的儿子身体上受到的伤害,同时造成了心理上的巨大创伤,所以,还可以依据《最高人民法院关于确定民事侵权精神损害赔偿责任若干问题的解释》,一并要求动物园经营者进行精神损害的赔偿。

案例4-3-6 旅行社未为游客办理旅游意外保险,是否应当承担赔偿责任?

焦点:旅行社是否具有为旅游者代办旅行意外保险的法律义务?

1999年8月2日,游客王某到雄都社联系外出旅游事宜。根据雄都社提供的旅游行程分解表,双方口头达成了8月3日至7日游览普陀山等地的旅游合同,王某预付了10个人的旅游费7 000元。旅游行程分解表中注明,旅游价格包含了人身保险费。8月3日上午,雄都社组织包括王某等10人在内的旅游团出发。8月5日晚,该旅游团在普陀山下的一个饭店住宿后,王某及其儿子(14岁)与其他人等到距饭店不远的普陀山海滨浴场游玩。18时30分左右,王某之子不慎被海浪卷走,直至同月9日尸体才被发现。为此,海滨浴场给王某赔偿了浴场门票保险金额5万元和其他费用3万元。王某回江都后,在处理其子的善后事宜时发现,雄都社在旅游团出发前并未给其子投保,而是事后补办的投保手续,保险公司拒绝给王某理赔。为此,王某与雄都社发生纠纷,请求法院判令雄都社给付30万元保险金额的损失,赔偿精神抚慰金、人身损害赔偿金20万元。法院判决雄都社赔偿王某可得利益损失30万元,驳回王某要求雄都社承担精神抚慰金、人身损害赔偿金的诉讼请求。

维权依据：

　　这是一起旅游意外事故引发的旅游赔偿纠纷案例。《民法通则》第 88 条第一款规定："合同的当事人应当按照合同的约定，全部履行自己的义务。"游客王某履行了预付费用的义务，雄都社履行了组团出游的义务，合同已经开始履行，王某与雄都旅行社存在合同法律关系。根据《旅行社管理条例》第 22 条的规定："旅行社组织旅游，应当为旅游者办理旅游意外保险，并保证所提供的服务符合保障旅游者人身、财物安全的要求；对可能危及旅游者人身、财物安全的事宜，应当向旅游者作出真实的说明和明确的警示，并采取防止危害发生的措施。"从此条规定看，办理旅游意外保险，保证旅游者人身、财物的安全，提示安全注意事项，防止危害发生，是旅行社在旅游合同中必须承担的法定义务，雄都社应当在旅游出发前给旅游者办理旅游意外保险。由于办理保险的费用已经包含在旅游者交纳的旅游费用中，但雄都社没有按时履行此项义务，而是在王某之子死亡事故发生后补办，所以雄都社违约。根据《民法通则》第 106 条第一款规定："公民、法人违反合同或者不履行其他义务的，应当承担民事责任。"雄都社没有按期办理旅游意外保险，应当承担违约责任。

　　至于赔偿损失的数额与范围问题，根据《民法通则》第 111 条规定："当事人一方不履行合同义务或者履行合同义务不符合约定条件的，另一方有权要求履行或者采取补救措施，并有权要求赔偿损失。"第 112 条规定："当事人一方违反合同的赔偿责任，应当相当于另一方因此所受到的损失。当事人可以在合同中约定，一方违反合同时，向另一方支付一定数额的违约金；也可以在合同中约定对于违反合同而产生的损失赔偿额的计算方法。"王某之子在旅游期间意外身亡，符合旅游意外保险合同中给付保险金的条件。王某由于得不到保险公司的理赔，状告雄都社违约，请求判令其赔偿损失，符合上述法律规定。如果雄都社不违约，王某之子意外身亡就成为向保险公司申请理赔的事由，王某作为受益人能因此得到保险公司给付的 30 万元保险金。这应当得到却不能得到的 30 万元保险金，是雄都社违约行为给王某造成的损失，雄都社应当承担赔偿责任。王某请求判令雄都社给付 30 万元，应当支持。王某与被告雄都社之间存在的是旅游合同关系,雄都社在此案中有违约行为,应当承担的是违约责任。现有证据不能证明雄都社的违约行为与王某之子的死亡有什么因果关系,也没有任何法律规定合同的违约一方还需要向另一方给付精神抚慰金,王某请求判令雄都社赔偿人身损害赔偿金和精神抚慰金20万元,没有事实根据和法律依据。

雄都社应当按照行政法规的规定和合同的约定,在旅游出发前履行为王某之子代办旅游意外保险的义务。雄都社未履行此项义务,应当承担违约责任。雄都社虽然在事故发生的次日补办了旅游意外保险,但该补办的手续依法不能生效,使王某不能作为受益人获得保险赔偿,雄都社对此应当承担赔偿责任。按照行政规章的规定和雄都社事后补办的旅游意外保险中的约定,旅游意外保险的最高保险金额为30万元,这是王某的可得利益,也是雄都社应当承担的赔偿责任限额。

维权指南:

而需要特别说明的是,本案发生在1999年,因此适用国务院于1996年10月15日发布实施的《旅行社管理条例》及国家旅游局1997年5月13日发布的《旅行社办理旅游意外保险暂行规定》的相关规定,法院判决具有法律依据,是完全正确的。但是,2001年,《旅行社管理条例》《旅行社管理条例实施细则》的修订,以及《旅行社投保旅行社责任保险规定》的出台,废止了《旅行社办理旅游意外保险暂行规定》,使旅游意外险成为旅游者自愿选择的保险项目,旅行社只负有向旅游者推荐旅游意外保险的义务,而不再负有代办保险的强制性义务,但必须投保旅行社责任险,以保障旅游者和旅行社自身的合法权益。因此,旅游者如果不接受旅行社的推荐选择旅游意外保险,但出现意外伤亡事故的,旅行社将不再承担赔偿责任。

案例4-3-7 双方协商一致变更行程,引发意外事故谁负责任?

焦点:协商一致变更行程需要承担赔偿责任吗?

2004年7月29日,李某参加某旅行社组织的"长白山5日游",按

旅游法律维权案例评析 上篇

约定交纳了2 600元/人的全额费用,行程路线为敦化—长白山—镜泊湖。旅行团到达敦化后,因旅游团全体游客要求更改行程,要求先看吊水楼瀑布,然后再去镜泊湖,旅行社便将原定线路改为吊水楼瀑布。在观看瀑布时,李某突然大叫一声倒地,随团导游马上将其送往附近医院,因抢救无效死亡,临床诊断为心脏病突发导致的心源性猝死。事发后,由于赔偿问题存在分歧,李某家属将该旅行社告上法庭,要求其承担事故全部责任,赔偿全部经济损失。法院判决驳回李某家属诉讼请求。

维权依据:

这是一起旅游合同所引发的人身损害赔偿纠纷案例。其中的关键问题是,对于游客在变更行程后的意外死亡,旅行社是否负有直接责任,旅行社自身的服务质量有无瑕疵。从法律的角度来讲,双方协商一致变更行程不违反旅游合同约定。旅行社之所以变更旅游路线,是应全体游客的要求,在双方协商一致的基础之上共同决定的,这其实属于旅游合同的变更,不属于单方擅自变更行程的行为,旅行社没有违反合同约定。

至于赔偿问题,李某应负事故责任。根据《旅行社投保旅行社责任保险办法》第6条的规定:"旅游者参加旅行社组织的旅游活动,应保证自身身体条件能够完成旅游活动。旅游者在旅游行程中,由自身疾病引起的各种损失或损害,旅行社不承担赔偿责任。"李某的死亡,是心脏病突发造成的,其直接原因是自己身体疾病引起的,其死亡与该旅行社提供的旅游服务不存在直接因果关系,亦不属于旅行社责任险范围,旅行社不承担赔偿责任。

维权指南:

由于旅游属于跨地域性的户外或者野外活动,受到天气、地域等多种因素的影响,很多情况下旅游者自身的身体素质、健康状况往往难以适应这种快速的变化,容易引发意外的病变。如果旅游者对自己身体条件缺乏了解,就有可能由于身体病变造成损害,而这种完全由旅游者自身原因引起的各种损失或者损害,不属于旅行社责任险的责任范围,旅行社是不承担赔偿责任的。因此,旅游者出行之前,必须考虑身体条件是否适应,而且,个人常用药品应当随身携带,以备不时之需。

案例4-3-8 旅游景点内出现安全事故责任谁负?

焦点:景点内建筑物压伤游客,景区被判赔偿费用6万元

2006年8月,游客张某在某风景区游玩时,在山坡上一凉亭内休息。在张某乘凉之时,凉亭突然倒塌,张某被压在亭子之下,连忙求救。附近游客听见呼救声赶来,将张某从亭子下抬出,景点工作人员闻讯赶来,急忙将张某送医院抢救。张某右脚粉碎性骨折,构成八级伤残。张某伤愈后,向法院提起上诉,要求旅游景点赔偿医疗费、伤残补偿等6.8万余元,法院判决该风景管理处赔偿张某4.23万元。

维权依据:

这是一起景区建筑物倒塌引发的旅游安全事故损害赔偿纠纷案例。根据《消费者权益保护法》第7条的规定:"消费者在购买、使用商品和接受服务时享有人身、财产安全不受损害的权利。消费者有权要求经营者提供的商品和服务,符合保障人身、财产安全的要求。"张某在该风景区进行游玩,其人身安全应依法受到保护。旅游景点在提供旅游服务时,应保障游客基本的人身安全不受侵害。同时,根据国家旅游局《旅游安全管理暂行办法实施细则》的相关规定,经营旅游业务的企事业单位是旅游安全管理工作的基层单位,负有履行安全管理的工作职责,应坚持日常的安全检查工作,重点检查安全规章制度的落实情况和安全管理漏洞,及时消除安全隐患。该旅游景点管理部门对游客负有安全保障义务,对景点内的旅游设施有妥善管理、修缮、排查使其得以安全使用之职责,由于被告疏于管理,以致凉亭倒塌致伤了游客,应依法承担民事责任。法院依法判决该景区管理部门赔偿张某医疗费、伤残补偿等4.23万元。

维权指南:

依据《最高人民法院关于审理人身损害赔偿案件适用法律若干问

题的解释》第17条的规定:"受害人遭受人身损害,因就医治疗支出的各项费用以及因误工减少的收入,包括医疗费、误工费、护理费、交通费、住宿费、住院伙食补助费、必要的营养费,赔偿义务人应当予以赔偿。受害人因伤致残的,其因增加生活上需要所支出的必要费用以及因丧失劳动能力导致的收入损失,包括残疾赔偿金、残疾辅助器具费、被扶养人生活费,以及因康复护理、继续治疗实际发生的必要的康复费、护理费、后续治疗费,赔偿义务人也应当予以赔偿。"如果在旅游过程中遭受人身伤害,旅游者要求人身损害赔偿时,对于误工费、护理费、营养费以及后续治疗费,需要获得医院的证明。对于造成伤残的,则需要进行伤残等级鉴定。掌握了这些必要证据,可以更好地维护自身权益,尽可能地弥补造成的损失。

 案例4-3-9 第三方侵权责任应由谁来承担?

焦点:游客遭野狗咬伤可否要求旅行社赔偿?

2003年12月,游客周某参加某旅行社组织的九寨沟旅游团。抵达四川境内后,旅游团乘汽车前往住宿饭店途中,一些旅游者提出要上厕所,导游就让司机将车停在了一个加油站的厕所旁,引导旅游者到厕所的门口,并要求游客上完厕所后抓紧时间返回旅游车,不要在加油站乱走。周某上完厕所后,一个人走到加油站外边溜达,看到路边蹲着一只小狗,就拿出随身携带的火腿肠去喂狗,结果被狗咬伤。事故发生后,导游为周某的伤口进行了应急包扎处理后,将周某送到医院进行住院医治,旅行社为其支付了医疗费和住宿费共计6 200元。出院后,周某向法院提起诉讼,要求旅行社赔偿医疗费、误工费、护理费等各项费用共计18 290元,并要求精神损害赔偿20 000元。法院判决驳回周某诉讼请求。

维权依据:

这是一起典型的第三方侵权行为引起的旅游纠纷案件。当事人周某在旅游途中被狗咬伤,其提出由旅行社承担责任并赔偿损失的请求,

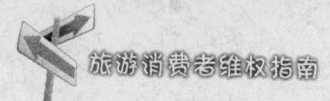

缺乏事实法律依据,不应支持。这是因为旅行社在提供的旅游服务中没有过错,周某被狗咬伤,纯属意外事故。旅游途中,导游应旅游者的要求,中途在加油站停车让游客上厕所的行为并无不当。导游在停车后告知了厕所的具体位置,并将旅游者引导到厕所门口,已经履行了导游应尽的义务。周某擅自走出加油站,从而导致被狗咬伤的后果。所以,周某被狗咬伤完全是由于他自己的原因造成的,与旅行社提供的服务没有直接因果关系。旅行社在没有过错的情况下,不应承担违约赔偿责任。并且,旅行社已经对周某的意外受伤事件进行了及时协助救治工作,周某提出的经济赔偿要求和精神损失缺乏法律依据,是不能成立的。

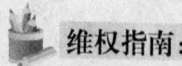

维权指南:

　　动物伤人的侵权责任问题,《民法通则》第127条明确规定:"饲养的动物造成他人损害的,动物饲养人或者管理人应当承担民事责任;由于受害人的过错造成损害的,动物饲养人或者管理人不承担民事责任;由于第三人的过错造成损害的,第三人应当承担民事责任。"本案中,周某身体受到伤害,应直接要求侵权人承担赔偿责任,向狗的饲养人进行追偿。但是,由于咬伤周某的是一条野狗,无从寻找其饲养人或者管理人,就无从追究其赔偿责任,由此造成的损害后果,也只能由周某本人自己承担。如果周某投保了旅游意外保险,则可以依据旅游意外保险合同,向投保的保险公司索赔,才可以使自身的利益得到及时的保障。对于旅行社而言,除有义务对受伤的游客进行及时救助外,还应当积极协助有关部门调查取证,依据旅游意外保险协议,协助旅游者向承保保险公司索赔保险金。

案例4-3-10　游客自己摔伤,事故责任谁来负?

　　焦点:游览途中摔伤能否要求旅行社承担赔偿责任?

　　2003年4月,李某参加某旅行社的旅游团到北京旅游。当天风和日丽,旅游团按计划行程游览十三陵神路。李某在正常行走过程中不慎滑倒摔伤,无法继续行程,只好提前返回。伤好后,李某要求旅行社进行人身伤害赔偿遭到拒绝,向当地旅游质量监管部门进行投诉,要求旅行社赔偿其医疗期间的误工费、营养费等,旅游质量监管部门裁决要求旅行社退回李某尚未消费的团费并协助李某向保险公司索赔。

维权依据:

这是一起旅游者自身原因造成伤害引发的旅游纠纷案例。根据我国《消费者权益保护法》有关规定,旅行社或旅游设施(酒店、娱乐设施)经营者,如对存在安全隐患的情况,没有向客人作充分说明、提醒、劝诫、警告或事先说明;或未采取预防性措施,造成客人人身安全伤害的,客人可向旅行社或旅游设施经营者追究事故责任,要求相应的赔偿。本案中,事故发生时天气晴朗,道路平坦,旅游团依照行程正常安排旅游项目,李某走路因自己不小心摔伤是意外事故,并非旅行社的责任所造成,故李某治疗支出的医药费用应按旅游意外保险赔偿规定赔偿,旅行社对本事故不负赔偿责任。根据国家旅游局《旅行社办理旅游意外保险暂行规定》第4条规定:"旅行社组织团队旅游,必须为旅游者办理旅游意外保险。"旅游意外保险的赔偿范围包括旅游者在旅游期间发生意外事故而引起的赔偿,如人身伤亡、急性病死亡;受伤和急性治疗支出的医疗费等。据此,本案中组团社应当退回李某尚未消费的团费,并协助其向保险公司索赔医疗费用。

维权指南:

旅游者在景点游览的过程中,往往因为被旅游景点美丽的风景所吸引或者忙于照相等原因,注意力不集中,出现跌撞、滑摔等意外,如果不是因为景点气候、地理环境、设施的原因,而且导游人员尽到相应的安全提醒义务,旅游者由自身疏忽造成的损害,只能够依据旅游意外保险向投保保险公司追偿,而不能够要求旅行社对由于自己过错造成的损失承担赔偿责任。

本节小结:

"高高兴兴旅游去,平平安安回家来。"这无疑是每一位爱好观光

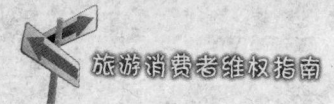

旅游者的共同心愿。不过,由于旅游服务市场的不尽完善、旅途风险的不确定性,再加上一些游客自我保护意识的淡薄,出游中旅游消费者合法权益受到侵害的情况时有发生,各种各样的旅游纠纷也呈上升趋势。旅游消费者在餐饮、娱乐、住宿、购物等公共场所消费时,其合法权益受到侵害的事件屡见不鲜,遭受人身伤害的比例不断攀升,究其原因,主要有三:一是经营场所的设施不安全,措施不完善,警示不明确;二是经营者的管理服务不到位,经营理念缺失,责任心不强;三是不能向消费者提供有效的安全保障措施,不能履行《消费者权益保护法》规定的经营者应当履行的法定义务。由此可见,旅游消费者在特定的经营场所从事消费活动,旅游经营者有责任为旅游者提供符合保障旅游者人身、财产安全需要的服务,这是一种法定义务。除了不可抗力的因素和法律另有规定之外,旅游经营者如若不履行法定义务,无论是故意还是过失,都应当承担相应的法律责任,凡造成旅游者人身和财产损失的,应予以赔偿。

第四节 旅游服务质量不达标怎么办?

《旅行社管理条例实施细则》第49条:旅行社应当为旅游者提供约定的各项服务,所提供的服务不得低于国家标准或行业标准。旅行社对旅游者就其服务项目和服务质量提出的询问,应作出真实、明确的答复。

旅行社提供的服务不得低于国家标准或行业标准,并且是质价相等的。高价劣质、弄虚作假、欺诈旅游者是违约行为,若有此类现象发生,旅行社应承担相应的法律责任。旅行社应按照旅游合同约定保质保量地履行对旅游者的承诺,如保证饭店档次、餐饮质量、车辆规格、景点数量、导游水平等。除了不可抗力的因素外,旅行社不能改动或降低服务内容;如果被迫对旅游计划作出变更,必须做好耐心的解释,并承担旅游者因此受到的损失。

旅游法律维权案例评析 上篇

一、旅游服务质量标准如何认定?

权利义务是对等的,旅游者作为消费者,向旅行社支付一定数额的费用,就应当享受到相应标准的服务,做到质价相符。但是,现实中旅行社提供的服务往往存在瑕疵,达不到旅游合同约定的质量标准,对此,旅游者应当如何处理呢?这里有两个问题需要明确:一是旅行社提供的服务质量没有达到旅游合同明确约定的标准怎么办?二是如果双方没有签订旅游合同,旅游服务标准应当如何认定?

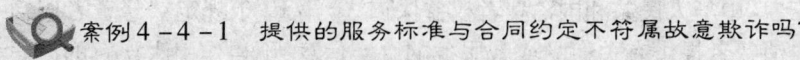
案例4-4-1 提供的服务标准与合同约定不符属故意欺诈吗?

焦点:旅行社取消特色项目属于欺诈行为吗?

2008年5月,王某参加由某旅行社组织的川西民族风情特色游,双方签订正式旅游合同,并交付1 900元旅行费用。旅行团到达四川境内后,由于受"汶川大地震"特大灾害的影响,为保障游客人身、财产安全,旅行社完成旅游合同约定的旅游项目,旅游团提前返回。王某等游客向法院提起诉讼,认为旅行社存在欺诈行为,要求旅行社按每人所交的费用给予双倍赔偿,并赔偿精神损失1 000元。法院判决该旅行社向王某等游客每人退付因故未能安排项目的实际费用560元,驳回其他诉讼请求。

维权依据:

这是一起因为遭遇自然灾害而终止旅游行程引发的旅游纠纷案件,属于旅游合同纠纷案而非消费侵权案件。游客和旅行社双方在自愿平等、协商一致的基础上签订的合同,意思表示真实,属有效合同,受法律保护。本案中,旅行社未按合同约定完成川西民族风情特色游行程,主要是受"汶川大地震"特大灾害的影响,属于不可抗力的突发事件造成。根据《旅行社质量保证金赔偿试行标准》的规定,由于不可抗力因素或旅游者本身原因造成旅游者经济损失的,旅行社不承担赔偿责任。所发生的质量问题非故意、非过失或无法预知或已采取了预防

· 139 ·

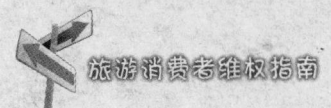

性措施的,可以减轻或免除其赔偿责任。旅行社可以据此免除违约责任,但应向游客退付因故未能按旅游项目活动的实际费用,旅行社不构成欺诈,无双倍返还团费责任。该旅行社有履行合同的诚意,不存在故意告知游客虚假情况或者隐瞒真实情况,故意欺诈游客的行为。旅行社未履行合同约定的标准提供服务,应适用《合同法》相关规定承担违约赔偿责任,而不适用《消费者权益保护法》第49条规定进行双倍赔偿,王某提出的双倍返还团费的要求无法律依据。

维权指南:

《中华人民共和国消费者权益保护法》第19条规定:"经营者应当向消费者提供有关商品或者服务的真实信息,不得作引人误解的虚假宣传。"第49条规定:"经营者提供商品或者服务有欺诈行为的,应当按照消费者的要求增加赔偿其受到的损失,增加赔偿的金额为消费者购买商品的价款或者接受服务的费用的一倍。"所谓欺诈,应当是故意编造或故意隐瞒事实,或向消费者作虚假承诺,欺骗消费者的行为。本案中,由于取消旅游行程并非旅行社的故意,旅行社也未隐瞒事情真相,作虚假宣传和承诺,所以不构成欺诈。王某等游客提出的旅行社有欺诈行为的主张,无据可依,因而不能获得双倍赔偿。

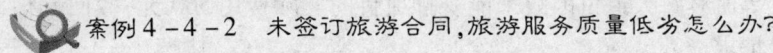

案例4-4-2 未签订旅游合同,旅游服务质量低劣怎么办?

焦点:没有签订正式旅游合同能否获得赔偿?

2003年6月,王某经熟人介绍报名参加某旅行社组织的海南5日游,双方谈得很投机,因为有熟人关系,旅行社还为王某将机票打了8折,王某便没有与旅行社签订旅游合同,只是拿了一张"旅游行程表"作为旅游的依据。在整个海南游过程中,旅行社安排都很周到,王某也很满意,但是游程全部结束后,王某发现旅行社漏掉了"万泉河"景点。但是,由于双方没有签订旅游合同,王某感到很难处理,就让朋友出面进行交涉,最后,双方和解,旅行社退赔"万泉河"景点门票费作为补偿。

维权依据：

这是一起由旅行社"漏点"引发的旅游纠纷案例。本案的特殊之处在于，双方只有口头约定，而没有订立书面的旅游合同，就增加了问题处理的难度。一般来讲，旅行社销售旅游产品和服务时，要与旅游者签订书面的旅游合同，在合同中双方当事人应就旅游总价格、旅游地点和行程安排、交通工具类别及等级、航(车)次时间、住宿等级标准、游览景点名称及门票、餐饮次数及标准、娱乐种类及标准、导游服务、购物次数及时间、合同终止条件、违约责任等主要内容作出明确的约定。旅行社与旅游者签订旅游合同后，应当严格按照合同的约定履行义务，不得擅自改变活动日程、减少或增加参观项目等。旅行社因自身过错，未达到合同约定的服务质量标准或国家标准、行业标准的，应当承担违约责任。给旅游者造成损失的，旅行社应当依法赔偿。因此，依据旅游合同，旅游者对旅行社可以进行投诉或诉讼，能够更有效地依法维护自己的权益。本案中，旅行社在提供旅游服务过程中，事先约定的旅游景点未能全部游览，应当承担违约责任。但是，由于双方没有签订正式的旅游合同，权利义务关系不明确，就造成了王某在维权中的被动局面，无法追究旅行社的违约责任，只能通过和解的方式来解决，失去了更多的法律救助途径。

维权指南：

常言道，"朋友是朋友，生意是生意"。游客不和旅行社签订出游合同，等于自己放弃维护自己合法权益的权利，一旦发生纠纷，自己将变得很被动。虽然本案最终王某通过熟人同旅行社交涉，问题基本上得到了解决，但也给旅游者提了个醒，即千万不要丢掉旅游合同这一最基本的维权武器。

二、旅游服务质量不达标如何追偿？

造成旅游服务不达标的因素很多，包括组团社违约造成旅游服务质量不达标、地接社未按照旅游合同约定标准履行合同、旅游景点以及住宿标准等方面未达到合同约定标准等，有时，由于天气原因以及旅游

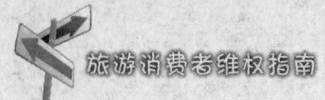
旅游消费者维权指南

高峰期游客集中等也会影响旅游质量问题。因此,我们应当注意这样几个问题:第一,旅游服务质量没有达到合同约定标准赔偿数额如何计算?第二,旅游服务质量不达标的补偿方式如何确定?

案例4-4-3　旅游质量不符合旅游合同约定,赔偿如何进行计算?

焦点:旅游质量不达标,旅行社双倍"退差"

2003年10月,宋某等旅游者参加某旅行社组织的旅游团赴江浙旅游,旅游者每人交纳旅游费1 380元。按旅游协议约定,景点间交通标准为"空调旅游巴士",住宿标准为三星级(不挂牌)"双人标准间"。旅游过程中,交通标准换成普通"京通"大客车,住宿标准改为4人间。事后,游客要求旅行社赔偿损失,旅行社认为10月份是旅游旺季,大批旅游者涌入,造成旅游交通用车、住宿的困难,旅行社之所以降低标准接待,是由于无法控制的客观原因造成的,并非旅行社的主观意愿,因此不应承担赔偿责任。若需要赔偿,也只能是退赔差额。双方因赔偿数额争持不下,宋某等15名游客以旅行社违约为由,向旅游质量监督管理部门投诉,要求旅行社退赔一半团费。旅游质监部门裁决该旅行社赔偿每位游客直接经济损失260元,共计3 900元。

维权依据:

这是一起旅游服务质量不符合约定标准引发的旅游纠纷案例。旅行社辩称的免责事由不能成立,其赔偿损失的计算方法也不符合规定。这是因为,双方当事人在平等、自愿的基础上签订的"旅游协议"是有效协议,当事人都要自觉遵守。为旅游者安排交通和住宿是旅行社应履行的义务,因此,旅行社在组团和签旅游协议时,应该考虑旅游地的接待能力。旅行社在没有履约能力的情况下,盲目招徕组团,因自身的过失造成协议不能完全履行,未按约定的档次标准安排交通和住宿,存在主观过错,已构成违约行为,应承担相应的赔偿责任。那么,赔偿的数额如何确定呢?本案中,游客要求旅行社赔偿旅游费用的一半,缺乏

法律的依据,旅行社只退赔差额也不符合有关规定。根据《旅行社质量保证金赔偿试行标准》第6条规定:"旅行社安排的旅游活动及服务档次与协议合同不符,造成旅游者经济损失,应退还旅游者合同金额与实际花费的差额,并赔偿同额违约金。"所以,裁定旅行社应赔偿游客每人差额130元,支付同额违约金每人130元,共计3 900元。

维权指南:

可以说,该旅游纠纷的处理是比较到位的,赔偿数额也很合理。一方面,旅行社降低交通、住宿等服务标准的,应当将差额退还旅游者,这是一个质价相符的原则。另一方面,旅行社降低服务标准,除法定情形外,构成违约行为,应当承担违约责任。这两个方面不是相互代替的,而是并行的责任承担方式,旅游者在维护自己合法权益的时候要注意到这两者之间的不同。

案例4-4-4 缩减游览项目,赔偿数额如何计算?

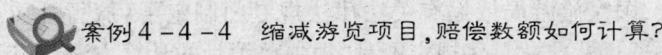

景点:遗漏游览景点,赔偿数额如何计算?

周某等18名旅游者报名参加某旅行社组织的北京—南京—苏州—上海旅游团,双方签订了旅游合同。在旅游过程中,因组团社与地接社之间发生团款纠纷,耽误了旅游行程,造成上海外滩等景点的游览项目被迫取消。旅游结束后,游客向旅行社要求赔偿,组团旅行社辩称旅游景点的遗漏,完全是地接社的原因造成的,组团社并没有过错,不应该承担责任,旅游者应向有过错的地接社提出赔偿要求。周某等旅游者将某旅行社告上法庭,要求组团旅行社承担违约责任,要求赔偿全部旅游费。法院判决旅行社退赔景点门票、导游服务费,并赔偿同额违约金。

维权依据:

这是一起由于遗漏旅游景点引发的旅游纠纷案例。根据法律规定,组团社首先应承担违约责任。某旅行社与周某等18名旅游者签订

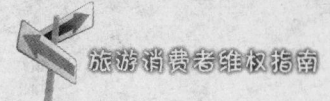

的旅游合同合法有效,旅行社应严格按照合同约定履行自己的义务,为旅游者提供符合合同约定标准的旅游服务。我国《合同法》第121条规定:"当事人一方因第三人的原因造成违约的,应当向对方承担违约责任。当事人一方和第三人之间的纠纷,依照法律规定按照约定解决。"合同关系是一种相对的法律关系,仅在当事人双方之间发生法律效力。对于旅游者来说,组团社因地接社的行为不能完全履行合同时,合同的当事人组团社应对地接社的履约行为负责,向旅游者承担违约责任,然后再就其因此受到的损失向地接社追偿。此外,《旅行社质量保证金赔偿试行标准》第2条规定:"因旅行社的故意或过失未达到合同约定的服务质量标准,造成旅游者经济损失的,旅行社应承担赔偿责任。"本案中,组团社未能履行旅游合同约定的旅游项目,单方违反合同约定,对于遗漏景点存在过失,其辩称的理由不能成立,旅游者要求组团社承担违约责任是合法合理的。

那么,旅游费用的赔偿数额应如何计算呢?由于旅游损失赔偿的问题比较复杂,国家旅游局依据有关法律法规专门制定了《旅行社质量保证金赔偿试行标准》,具体规定了对"损失赔偿额的计算方法",其中第8条第1项规定:"导游擅自改变活动日程,减少或变更参观项目,旅行社应退赔景点门票、导游服务费并赔偿同额违约金。"本案中,旅行社只退赔遗漏景点门票款显然是大大低于规定的数额,但旅游者所提出的赔偿全部旅游费的请求也缺乏事实和法律依据,应该按法定要求进行核算,以使旅游者的损失得到合理合法的赔偿。

维权指南:

本案与上述案例有相似之处,但赔偿数额的具体计算方法又有所区别,即除退赔遗漏景点的票款外,还要退赔导游服务费,并支付同额违约金。那么,这里的同额赔偿金中的"同额"是什么意思呢?需要注意,这里的同额并非仅指景点票款,而是既包括门票,也包括导游费。因此,本案赔偿数额的具体计算方法为:景点门票每人32元,导游服务费每人60元,每人应退还费用为92元,并应赔偿同额违约金92元。

案例4-4-5 旅游服务质量不达标,可否以"加点"代赔偿?

焦点:旅行社免费"加点"可否代替经济赔偿?

2001年5月,樊某等22名游客参加某旅行社组织的旅游团赴山东泰山游玩。到达景点后,由于适逢"五一",各地蜂拥而至的游客远远超过了当地旅游接待能力,该团无论吃、住、游等安排都不尽如人意。旅行社为表示歉意和对该团的一种补偿,经全体团员书面同意,免费增加游览曲阜景点。游览结束后,樊某提出,以该旅行社提供的旅游服务质量"质价不符"为由,向旅游质量监督管理部门投诉,要求旅行社承担违约责任,退赔半数旅游费用。旅游质监部门裁决对樊某经济赔偿要求不予支持。

维权依据:

这是一起旅行社违约行为引发的赔偿纠纷案例。在旅游过程中,经常发生质量纠纷问题。根据国家旅游局发布的《旅行社质量保证金赔偿试行标准》第10条、第11条、第12条、第13条的规定,旅行社安排的餐厅,因餐厅原因发生质价不符的,旅行社应赔偿旅游者所付餐费的20%;旅行社安排的饭店,因饭店原因低于合同约定的等级档次,旅行社应退还旅游者所付房费与实际费用的差额,并赔偿差额20%的违约金;旅行社安排的交通工具,因交通部门原因低于合同约定的等级档次,旅行社退还旅游者所付交通费与实际费用的差额,并赔偿差额20%的违约金;旅行社安排的观光景点,因景点原因不能游览,旅行社应退还景点门票、导游费并赔偿退还费用20%的违约金。因此,如果旅行社安排的宾馆、饭店、交通工具、观光景点的原因损害游客的合法权益,旅行社就应当负责赔偿游客受到的经济损失。

根据《旅行社质量保证金赔偿试行标准》第16条的规定,旅行社在旅游质量问题发生后,已采取了善后处理措施的,可以减轻或免除其赔偿责任。本案中,因旅行社安排的宾馆、饭店、交通工具、观光景点的原因损害游客的合法权益,旅行社应负赔偿责任,其赔偿费用数额应相当于相关旅游费用的20%左右。由于旅行社及时采取了补救措施,主动"免费加点"并明确表示是为了补偿游客的损失,且经全体同意签名,根据我国《合同法》关于合同变更的相关规定,旅行社"免费加点"的行为,相当于旅行社和游客签订了一个新合同。游客全体同意并签字的行为,等于游客同意了新合同的约定,而自动放弃了对旅行社原合同违约行为的追偿。所以,樊某与旅行社因补偿损失又签订的同意免费增加景点的书面协议是有效的,对双方当事人均有法律约束力,并受法律保护。因此,本案中旅行社"免费加点"可视为有效赔偿,不再另行赔付。樊某已经签字并且实际游览了旅行社免费增加的景点,等于新的协议已经履行完毕,旅行社的违约责任已经免除,所以旅游质监部门对其经济赔偿的要求不予支持的行政裁决是正确的。

  维权指南:

违约责任的具体承担方式,可以是支付违约金,也可以采取其他适合的方式,关键在于旅游合同双方当事人是否达成了一致,形成了合意。在旅游实践中,旅行社以"免费加点"的形式,对由于"质价不符"造成的"质量缩水"现象作为赔偿的方法并不少见。只要是经旅游者同意,行程允许,且所加景点费用不少于赔偿金额,可以视为有效的赔偿,旅行社不需再另行对客人进行赔偿。

 案例4-4-6 旅行社"漏点",游客可以要求"故地重游"吗?

焦点:要求旅行社承担何种违约责任更可行?

2008年5月7日,肖某参加某旅行社组织的长白山5日游,双方签订了旅游合同,约定旅游景点包括长白山天池、吊水楼瀑布、镜泊湖三个旅游景点,团费人均1 800元,温泉、漂流等自费项目可以自愿参加。因为游客超量,交通堵塞,旅游团抵达长白山时,未能观看到天池,旅游团在完成其他行程后提前半天返回。事后,肖某向当地旅游质检所投诉旅行社违反旅游合同,声称因为没有看到天池,长白山之行未达目的,要求旅行社重新安排自己游玩漏游的景点。双方在旅游质检所主持下进行调解未果,肖某遂上诉到法院,请求法院判令旅行社完全履行合同义务,安排补玩合同约定的而又没有玩的景点并承担再次出游的相关费用。法院判决驳回肖某的诉讼请求。

维权依据:

这是一起因旅游合同未完全履行引发的纠纷案例。本案中,旅行社和游客之间签订的旅游合同是合法有效的,而旅行社单方违反合同约定,依法应当承担违约责任。违反合同约定应承担的违约责任,我国《合同法》第107条规定:"当事人一方不履行合同义务或者履行合同义务不符合约定的,应当承担继续履行、采取补救措施或者赔偿损失等违约责任。"由于我国《合同法》规定的违约责任是严格责任,即不论违约的合同当事人主观上有无过错,只要不是依照合同约定或者法律规定可以免责的事由,违反合同就必须承担责任。在履行中,旅行社单方改变行程,致使游客没有观看到旅游合同中规定天池景点,已构成违约,对此负有过错责任。而问题的关键在于,旅行社应当以何种形式对游客进行赔偿更为合法而可行。

我国《合同法》规定的违约责任包括继续履行、采取补救措施、赔偿损失、支付违约金等。本案中,肖某主张的"故地重游"是要求旅行社承担继续履行的违约责任,其理由是合理的,但旅行社与游客签订的合同不同于普通合同,旅行社要履行合同规定的义务有赖于交通、餐饮、景区等第三方的配合,有时甚至会受到不可抗力的影响。如果不顾实际情况,坚持要求旅行社继续履行遗漏的景点,则是不合理的,有违公平性和合理性原则。我国《合同法》第110条规定:"当事人一方不履行非金钱债务或者履行非金钱债务不符合约定的,对方可以要求履行,但有下列情形之一的除外:(一)法律上或者事实上不能履行;(二)债务的标的不适于强制履行或者履行费用过高;(三)债权人在合理期限内未要求履行。"本案中,由于旅行社已经履行了旅游合同的大部分内容,仅有一个景点未按合同履行,因此,依据《旅行社质量保证金赔偿试行标准》规定的赔偿标准对其进行赔偿更为适宜。如果让旅行社继续履行合同,必须付出很高的代价,这违背了立法的公平性和合理性原则。

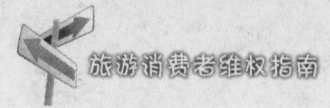

维权指南：

   旅游者权益能否得到有效维护，很大程度上取决于其提出的赔偿请求和主张是否合法合理。对旅游者提出的投诉，旅游管理部门主要依据国家旅游局发布的《旅行社质量保证金赔偿暂行标准》，认定旅行社的赔偿责任和金额，故游客在确定投诉请求或者赔偿金额时，要以双方合同约定的违约责任和管理部门的有关规定为主要依据。上述案例中，虽然法院在审理中依法判决驳回游客要求旅行社故地重游的诉讼请求，但游客受到的经济损失，依然可以通过法律途径另案获得赔偿，只不过是旅行社承担的违约责任的形式不同罢了，旅行社的违约赔偿责任并不能得以免除，旅游者的合法权利也不会得不到维护。

本节小结：

   对于发生服务质量事故的，双方当事人均应抱有解决问题的诚意和心态，并依法妥善处理服务质量事故。旅行社方面更应积极、主动与对方沟通和协商，圆满解决因服务质量引起的赔偿问题。对赔偿的数额，双方无约定也无明确法律规定的，可按国家旅游局的行业标准详尽地计算出合理差价。更为稳妥的办法，则是旅行社与旅游者之间必须签订规范、合法、有效的合同，旅游合同条款应清楚明确各自承担的责任和义务，特别是关于违约赔偿等的具体规定要尽可能地明确，这样有利于双方当事人依据法律法规来维护自身的合法权益。同时，旅行社方面应按国家行业标准，提高服务质量，对一些旅游热点城市或景区（点）的接待能力和设施、设备要进行充分了解和摸底，在旅游高峰期尽量避开这些热点线路；对可能发生服务质量事故的，应有预见能力和应变措施；尤其是旅行社在广告宣传上不可夸大其词，更不允许旅行社作虚假广告和超范围经营的广告，这才能杜绝服务质量事故的发生。

第五节　出境旅游出现问题如何解决？

   《中国公民出国旅游管理办法》第10条：组团社应当为旅游团队

安排专职领队。领队应当经省、自治区、直辖市旅游行政部门考核合格,取得领队证。领队在带团时,应当佩戴领队证,并遵守本办法及国务院旅游行政部门的有关规定。

中国公民出境旅游,是改革开放以来逐步发展起来的新的消费领域和社会文化现象。《中华人民共和国公民出境入境管理法》、《中华人民共和国外国人入境出境管理法》、《中华人民共和国出境入境边防检查条例》、《中国公民出国旅游管理办法》等一系列法律法规,规范和完善了出入境旅游管理。理解和掌握我国旅游出入境管理的有关法律法规和我国公民出境旅游的有关政策、制度,理解和掌握中国公民申请办理出入境手续的必要规定,以及外国人来华旅游、居留应办理的相关手续,同时了解边防检查的基本知识,可以更好地保障中外游客的合法权益,促进旅游事业的发展。

一、出境旅游资质

随着人民生活水平的提高,从20世纪80年代初开始,新加坡、马来西亚、泰国、菲律宾、澳大利亚、柬埔寨、新西兰、韩国、日本、越南、埃及、土耳其、德国等先后被批准为中国出国旅游目的地。经过20多年的发展,我国入境游、出境游已经形成相当规模,港澳游、边境游、台湾游也呈现良好前景。作为出境旅游者,对于出境旅游组团社的资质问题,领队人员的资质问题,处境旅游合同的期限问题,以及外汇兑换问题等方面,由于同国内游有着显著的区别,应当给予足够的重视。

案例4-5-1　国内旅行社可以经营出境旅游业务吗?

焦点:国内社假冒国际社是否构成欺诈行为?

2007年11月,祝某等12名游客与某旅行社经协商后达成赴泰国旅游的协议,协议约定该旅行社为祝某等人代办护照签证、机票,以及境外交通、住宿、餐饮等事项,团费人均62 000元。由于该旅行社是一家国内旅行社,无法以自己的名义为游客代办出境旅行护照手续,致使出境旅游无法成行。祝某等人将该旅行社诉至法院,要求该旅行社双倍赔偿经济损失。法院判决该旅行社双倍赔偿祝某等游客人均经济损失124 000元,并支付利息456.72元。

维权依据：

这是一起旅行社欺诈游客引发的旅游纠纷案例。根据《消费者权益保护法》,消费者依法享有知悉其购买、使用的商品或者接受的服务的真实情况的权利。经营者应当向消费者提供有关商品或者服务的真实信息,不得作引人误解的虚假宣传。经营者提供商品或者服务有欺诈行为的,消费者可获得双倍赔偿。那么,该规定是否适用于旅游服务呢?

《旅行社管理条例》第5条规定:"旅行社按照经营业务范围,分为国际旅行社和国内旅行社。本条例另有特别规定的,依照其规定。国际旅行社的经营范围包括入境旅游业务、出境旅游业务、国内旅游业务。国内旅行社的经营范围仅限于国内旅游业务。"《中国公民出国旅游管理办法》第4条第三款规定:"未经国务院旅游行政部门批准取得出国旅游业务经营资格的,任何单位和个人不得擅自经营或者以商务、考察、培训等方式变相经营出国旅游业务。"本案中,该旅行社的资质系国内旅行社,根据规定国内社根本不具有经营出国旅游业务的资格,不得经营出境旅游业务。因此,该旅行社在向旅游者提供旅游服务项目时,应当遵循诚实信用的原则,向旅游者告知其所提供的服务的真实信息,不应有虚假宣传。但是,该旅行社明知其不具有出境旅游这一经营范围,却声称可以办理出境旅游护照签证,其行为具有欺诈性,未能按旅游合同约定的内容提供相应的旅游服务,严重损害游客的合法权益,应承担相应的民事责任。

维权指南：

根据我国《合同法》第113条规定:"当事人一方不履行合同义务或者履行合同义务不符合约定,给对方造成损失的,损失赔偿额应当相当于因违约所造成的损失,包括合同履行后可以获得的利益,但不得超过违反合同一方订立合同时预见到或者应当预见到的因违反合同可能旅游法津维权案例评析  上篇

造成的损失。经营者对消费者提供商品或者服务有欺诈行为的,依照《中华人民共和国消费者权益保护法》的规定承担损害赔偿责任。"根据我国《消费者权益保护法》第49条规定:"经营者提供商品或者服务有欺诈行为的,应当按照消费者的要求增加赔偿其受到的损失,增加赔偿的金额为消费者购买商品的价款或者接受服务的费用的一倍。"上述案例中,该旅行社属于国内旅行社,根本不具备开展出境旅游业务的资格,却故意隐瞒事实,欺骗游客,因此,应当认定为是一种欺诈旅游消费者的行为。据此,法院一审判决该旅行社退还祝某等人办理护照签证的预付款62 000元,支付利息456.72元,并赔偿损失62 000元。

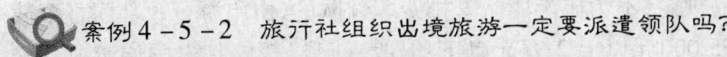 案例4-5-2 旅行社组织出境旅游一定要派遣领队吗?

焦点:旅行社未派遣领队是否构成违约?

2005年6月,朱某等人参加某旅行社组织的新马泰10日游旅游团。由于该旅游团没有领队,团费比同类旅游团价格降低10%。但是,由于没有领队,该出国旅游团在整个旅途中遇到许多困难,影响了游览活动的行程。旅游过程中,境外接待社也没有按照合同约定为该旅游团提供相应的服务。旅行结束后,朱某等游客以旅行社未提供领队、损害其合法权益为由,要求旅行社赔偿其损失。旅行社认为旅游合同中已经约定不提供领队,而且降低了团费,不构成违约,拒绝进行赔偿。朱某等人向旅游质监部门投诉,要求该旅行社承担违约责任,赔偿损失。旅游质监部门裁决该旅行社赔偿朱某经济损失2 200元,退赔领队服务费,并处1万元罚款。

维权依据:

这是一起出境旅游组团社未派遣领队引发的旅游纠纷案例。根据《旅行社管理条例实施细则》第5条规定:"组织中国境内居民到外国和港澳地区旅游,为其安排领队及委托接待服务。"《中国公民出国旅游管理办法》第10条规定:"组团社应当为旅游团队安排专职领队。"因此,为出境旅游团提供领队服务是国内组团旅行社的法定义务。那

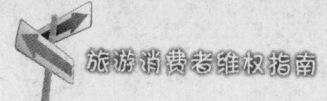

么,究竟什么是领队?领队应当为出境旅游团提供什么服务呢?领队是指由旅行社派出,为出境旅游者提供协助、服务,同境外旅行社接洽,督促其履行接待计划,调解纠纷,协助出境旅游者和境外接待社处理意外事件的人员。作为法定义务,无疑是任何出境旅游合同的必备条款,旅行社必须严格履行。本案中,旅行社违反了出境旅游合同必备条款,未派遣领队随团服务,就是一种违约行为。正是由于某旅行社违规运作,致使朱某等游客在吃、住、行、游等方面遭遇重重困难,没有享受到应有的服务待遇。因此,旅行社除要赔偿旅游者直接经济损失外,还要退赔领队服务费。此外,旅行社违反旅游法律法规,还应受行政处罚。根据《中国公民出国旅游管理办法》第27条规定:"组团社违反本办法第十条的规定,不为旅游团队安排专职领队的,由旅游行政部门责令改正,并处5 000元以上2万元以下的罚款,可以暂停其出国旅游业务经营资格;多次不安排专职领队的,并取消其出国旅游业务经营资格。"据此,旅游质监部门对该旅行社作出上述裁决是适当的。

维权指南:

随着人们生活水平的提高,出境旅游已成为一种时尚。旅游者出游选择旅行社,除考虑其价格、标准、行程等因素外,同时应特别注意旅行社的资信状况和履约能力,以使自身的利益得到保障。不少游客在享受旅游乐趣的同时,也遇到了许多新的问题,需要依法维护自己的合法权益。如果旅行社在组织出境旅游过程中,违反了有关旅游法规、规章,未履行法定义务,应承担相应法律责任。

案例4-5-3 口头订立的出境旅游协议是否具有法律效力?

焦点:游客签订协议后死亡,旅游合同效力如何认定?

2006年6月,赵某参加某旅行社组织的新马泰出境游,但没有签订书面旅游协议,口头约定该旅行社为其代办旅游签证,旅行社工作人员为赵某出具了交纳8 000元团费的收据。但是,旅行社还没来得及为其办理出境旅游手续,赵某就因心脏病突发身亡。事后,赵某家属多次

要求该旅行社退款或者安排旅游,该旅行社均以双方不存在旅游合同关系为由予以拒绝。双方争执不下,赵某家属将该旅行社起诉至法院,请求判令旅行社退还费用并赔偿经济损失。法院最终判决该旅行社退赔赵某家属团费8 000元,驳回其他诉讼请求。

维权依据:

这是一起因口头旅游协议引发的旅游纠纷案例。根据我国《合同法》第10条规定:"当事人订立合同,有书面形式、口头形式和其他形式。"所以,合同的订立可以采取不同的形式,既可以是书面形式订立的,也可以是口头形式订立的,均具有同等法律效力。此外,旅行社工作人员还为赵某出具了一张交纳8 000元团费的收据,足可以证明赵某与该旅行社口头约定的旅游协议合法有效,旅行社就应当依照约定为游客提供出国旅游服务。旅行社既不退款,又不安排游客家属代为履行,不履行合同约定义务,应当承担违约责任。

维权指南:

《合同法》第107条规定:"当事人一方不履行合同义务或者履行合同义务不符合约定的,应当承担继续履行、采取补救措施或者赔偿损失等违约责任。"上述案例中,由于游客赵某已经死亡,本人已经无法按照原来约定继续履行合同,所以旅行社应当退赔游客预付款项。根据民事诉讼法"谁主张谁举证"的举证原则,旅行社虽提出双方不存在旅游合同关系,没有举证证实,而赵某家属出具的交纳团费的收据,具有证据效力,可以证明双方旅游合同法律关系的存在。旅行社在收到费用后,既没有安排旅游也未退费,同时没有提交证据证明作出解除合同的表示,因此双方口头约定的旅游协议仍具备法律效力。

案例4-5-4 出境旅游组团社可以用游客名义兑换外汇吗?

焦点:旅行社是否有权擅自以游客名义兑换外汇?

2003年10月,马某等人报名参加某国际旅行社组织的新马泰旅游团。在旅游过程中,马某等人发现旅行社在没有告知游客的情况下,擅自以他们的名义兑换了外汇。回国后,马某等人要求该旅行社退还以他们名义兑换的外汇。经多次交涉,该旅行社均拒绝退还。马某等游客向旅游质监部门投诉,要求旅行社按国家牌价退还以马某等游客名义兑换的外汇,马某等人的投诉请求获得支持。

维权依据:

这是一起旅行社侵犯游客权益引发的旅游纠纷案例。该国际旅行社的经营行为已构成对旅游者合法权益的侵害,应当承担相应的法律责任。对旅游者维护自身合法权益的正当要求,应当予以支持。根据国家外汇管理局《关于旅行社外汇收支管理有关问题的通知》的规定:"旅行社组织境内居民自费出境旅游,出境旅游的兑换外汇手续只能在旅行社所在地国家外汇管理局授权的银行办理。旅行社在为出境游游客办理个人购汇手续时,应根据出境旅游团费实需的原则,将用于支付境外的团费部分,购买外汇直接汇出境外或者划入经外汇局批准的旅行社出境游外汇专用账户中;其余部分作为个人零用费代游客购买外币现钞。"所以,旅行社负有为旅游者提供办理兑换外汇服务的义务,但无权擅自以游客名义兑换外汇。本案中,该国际旅行社不仅拒绝履行国家规定的服务义务,还以旅游者的名义冒名兑换外汇,严重损害了旅游者的合法权益,必须依法承担民事责任,返还应给旅游者兑换的外汇或赔偿相应的损失。

维权指南:

根据《消费者权益保护法》第 8 条的规定:"消费者享有知悉其购买、使用的商品或者接受的服务的真实情况的权利。"旅游者享有知悉真情权,有权根据旅游商品或者服务的不同情况,要求旅行社提供服务的内容、规格、费用等有关情况。旅行社应当向旅游者提供有关旅游商品或者服务的真实信息,对旅游者就其提供的旅游商品或者服务的内容、规格、费用等问题提出的询问,作出真实、明确的答复。旅行社为旅游者办理兑换外汇业务,应事先告知游客,并按换汇管理规定执行。上述案例中,旅行社的业务人员在旅游者报名参团时,不仅没有事先告知

旅游者依法享有的兑换外汇的权利,还隐瞒真实规定,欺骗旅游者,已构成对旅游者知悉权的侵害。

根据国家外汇管理局《关于旅行社外汇收支管理有关问题的通知》的规定:"旅行社应严格按照兑换当日的外汇牌价收取人民币。旅行社代出境游游客购汇收取手续费按有关规定执行。"旅行社在为出境游的每位游客办理兑换外汇时,要将旅行社应付境外的各种开支,包括交通、食宿、景点门票和导游接待等费用按美元核算后,存入旅行社专用账户,用于支付境外旅行时的开支,余下的外汇额度方可代游客购买外币现钞作为个人零用。

二、境外旅游服务纠纷

中国旅游者出入境的合法权益受中国法律的保护,同时也受前往国法律的保护。当今世界上许多国家为发展旅游业,对旅游者在旅游活动中最关心的安全、服务质量、发生意外事故等问题通过立法建立相应法律制度予以保障,签订双边或多边协定规定外国旅游者应受到和本国公民同等的法律保护,并给予若干优惠,中国旅游者理应得到相关外国法律的保护。因此,中国旅游者如果在境外遇到地接社擅自增加旅游项目,或者人身、财产遭受非法侵害,同样可以通过法律手段获得救助。

 案例 4-5-5 境外地接旅行社擅自"加点"怎么办?

焦点:境外地接旅行社违约可否要求国内组团社承担责任?

2003年"十一"期间,孙某等15名游客参加了某国际旅行社组织的"泰国曼谷7日游"旅游团,每人交纳了3 980元团费。在泰国的第三天行程中,境外地接社导游突然宣布后三天的行程将增加自费旅游景点,每人增加自费项目1 500元。孙某认为组团旅行社在出团行程中已经安排了后三天的参观活动,拒绝增加自费项目捆绑销售。由于不参加自费景点就要在景点等待半天,孙某被迫参加增加的行程。旅游团回国后,孙某向"消协"进行投诉,要求组团社承担违约责任。经"消

协"调解,组团社退赔孙某经济损失820元。

 维权依据:

这是一例境外地接社擅自增加旅游项目导致的旅游合同纠纷。《中国公民出国旅游管理办法》第24条规定:"因组团社或者其委托的境外接待社违约,使旅游者合法权益受到损害的,组团社应当依法对旅游者承担赔偿责任。"本例中,虽然是国外地接旅行社导游擅自增加旅游项目,违反了旅游合同的约定,给旅游者造成了额外的经济负担,但依照该规定,由于地接旅行社是接受组团旅行社的委托,代为完成旅游服务的,其违约行为造成的旅游者的经济损失,应当由其委托人组团社承担。因此,旅游者可以依照法律规定,向其签约的组团国际旅行社进行索赔。根据相关法律规定,国内组团社应当承担赔偿责任。

 维权指南:

根据我国《合同法》第65条的规定:"当事人约定由第三人向债权人履行债务的,第三人不履行债务或者履行债务不符合约定,债务人应当向债权人承担违约责任。"旅游者与组团社签订旅游合同,在境外旅游的行程由地接旅行社提供接待服务,那么,如果地接旅行社的接待不符合双方事前的约定,组团旅行社就应当向旅游者负责,先行承担违约责任,其自身的经济损失,可以根据委托合同的约定,向地接社另行追偿。

案例4-5-6 证件、物品遗失责任如何处理?

焦点:出境旅游者护照丢失由谁负责?

2007年元月底,赵某参加某国际旅行社组织的泰港澳旅游团。登机前,导游核对人数后,将护照发给各位团员。在境外旅游过程中,赵某发现其装有护照和现金的手提包在游览过程中丢失,就立刻向当地警方报案并向导游做了汇报。随团导游将情况向地陪导游做了通报,随团导游带其他团员继续旅游,赵某被留下办理回国证件,提前结束行

程返回国内。赵某回国后,向旅游行政部门投诉,要求该国际旅行社支付违约赔偿金,并赔偿护照丢失造成的经济损失,旅游行政部门裁决该国际旅行社退赔团费6 573元,其他请求不予支持。

维权依据:

本案是由出境旅游护照丢失引发的旅游纠纷案例。钱包和护照为贵重物品,游客应随身携带,由于自己不小心丢失,随身携带物品丢失责任主要在游客,赵某应负主要责任。因此,旅行社对于赵某手提包的丢失造成的损失不负赔偿责任。依据《旅行社质量保证金赔偿试行标准》第2条规定:"因旅行社的故意和过失未达到合同约定的服务质量标准,造成旅游者经济损失的,旅行社应承担赔偿责任。"本案中,由于赵某提前返程,该国际旅行社应当退还其尚未消费的团费。根据上述事实,旅游质监部门依法裁决该旅行社向赵某退还各种费用6 573元。

维权指南:

护照是境外旅游的重要证件,参加出境旅游团的游客,应当十分慎重保管个人证件及随身携带物品,一旦发生丢失或者被盗事件,不但会引发纠纷,而且会影响行程,甚至无法正常返回。实践中,很多组团社领队为了保险起见,往往代游客保管旅游护照、机船票据等证件,这样做虽然可以防止丢盗事件,但也会给旅行社增加风险。领队对于此类事件,应当时时提醒游客。

案例4-5-7 出境旅游需要向导游付小费吗?

焦点:付出的小费还能讨回吗?

2002年5月,邱某参加某国际旅行社组织的泰港澳旅7日游。刚到国外,导游逐一向旅游团成员收取小费,说这是参加境外旅游的惯例,不付小费者将不能享受地陪导游服务。回国后,邱某向旅游质量监督管理部门投诉,要求旅行社退回小费。旅游质监部门裁决,对旅行社

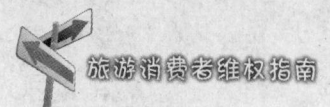

给予警告处分并双倍赔偿游客被索要小费,对索要小费的导游处以1 000元的罚款。

维权依据:

这是一起导游人员乱收费用引发的旅游纠纷案例。游客参加旅行社组织的旅游活动,除依照旅游合同交纳旅游费用外,不再承担其他名目的收费项目,自愿参加的自费项目除外。根据我国《导游人员管理条例》第15条规定:"导游人员进行导游活动,不得向游客兜售物品或者购买旅游者的物品,不得以明示或暗示的方式向游客索要小费。"所以,参加出境旅游,付小费只是一个个人自愿的行为,而并非必需的旅游收费项目,游客对于是否给小费有自主权,可以自愿给付,也可以不给付。本案中,组团社导游强行向游客收取小费违反法律规定,应负相应责任。《导游人员管理条例》第23条规定,导游人员进行导游活动,向旅游者兜售物品或者购买旅游者的物品的,或者以明示或者暗示的方式向旅游者索要小费的,由旅游行政部门责令改正,并可处以罚款,对委派该导游人员的旅行社给予警告甚至责令停业整顿。根据《旅行社质量保证金赔偿试行标准》第8条的规定,导游索要小费,旅行社应赔偿被索要小费的2倍。据此,旅游质量监督管理部门依法裁决该旅行社赔偿游客被索要小费的2倍并给予警告处分,对索要小费的导游处以1 000元的罚款。

维权指南:

按照国际惯例,出境游客一般会给境外导游小费,这样也符合入乡随俗的文化传统,还可以提高地陪导游人员服务的热情,但是,是否支付小费是游客个人的自由,旅行社不应强制性限制。此案件也表明,旅行社必须加强对导游人员的培训,提升导游人员素质,提高旅游服务质量。这样,既可以使旅行社在激烈的旅游市场竞争中提高信誉,又有利于维护旅游者的合法权益,可谓是双方受益的举措。

旅游法律维权案例评析 上篇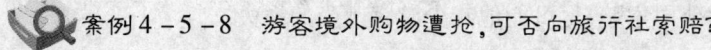

案例4-5-8 游客境外购物遭抢,可否向旅行社索赔?

焦点:旅行社对游客在自行活动期间被抢的意外事件是否负有责任?

2005年7月,张某随团参加某国际旅行社组织的新马泰7日游。在马来西亚游览过程中,因正值旅游团入住高峰,当地导游员和领队让大家先在宾馆休息,然后商量第二天的行程问题。张某向导游员提出要到附近的大型超市买东西,导游员当即表示不同意,领队也提醒张某独自外出购物很不安全,不要擅自外出。张某认为导游和领队太言过其实,就独自一人去购物,刚从商场出来,就被一个骑摩托车的人从背后将其手提包抢走,包内的护照、钱款等贵重东西全部被抢,不得不在当地旅行社的帮助下先行回国。回国以后,张某认为旅行社对自己被抢事件负有责任的,要求赔偿其经济损失和精神损失。最后,双方达成和解,旅行社协助办理索赔事宜,并返还张某未发生的旅游费用。

维权依据:

这是一起游客境外遭抢引发的旅游纠纷案例。根据《导游人员管理条例》第14条的规定:"导游人员在引导旅游者旅行、游览过程中,应当就可能发生危及旅游者人身、财物安全的情况,向旅游者作出真实说明和明确警示,并按照旅行社的要求采取防止危害发生的措施。"因此,导游具有提醒游客的义务。本案中,张某没有服从导游员和领队的安排,擅自外出购物而遭抢劫。对此,导游和领队尽到了告知义务。张某不顾导游和领队的反对和劝阻,执意外出购物,在导游和领队不知情的情况下擅自行动,在购物过程中被抢事件是由于本人的过错而造成的,责任完全在其本人。导游和领队已经尽到了告知义务,旅行社是可以不负赔偿责任的。张某因为包内的护照、钱款等贵重东西全部被抢,无法继续完成计划的行程,被迫提前回国,对此,旅行社也不存在违约行为。但是,旅行社应协助理赔,并退还张某未发生的旅游费用。这是因为,张某由于客观原因提前结束行程,其尚未享受的其他服务费用旅

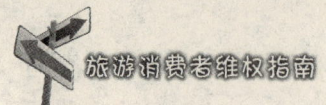

行社应当退还,同时,旅行社应根据旅游意外险有关规定,及时协助张某向保险公司索赔,尽可能地减少游客遭受的损失。

维权指南:

常言道:"在家千日好,出门一日难。"更何况是到人生地不熟的国外旅游,更应当把安全放在第一位。要预防这种突发事件的发生,一方面旅游者要听从导游人员的指挥和安排,增强自我防范意识;另一方面导游员要把安全工作放在首位,不断提醒游客注意安全。这样,双方协作类似事故才能降低到最低限度。

本节小结:

境外游、边境游因为涉及旅游护照、签证等出国手续的办理,以及中外文化传统的差异,更容易因为证件错误、丢失,以及财产遗失、被盗等事件引发旅游纠纷,对此,旅游者既要提高警惕,又要提前了解境外的地理、人文环境,学习出入境管理的相关法律法规,同时还要与旅游团领队密切配合,以更大程度地降低境外旅游风险。

第五章 旅游购物

购物是旅游的六大要素之一，大多数游客都会在旅游目的地购买一些纪念品送给亲朋好友，其中包括很多"具有艺术或者收藏价值"、"原产地"等的贵重物品。由于旅游者通常缺乏鉴别该类物品的专业知识，有关此类"贵重商品"的投诉时有发生，很多游客都是在旅游回来之后，找到专业部门鉴定才发现上当。此外，投诉案例中也有不少是外出旅游购物引发的纠纷，包括较为热门的出境游线路中的强制购物。因此，旅游者在购物时，特别是对定价很高的珠宝玉器类贵重物品，购买时一定要慎重，不但要货比三家，多比价格、品质、信誉等，还要做到购买高档商品要有备而去，提防水货，认真核查单据，检查商品，购物后索要发票，发票内容要包含对所购物品品质的详细表述，并妥善保存，以便日后一旦发生纠纷，可作为凭证，通过法律手段维护自身合法权益。

第一节 随团景点购物出现问题如何解决？

《消费者权益保护法》第44条规定：经营者提供商品或者服务，造成消费者财产损害的，应当按照消费者的要求，以修理、重作、更换、退货、补足商品数量、退还货款和服务费用或者赔偿损失等方式承担民事责任。消费者与经营者另有约定的，按照约定履行。

游客外出旅游时经常会去购物，如果购物点是旅行社推荐的，发生

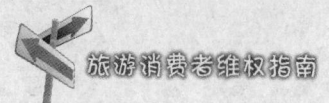

质量或者价格问题,可以直接要求旅行社退货处理。这里需要注意的问题是:第一,异地购物出现质量问题如何维权?第二,非旅游购物商店购物如何维权?第三,特殊商品的质量问题如何界定?第四,境外购物发生纠纷如何处理?

案例 5-1-1　随团异地购物出现质量问题,法律如何保障?

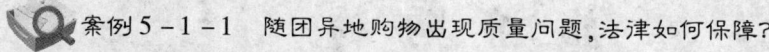

焦点:异地购物如何维权?

2002年4月,沙某随某旅行社去广东旅游,在旅游途中,随旅游团在当地某大型商场为其妻子购买了7 300元的白金首饰,当沙某询问首饰质量是否可靠时,该店老板表示白金首饰绝对是货真价实、物有所值。旅行团返回后,经专家鉴定才发现是假首饰,价值200元左右。沙某夫妇即向该商场当地工商局写了一封投诉信,要求该商场把7 300元货款全部退还,以维护自己的合法权益。经工商部门行政裁决,该商场退还沙某货款7 300元。

维权依据:

这是一起游客异地购物遭遇假货引发的旅游购物纠纷案例。实践中,随团外出旅游一般都有购物安排,既是旅游的一种乐趣,却又容易引发消费纠纷问题。为此,旅游者在外出旅游时对待购物需特别谨慎,一旦发生购物纠纷,可以依法维权。我国《消费者权益保护法》第19条规定:"经营者应向消费者提供商品和服务的真实信息,不得作引人误解的虚假宣传。经营者对消费者就其提供的商品或者服务的质量和使用方法等问题提出的询问,应当作出真实、明确的答复。"本案中,沙某询问首饰质量问题时,店老板故意隐瞒真实信息,把假首饰说成是货真价实的真品,属于故意误导,有欺诈之嫌。根据《消费者权益保护法》第44条规定:"经营者提供商品或者服务,造成消费者财产损害的,应当按照消费者的要求,以修理、重作、更换、退货、补足商品数量、退还货款和服务费用或者赔偿损失等方式承担民事责任。消费者与经营者另有约定的,按照约定履行。"由于商场销售假货,造成了沙某的

经济损失,所以沙某要求退还全部货款的请求是有法律依据的,商场应当全额退还。应该说,沙某向旅游商店索赔是有法律依据的。

维权指南:

一般来讲,在旅游途中出现服务质量问题,可与旅行社协商解决。协商不成,可在完成行程后到报名所在地的旅游质监部门和消费者协会投诉、工商行政管理局"12315"申诉或到人民法院起诉。但是,在实际生活中,旅游者在异地购物后向销售者索赔是一件比较困难的事,从保护旅游者权益角度出发,旅游者向旅行社索赔也是合情合理的,旅行社先行赔偿也有利于保护旅游者的合法权益。

案例5-1-2 旅行社导游带队购物遇假货,旅行社应当承担什么法律责任?

焦点:旅游购物质价不符,责任由谁承担?

2005年10月,王某等人参加某旅行社北京双飞5日游。北京某旅行社地陪李某带游客到北京某玉店购物,在导游的推荐下,王某花1 800元买了两个玉手镯。事后经鉴定,王某所购玉镯属于人工合成品。王某向旅游质监所书面投诉,要求组团旅行社赔偿购物损失,旅游行政部门行政裁决该旅行社退还王某全部购货款1 800元。

维权依据:

这是一起导游人员误导旅游者购买假货引发的旅游购物纠纷案例。北京地陪带领客人到玉店购物,是不是旅行社行程内安排的?这应当根据旅游合同来进行认定。由于双方当事人签订的旅游合同并没有约定具体购物内容、次数和地点,根据《合同法》第41条规定:"对格式条款的理解发生争议的,应当按照通常理解予以解释。对格式条款有两种以上解释的,应当作出不利于提供格式条款一方的解释。"本案中双方当事人在旅游合同中没有约定具体购物内容,所以应作有利于消费者的解释,推定旅行社行程内不能安排购物。如果购物为行程内

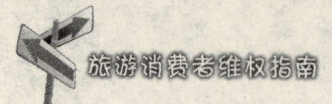

安排的,旅行社应当协助游客退还或索赔;如购物为旅行社在行程外擅自增加的,旅行社应赔偿旅游者的全部损失。推定本案导游是在行程外安排客人购物的,由于游客所购物品是假冒伪劣产品,所以旅行社应赔偿客人全部损失。

维权指南:

民事诉讼举证规则是"谁主张谁举证"。旅游者要想在购得假货时获得赔偿,就必须能够证明自己确实是在导游人员带领下去商店购买物品的,并提供国内旅游组团合同书、团款发票、购物发票或收据、鉴定书等证据材料。只有相关证据齐全,才有助于获得支持。

 案例5-1-3 游客购物遭欺骗,可以采取何种方式维护自己的合法权益?

焦点:游客购得假药,商店和旅行社谁赔偿?

2006年春节,钱某等人参加某旅行社组织的观光旅游活动。在参观完旅游景点后,游客们纷纷提出要当地导游员带他们去买中药材。当地导游员于是带领游客到一家非旅游定点药材店,钱某总共买了不同类型中药材价值5 000多元。后经专门权威机构检验,钱某购买的中草药均属假冒伪劣,不具有相应的药用价值。钱某要求旅行社进行赔偿,旅行社以游客自己提出购物要求,买到假货与旅行社无关为由,拒绝赔偿。钱某等人将旅行社告上法院,要求旅行社赔偿经济损失,法院判决该旅行社赔偿钱某经济损失3 820元。

维权依据:

这是一起游客在非旅游购物商店购物引发的旅游购物纠纷案件。根据法律规定,本案可以有两种救济途径,既可以向旅行社进行索赔,也可以向药材商店进行索赔。第一种救济途径是,钱某可以根据旅游合同与旅游法规,直接要求旅行社赔偿损失。《旅行社质量保证金赔偿试行标准》第8条规定,导游违反旅行社与旅游者的合同约定,损害了旅游者的合法权益,旅行社应对旅游者进行赔偿。导游擅自安排旅游者到非旅游部门指定商店购物,所购商品系假冒劣商品,旅行社应赔偿旅游者的全部损失。根据上述法律法规的规定,本案中尽管是游客提出要求购买中药材,但导游擅自带领游客到非旅游部门指定的定点商店购物,购到假冒伪劣商品,给游客造成了经济损失,游客可以要求旅行社赔偿,旅行社应当赔偿旅游者的全部经济损失。第二种救济途径是,钱某可以根据买卖合同和相关法律,要求商店双倍赔偿。按照我国《产品质量法》的有关规定,销售者销售的产品不符合产品说明的质量状况的,应当负责修理、更换、退货,有损失的应当赔偿损失。商家出售商品时应向消费者予以充分告知,使消费者对产品性能、质量、材质、用途有明确的认识,做到明白消费。本案中,该商店故意隐瞒产品真实信息,销售伪劣产品,在买卖行为中存在欺诈行为,根据《消费者权益保护法》第49条规定:"经营者提供商品或者服务有欺诈行为的,应当按照消费者的要求加倍赔偿其受到的损失,增加赔偿的金额为消费者购买商品的价款或者接受服务的费用的一倍。"据此,游客如果向该商店进行索赔,依法可以要求退货并双倍赔偿药材价款。该案中钱某采取的是第一种救济途径,其特点是索赔较为方便。

维权指南:

旅游者途中购物一定要慎重,千万不要到非旅游指定商店购物。若需购买,要请商店开具发票,并且妥善保管,一旦发生质量问题,就可向商店索赔,切实维护自己的合法权益。上述案例中,虽然钱某依法追回了经济损失,法院判决也符合法律规定,但如果钱某选择第二种救济途径,则能够获得双倍价款,可以更大限度地维护自己的合法权益。

案例5-1-4 旅游大巴司机中途甩客,旅行社是否承担弃团责任?

焦点:司机中途甩客是否构成弃团行为?

2004年7月,冯某等人与某旅行社签订了长白山5日游协议,每

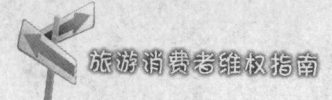

人的费用为1 400元。抵达吉林境内,导游李某和司机赵某把冯某等人拉到了某养鹿场,让游客购置鹿制品。冯某等人因为觉得鹿制品价格昂贵,不一会儿全都空着手出来了,没有购买任何物品,并催促司机赵某赶快开车。司机赵某系地接旅行社临时雇用的车辆,见冯某等人铁公鸡一毛不拔,十分不高兴,径自丢下导游李某和冯某等游客开车离去。导游李某无奈之下只好与旅行社取得联系,更换了旅游大巴车将游客送往景点。事后,冯某等人向当地工商局投诉举报中心投诉司机中途甩客已构成弃团行为,要求赔偿20 100元,经工商部门行政调解,某旅行社赔偿冯某等人因司机甩客造成的直接经济损失7 400元。

维权依据:

这是一起因旅游购物纠纷引发的旅游大巴司机甩客案例。所谓弃团,应当是旅行社的故意行为,有意而为之。本案中,虽然由于旅游途中司机甩客性质严重,给消费者带来了不快及精神损失,旅行社应当给予适当的经济补偿,但是,某组团旅行社与地接旅行社均没有弃团的主观故意,不构成弃团。因为某旅行社提供的旅游服务出现质量瑕疵,所以旅行社应赔偿给游客造成的损失。根据国家旅游局《旅行社质量保证金暂行规定实施细则》第18条规定,旅行社因故意或过失,未达到合同约定的服务质量标准而造成旅游者的经济权益损失,属于保证金赔偿的范围。《旅行社质量保证金赔偿试行标准》第15条规定:"在旅游过程中发生质量问题,组团社应先行赔偿旅游者的损失。"因此,某旅行社应予赔偿冯某等人的相关经济损失。

维权指南:

对于旅游者来讲,在行程上都有周密的安排,通常都不会为自己留出几天专供投诉和打官司用。游客维权难,难在时间不便、交通不便。救济途径再便捷,纠纷解决再迅速,也仅仅是纠纷发生之后的补救措施。因此,旅游地的管理者加强日常执法,注重打造一个交易公平、服务优质的购物环境,才能最大可能去预防和减少消费纠纷。对于旅游者来讲,当遇到旅游购物问题时,应当首先与相应的组团社取得联系,协商解决。如果协商未果,可以到旅游质监部门投诉,进行调解解决。

当然,如果上述救济方式均不奏效,司法救济途径也是不可轻易放弃的。

案例5-1-5 特殊宗教商品可否获得经济损失赔偿?

焦点:购买宗教商品不灵验可以要求经济赔偿吗?

2005年10月,赵某参加某旅行社组织的旅游团到北京浏览,因其老父亲常年卧病在床,在游览八大处时,看到有出售开光玉佛,声称可以祛病消灾。赵某就问导游李某是否灵验,李某回答说心诚则灵,于是赵某高价购得玉佛一尊,希望其父可以康复。回家后,赵某之父的病情并不见好转,赵某觉得开光玉佛并不灵验,且其价格也高出一般市场价格,认为是导游人员欺骗自己,即向旅游质量监督管理部门投诉,诉称其是在旅行社导游组织游览期间购买了质价不符的物品,旅行社有不可推卸的责任,要求旅行社承担500元的购物损失,旅游行政部门裁决不予支持其投诉请求。

维权依据:

这是一起因为特殊的宗教商品引发的旅游购物纠纷案例。根据《旅行社质量保证金赔偿试行标准》第8条的规定,导游擅自安排旅游者到非旅游部门指定商店购物,所购商品系假冒劣商品,旅行社应赔偿旅游者的全部损失。本案中,旅行社按照旅游合同安排行程,提供旅游服务,赵某虽然是在旅行社安排旅游期间购得开光玉佛,但该购物活动并非旅行社的强制要求,所购商品也非假冒伪劣产品,因此旅行社并没有违反合同义务。赵某购置开光玉佛的行为应属于个人的自主行为,与旅行社无关,旅行社没有承担赔偿的义务,不应由其承担经济赔偿责任。因此,旅游质量监督管理部门裁决,以赵某的投诉赔偿请求缺乏事实和法律依据为由,不予支持。

维权指南:

《中华人民共和国消费者权益保护法》第35条规定:"消费者在购

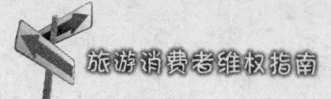

买、使用商品时,其合法权益受到损害的,可以向销售者要求赔偿。销售者赔偿后,属于生产者的责任或者属于向销售者提供商品的其他销售者的责任的,销售者有权向生产者或者其他销售者追偿。"游客向商品的经营者或生产者要求赔偿损失的,旅行社有协助的义务。但是,对于特殊的宗教商品,因为牵涉宗教信仰问题,其价格无法像普通商品那样进行衡量,其购买行为也不能视为一般的消费活动,也不能适用《消费者权益保护法》中所规定的有关条款来处理,这是旅游消费者需要小心注意的一个问题。

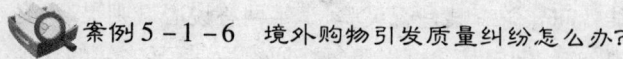
案例 5-1-6 境外购物引发质量纠纷怎么办?

焦点:跨国购物遇假货能够获得赔偿吗?

2003 年 12 月,周某随团赴新马泰旅游,并由导游带领在当地购得祖母绿挂件一个,价格 7 200 元。回国后,经质量监督检验中心检测,周某才得知该祖母绿挂件原来是一件合成制品。周某要求旅行社承担退货责任,而该旅行社以跨国购物无法退货为由,拒绝协助周某办理退货事宜。周某进行旅游投诉,经旅游行政管理部门行政调解,该旅行社同意协助周某办理退货事宜。

维权依据:

这是一起跨国购物引发的旅游纠纷案例。根据《旅行社质量保证金赔偿试行标准》第 8 条规定:"导游擅自安排旅游者到非旅游部门指定商店购物,所购商品系假冒劣商品,旅行社应赔偿旅游者的全部损失。"本案中,由于游客是在定点旅游商店购买商品时遇到质量有问题的产品,所以旅行社不负有直接赔偿的责任。但由于购物活动属于旅游合同安排的行程项目,旅行社有义务协助旅游者联系商店,及时跟踪检验,协调赔偿方面的事宜。所以,出境旅游买到假冒伪劣商品,旅行社须负责为游客处理退赔事项。本案最终由旅行社出面交涉,周某获得全额退赔。

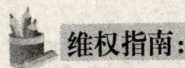

维权指南：

实践中，随团外出旅游一般都有购物安排，这往往是产生消费争议的导火线之一，尤其是消费者购物后，向谁索赔成为解决问题的关键。游客出境旅游遭遇假货，究竟能否索赔、怎样索赔？游客遭遇购物陷阱，不论是在境内、境外，不论是否为定点旅游商店，旅行社都有责任帮游客索赔。由于出境旅游购物遭遇假货单靠旅游者个人进行索赔，现实中是很难实现的。根据《旅行社质量保证金赔偿试行标准》第15条规定："在旅游过程中发生质量问题，组团社应先行赔偿旅游者的损失。"旅行社应当与购物商店订立合同，一旦遇到旅游者索赔，旅行社在先行赔付后，可据此向商店追偿。同时，游客在旅游购物时，也应对所购物品作一定了解，加强维权意识，旅游途中购买商品一定要保留好票据，以便发生纠纷时进行索赔。

本节小结：

游客旅游购物投诉难、索赔难一直是一个现实的问题。其中，没有明确的购物证明是大多数游客投诉受阻的重要原因。一些游客在发现旅游购物上当时，找到旅行社或旅游部门投诉，但由于不能证明其商品具体的购买地点以及商家承诺的品质，即使有权威的鉴定结果，也不能证明购物受骗的事实，索赔或其他解决方式也难以兑现。因此，旅游者要避免在旅游购物中产生纠纷，就应当在消费过程中提高自我维权意识。在与旅行社签订出行合同时，对于行程中包含的购物时间、次数、具体地点都应进行明确约定，若在旅行社或导游指定购物点购物过程中发生纠纷，则可以通过旅行社追究相应责任。游客在购物过程中还应要求商家出具正式发票或能够明确证明其销售地点的票据，以备发生纠纷时证明其购买地点。对于商品品质等情况，消费者也应当要求商家在购物发票中注明，绝不能只听信商家的口头承诺。如果购物后对产品有所怀疑，消费者可以找到权威鉴定部门进行鉴定并出具鉴定证书，若确实存在产品欺诈，则可以携带这些具体有效的证明到旅行社或相关旅游部门进行投诉解决。

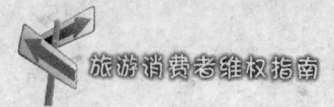

第二节 游客单独购物出现问题如何解决?

《消费者权益保护法》第 10 条规定:消费者享有公平交易的权利。消费者在购买商品或者接受服务时,有权获得质量保障、价格合理、计量正确等公平交易条件,有权拒绝经营者的强制交易行为。

自助旅游是当前一种时尚的旅游方式,它可以根据自己的计划随时调整行程,自由安排旅游和购物时间,行动起来比较方便,也不会因为随团旅游而发生与其他旅游者的纠纷,因此,越来越受到旅游者的青睐。但是,自助旅游不但旅游费用比较高昂,而且面临的各种风险都较之随团旅游要大得多。除了人身财产安全问题外,在购物方面,还要注意以下几个问题:1. 遭遇强迫交易怎么办? 2. 自由购物遭遇假货怎么办? 3. 因购物引发人身伤害怎么办?

 案例 5-2-1 摊贩强卖商品,游客该怎么办?

焦点:摊贩强卖商品可以退赔吗?

2004 年 4 月,姜某在某景区游玩时,看到一个地摊上有一副太阳眼镜很精致,就拿起来准备试戴一下,看看是否适合自己,谁知刚拿到手中,镜片从镜框中掉下来跌碎了。于是摊贩硬要姜某买下眼镜,否则不许离开。姜某说自己拿眼镜时很小心,如果不是眼镜本身质量问题,镜片根本不可能自己掉下来跌碎,而摊贩认为损坏东西就要赔偿。最后,姜某被迫以 230 元价格将眼镜买下。事后,姜某向当地"消协"投诉,要求摊贩退货退款。但"消协"在处理该纠纷时,却发现再也找不到该地摊摊主,姜某最终未获得赔偿。

维权依据:

这是一起游客遭遇摊贩强迫交易引发的旅游购物纠纷案例。本案中,摊主以姜某损坏眼镜理应赔偿为由要求其购买的理由不能成立,此行为属强制销售。根据《消费者权益保护法》第10条规定:"消费者享有公平交易的权利。消费者在购买商品或者接受服务时,有权获得质量保障、价格合理、计量正确等公平交易条件,有权拒绝经营者的强制交易行为。"消费者享有自主选择商品或者服务的权利,经营者在市场交易中,应当遵循自愿、平等、公平、诚实信用的原则,遵守公认的商业道德,不得强迫消费者购买商品或接受服务,不得违背消费者的意愿搭售商品、服务或者附加其他不合理条件,强迫交易行为违反法律规定。本案中,地摊摊主强迫姜某购买商品的行为,属于强卖行为,是违反法律规定的,姜某有权拒绝。

 维权指南:

在现代商品社会竞争日趋激烈情况下,商家要长久立于不败之地,靠的是卓越的产品质量、完善的售后服务。若靠欺行霸市、强买强卖,不但无法给自己带来商机,而且还会被市场淘汰。旅游者在选购旅游商品时,一定要先关注商品的标志,远离不符合标志规定的商品,对经营者借机强卖商品的行为,理所当然予以抵制。而且,在旅游景点非定点商店购物,出现问题最好当场处理,以免事后因无法找到对方当事人而失去救济的途径。

 案例5-2-2　旅游商店"假一赔十"的承诺能够兑现吗?

焦点:旅游商店"假一赔十"的承诺具有法律效力吗?

2005年元月3日,石某在北京旅游期间,见某旅游商店玉器专柜贴有"假一赔十"的标示,就放心购买了一只翡翠玉坠,价格为人民币1 200元。事后,石某将此玉坠进行鉴定,结果为非天然翡翠,鉴定结论为产品质量不合格。石某向人民法院起诉,要求该商家退赔货款并十倍赔偿,法院判决该商家退还石某购买玉坠价款1 200元,并赔偿损失12 000元。

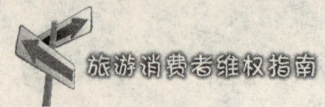
旅游消费者维权指南

维权依据：

这是一起旅游购物遭遇假货引发的购物纠纷案例。根据我国《合同法》第153条的相关规定："出卖人应当按照约定的质量要求交付标的物。出卖人提供有关标的物质量说明的，交付的标的物应当符合该说明的质量要求。"石某与某旅游商店之间买卖玉器的合同成立，双方存在买卖法律关系。本案中，商家在出售该商品时违背诚实信用原则，未按照双方约定的质量要求交付给石某，其行为已构成欺诈。根据《消费者权益保护法》第44条的规定："经营者提供商品或者服务，造成消费者财产损害的，应当按照消费者的要求，以修理、重作、更换、退货、补足商品数量、退还货款和服务费用或者赔偿损失等方式承担民事责任。消费者与经营者另有约定的，按照约定履行。"由于店方事先具有"假一赔十"的承诺，因此该承诺应视为双方的约定，具备法律效力。由于商家将非天然翡翠玉坠充当纯天然翡翠玉坠出售给石某，所以商家应当按照约定向石某履行"假一赔十"的承诺。

维权指南：

常言道"黄金有价玉无价"，玉作为石中精品，一直为人们所喜爱。旅游者在购买玉器的时候，要非常地小心谨慎。由于人工合成技术的发展，使得合成品足以达到以假乱真的程度，仅靠旅游者自己的判断往往难以鉴别真假。因此，比较稳妥的办法就是在购物发票上载明商品的规格、品质、含量、产地、价值等，然后进行专业的鉴定，才能够买得放心，也能够在发生纠纷时有据可依。

案例5-2-3 游客在购物时受伤，能否向店方索赔？

焦点：商店经营者是否对旅游购物受伤害事件负有法律责任？

2006年5月，石某在某景点游玩时，见一家旅游商店摆放的旅游纪念品十分好玩，就到店内选购。在石某挑选工艺品时，商店货架上的一个瓷瓶突然掉下来摔碎，并砸在石某的脚上，致使其脚面划伤，鲜血流淌,住院治疗一个星期,花去医疗费2 100多元,经法医鉴定其伤情为轻微伤。石某要求商店业主赔偿,店主以石某是因为自己挑选商品,不慎打碎花瓶砸伤自己为由拒绝赔偿。石某将该商店起诉至法院,要求店主赔偿医疗、误工、护理等各项费用共计1万余元。法院判决该商店店主赔偿石某各项损失共5 490元。

维权依据：

这是一起因为旅游购物引发的游客意外受伤案例。根据我国《民法通则》第126条规定："建筑物或者其他设施以及建筑物上的搁置物、悬挂物发生倒塌、脱落、坠落造成他人损害的,它的所有人或者管理人应当承担民事责任,但能够证明自己没有过错的除外。"公民的生命健康权受法律保护,经营者应当保证其提供的商品或者服务符合保障人身、财产安全的要求。本案中,景点店主作为商品经营者,是商店的使用者和管理者,应当为旅游消费者提供安全的消费环境,对存在危险或安全隐患的项目或地方应当设有警示标牌并明确告知消费者可能造成的不良后果。商家对物品的摆放没有采取必要的防范措施,未尽必要的安全保障义务,对石某受伤事件存在一定的过错,其抗辩理由不能成立,应当承担相应的责任。

维权指南：

旅游者在购物时,应当尽量选择具有旅游标示的定点商店,这样一方面可以在购物质量方面获得保障,另一方面还可以在发生意外事件时能够寻求救济途径,获得有效的救济。

本节小结：

旅游中,由于相当一部分游客带有购物目的,而且旅游景点商品琳琅满目,在当地导游的宣传促销下,很容易引发游客的购物冲动,买到质次价高的商品。因此,游客在外出旅游中应该保持冷静头脑,做成熟的消费者,从实际需要出发,慎重购买贵重物品,不能轻易相信别人的鼓动和介绍,"货比三家,三思而后行"。一旦购买商品后,应要求商家出具详细的发票,尤其是对商品的质地、成分、规格和主要功能等要有

详细的文字说明,游客应仔细阅读,谨防受骗。一些游客在非旅行社指定或导游带领的购物点进行购物并受到欺诈的情况,旅行社通常不予承担责任。

第三节 委托代购、转交商品出现问题如何解决?

《合同法》第396条规定:委托合同是委托人和受托人约定,由受托人处理委托人事务的合同。

在旅行游览过程中,除非游客与全陪或者地陪人员比较熟悉、双方值得信赖,否则,游客也不会轻易委托导游人员代为转交物品或者代购商品。但是,正是相互熟悉的人之间才不会考虑签订书面的委托协议、约定双方的权利义务,而一旦出现纠纷,又往往难以取证,所以,果真要进行委托,就要注意立字为据,保留委托书面协议或者转交物品详细清单。

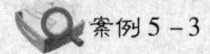 案例5-3-1 导游拒绝转交物品,游客可以投诉吗?

焦点:委托转交物品遭到拒绝可以获得精神损害赔偿吗?

2006年10月,赵某参加某旅行社组织的旅游团赴北京旅游。赵某从东北老家带有特产一袋,准备带给在北京工作的大学同学。但是,由于旅游团行程安排比较紧张,而且"十一"期间交通拥堵,旅游结束时,赵某也没有来得及将家乡特产交给朋友,就委托北京地陪导游李某将特产转交给自己在北京的同学。没想到李某一口拒绝,赵某无奈只得将特产原样带回。事后,赵某感到十分懊恼,就以李某拒不为其代转物品,旅行社服务不周为由,向旅游行政管理部门投诉,要求旅行社赔偿精神损失1 000元,其投诉请求没有获得旅游行政管理部门的支持。

维权依据:

这是一起因为游客请求导游人员转交物品遭到拒绝引发的旅游纠

纷案件。根据《导游服务质量》的规定,地方陪同导游人员(简称地陪),是受接待旅行社委派,代表接待社,实施接待计划,为旅游团(者)提供当地旅游活动安排、讲解、翻译等服务的导游人员。因此,地陪的服务项目主要有做好旅游团(者)在本站的迎送工作;严格按照接待计划,做好旅游团(者)参观游览过程中的导游讲解工作和计划内的食宿、购物、文娱等活动的安排;妥善处理各方面的关系和出现的问题。但是,地陪导游人员并没有为游客代为转交物品的义务,这也不属于导游人员的服务范围,导游人员完全可以拒绝为游客代转物品。本案中,赵某以李某拒不为其代转物品为由,向旅游行政管理部门投诉,要求旅行社赔偿其精神损失的请求,没有法律依据,因此不能获得支持。

  维权指南:

无论是任何的权利或者义务,都是有一定界限的。旅游者要认识到,并不是导游人员或者旅行社等相关旅游服务人员、旅游服务部门对任何没有满足自己要求的行为都要承担法律责任。在权利范围内,旅游者要敢于行使权利,但在权利范围外,也不必强人所难,关键要有理有据。否则,即使诉诸法律,也难以获得支持。

 案例5-3-2 委托代购物品不满意,损失由谁承担?

焦点:旅行社是否应当承担代购商品不合格的赔偿责任?

2003年9月,李某参加了某国际旅行社组织的北京双飞5日游。北京地陪导游员王某根据旅游合同约定,带领游客在参观完景点后到某玉店购物。李某本打算给妻子买一对玉镯,但因身体不适,不能参加购物活动,就委托导游王某在某旅游商店为其代购了一对玉镯,价值1 000元,并开具了发票。旅游结束后,李某经专业机构鉴定发现这对玉镯质地不纯,质价不符。李某认为受到了商家的欺骗,要求旅行社负责退货。旅行社认为李某私下委托导游王某的购玉行为与旅行社无关,旅行社不承担相应的责任。李某将旅行社告上法庭,要求旅行社退赔经济损失。法院判决驳回李某诉讼请求。

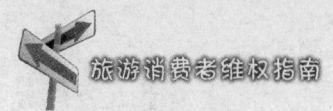

维权依据:

这是一起由导游代购商品质量瑕疵引发的旅游纠纷案例。本案的焦点问题是,旅行社是否应当承担赔偿责任。从法律意义上讲,就是旅行社导游人员为游客代购物品出现问题,旅行社是否承担责任及承担什么责任?根据我国《合同法》第396条关于委托合同的规定:"委托合同是委托人和受托人约定,由受托人处理委托人事务的合同。"李某委托导游王某代购玉镯,双方即形成了委托合同。根据《合同法》第406条规定:"有偿的委托合同,因受托人的过错给委托人造成损失的,委托人可以要求赔偿损失。无偿的委托合同,因受托人的故意或者重大过失给委托人造成损失的,委托人可以要求赔偿损失。"据此,由于李某委托导游王某代购商品的行为是一种无偿的委托合同,并不属于导游人员和旅行社的服务范围,且王某在正规旅游商店为李某购买玉镯并开具正规发票,导游王某在代办事务的过程中并无故意或重大过失,所以李某购买质价不符的玉镯的法律后果,应当归属于李某个人。由产品质量产生的法律责任,也应当由产品销售商或生产商负责,旅行社没有过错,不承担必须为其退货的责任。

维权指南:

总的来讲,导游人员一般不会主动找这种麻烦,但是,也有非常热心的导游人员,本着一心为游客服务的热情,愿为游客代办各种事宜。旅游者面对这样的导游人员,当出现不愿面对的结局时,又往往处于两难的境地。因此,旅游者要尽量避免这种委托代转的情况,即使万不得已,也要尽量考虑周全,最好能够通过旅行社办理委托手续。

本节小结:

旅游者为了方便起见,有时可以委托全陪或者地陪人员代为转交物品、购买商品等,这要建立在双方相互信任的基础之上。但是,为了稳妥起见,双方最好能够签订书面的委托协议,明确双方的权利义务关系,标明注意的事项,这一方面有利于在发生纠纷时游客维护自己的合法权益,另一方面也有利于导游人员规避不必要的风险。其中,提供真实有效的证据是关键环节,这些证据包括:一是与旅行社签订的有关协议及约定,主要包括旅游合同、旅游行程表、旅游发票以及与旅行社签订的各种有效凭证或材料。二是旅游中权益受到侵害的事实凭证,即游客提供的能够证明旅行社提供的服务与合同规定或原承诺不相符的最有力证据,如车船票据、门票、购物发票、接待单位的证明,也可以提供有关物证、声像资料以及其他有效的文字资料。

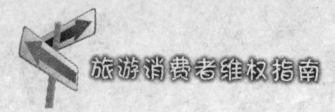

第六章 旅游娱乐

由于众口难调,再加上旅游者来自四面八方,在旅游娱乐活动方面,旅游者各有所好,难以统一,因此,旅游者在娱乐活动方面提出个别要求时,旅行社一般会在尊重游客意愿的基础之上本着"合理、可能"的原则进行妥善处理。对于计划内的文娱活动,一般在旅游协议中已经明文规定的,凡属于计划内的文娱活动,旅游协议一旦确定,旅行社就应当遵照执行,此期间发生的各种责任也可追究旅行社的相关责任,而少数旅游者提出更换娱乐活动的,原票价一般不予退还。对于计划外的娱乐活动,旅游者要求自愿参加的,旅行社应当尽量统一组织,一切费用由旅游者自理,而出现意外事故的,责任主体也较为复杂,此时,选择有效的救济途径或者方法则更为重要。

第一节 计划内娱乐活动出现问题如何解决?

《旅行社管理条例实施细则》第 51 条规定:旅行社从事旅游业务经营活动,必须投保旅行社责任保险。旅行社在与旅游者订立旅游合同时,应当推荐旅游者购买相关的旅游者个人保险。

一般来讲,除了旅游观光之外,旅行社还会安排一些康乐活动。所谓计划内娱乐活动,大多数情况下是指在旅游合同中事先有明示,可以是合同约定的一揽子项目,也可以是供游客自愿选择的自费项目,但是,无论何种形式的娱乐项目,只要是在旅行社的统一安排下进行的,

在发生意外事故时,就可能牵涉旅行社、娱乐项目经营者或者第三方,那么,旅游者在面对意外事件时,如何判断哪一方才是责任者,又如何选择救济途径呢?

案例6-1-1　登山探险项目发生事故,游客可以得到哪些损害赔偿?

焦点:旅游者不幸坠崖,旅行社应当负何种赔偿责任?

2004年3月,李某等人参加某国际旅行社组织的新马泰旅游团,签订的旅游合同中约定了参加费用、日程、食宿等标准。旅行团在游览过程中,参加旅游合同约定的娱乐项目野外登山探险活动,临行前导游反复提醒游客注意安全及相关事项。在攀登过程中,李某脚下不稳,坠下山谷不幸身亡。事发后,李某家属认为旅行社有保障旅客财产和人身安全的义务,但旅行社没有向李某发出登山时可能会发生危险的警示,也没有告知李某需要购买个人旅游意外保险,致使其丧失获得意外保险金的权利为由,将旅行社告上法庭,要求旅行社赔偿死亡赔偿金、抚养费和人身意外保险金。法院终审判决旅行社赔偿李某家属死亡赔偿金和抚养费共计人民币2万余元。

维权依据:

这是一起旅游探险娱乐项目发生意外事故引发的旅游纠纷案例。根据《旅行社管理条例实施细则》第51条规定:"旅行社从事旅游业务经营活动,必须投保旅行社责任保险。旅行社在与旅游者订立旅游合同时,应当推荐旅游者购买相关的旅游者个人保险。"李某作为合同的一方当事人,应当知道旅游合同的有关内容,其中包括了旅行社推荐旅游者购买旅游个人保险,购买旅游意外保险是游客个人出于自愿的行为,而且在旅游合同中也已明确载明,旅行社已经做到了告知义务。李某没有购买旅游个人保险,旅行社没有责任,所以,李某家属以没有告知李某需要购买个人旅游意外保险,致使其丧失获得意外保险金的权利为由,要求旅行社赔偿人身意外保险的要求没有法律依据。而且,李

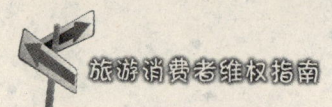

某作为健康的成年人,应该知道和预见登山探险存在的危险,但李某由于疏忽大意,致使自己在攀爬过程中失足坠崖身亡,对此李某本人具有主要过错。《旅行社管理条例实施细则》第50条规定:"旅行社应当为旅游者提供符合保障旅游者人身、财物安全需要的服务,对有可能危及旅游者人身、财物安全的项目,应当向旅游者作出真实的说明和明确的警示,并采取防止危害发生的措施;对旅游地可能引起旅游者误解或产生冲突的法律规定、风俗习惯、宗教信仰等,应当事先给旅游者以明确的说明和忠告。"作为野外登山探险特殊旅游项目的组织者,旅行社虽然告知游客注意安全,但对游客登山探险过程中可能发生的危险及如何避免危险的发生警示不够,旅行社方面也具有一定的过错。据此,法院终审判决旅行社赔偿李某家属死亡赔偿金和抚养费共计人民币2万余元。

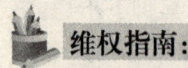
维权指南:

蹦极、漂流、登山、骑射等娱乐活动是某些旅游团的特色项目,由于其刺激而吸引游客,但同时隐藏极大风险。游客是否参加此类娱乐项目,一定要考虑自己的身体条件和相关技能是否适合,否则,即使在事发后可以寻求法律救助,但造成的损害可能是无法复归原状的。

案例6-1-2 游客在娱乐活动中因病意外死亡,是否可以要求旅行社赔偿损失?

焦点:旅行社是否应当承担游客意外死亡的法律责任?

2003年8月,黎某参加某旅行社组织的北戴河休闲避暑三日游旅游团。在最后一天的行程中,导游带领游客到南戴河娱乐园参加滑草、海上快艇等娱乐活动。黎某等游客玩兴很浓,要求导游增加乘坐过山车项目。导游说此项目具有一定的危险性,有心脏病、高血压病史的客人不能参加这个项目,否则会有生命危险,不参加的游客可以先坐在树荫下休息一会儿,然后乘旅游车一同返回北京。黎某本来就有高血压,但因为玩得很高兴,兴致很浓,而且自己近两年来血压已经恢复正常,

不会有什么意外,就再三向导游要求参加该项目,说自己绝无此类病史并写下书面保证,导游就同意其参加了此项目。结果黎某在乘坐过山车的过程中血压突然升高,因抢救无效而死亡,旅行社为此已经支付相关费用12 000元。事后,黎某家属起诉旅行社,要求旅行社赔偿死亡赔偿金、医疗费、丧葬费等共计264 120元,法院判决驳回黎某家属的诉讼请求。

维权依据:

这是一起游客在参加旅行社组织的娱乐项目中意外身亡引发的旅游纠纷案例。本案的关键问题是旅行社是否存在过错?导游是否尽到了服务义务?根据《旅行社管理条例实施细则》第50条规定:"旅行社应当为旅游者提供符合保障旅游者人身、财物安全需要的服务,对有可能危及旅游者人身、财物安全的项目,应当向旅游者作出真实的说明和明确的警示,并采取防止危害发生的措施;对旅游地可能引起旅游者误解或产生冲突的法律规定、风俗习惯、宗教信仰等,应当事先给旅游者以明确的说明和忠告。"本案中,旅行社导游人员已经向游客反复强调了过山车娱乐项目具有一定的危险性,并特别说明有心脏病、高血压病史的客人不能参加这个项目,否则会有生命危险,因此,导游人员已经尽到了提醒游客注意和作出真实说明与明确警示的义务,并安排了未参加此项目的游客在树荫下休息,旅行社没有责任。

《旅行社投保旅行社责任保险规定》第6条规定:"旅游者参加旅行社组织的旅游活动,应保证自身身体条件能够完成旅游活动。旅游者在旅游行程中,由自身疾病引起的各种损失或损害,旅行社不承担赔偿责任。"本案中,游客黎某不听导游劝阻,隐瞒病情并写下书面保证,因一时的冲动和大意而发生意外事故导致死亡,该意外事故责任应当由游客自负。而且,旅行社在此事件中已经支付了相关费用12 000元,不必再承担其他法律责任。

维权指南:

在旅游活动中,诚信原则不仅对旅行社和旅游服务相关行业起着限制规范作用,旅游者可以据此维护自己的合法权益,制裁旅游经营者的违法行为,而且诚信原则同样规范和制约着旅游者的行为,违反诚信原则,故意隐瞒相关事实真相,在造成损失时,要么自身权益无法维护,要么承担赔偿责任,其代价往往是巨大的。

案例6-1-3 "滑雪游"被他人撞伤,应当由谁承担赔偿责任?

焦点:滑雪场经营者对他人撞伤游客应否承担赔偿责任?

2003年2月初,刘某参加某旅游团组织的旅游团赴北京旅游,其中有一项自费娱乐项目是到京郊滑雪场进行滑雪活动。刘某是南方人,因为很少见到雪,所以对此项目十分感兴趣,就自费参加了该项活动。由于不懂滑雪技术,刘某在旅游景区滑雪场蹒跚而行时,被另外一名滑雪者撞倒,肇事者当场溜之大吉。刘某被送到医院治疗,经诊断为脚关节严重扭伤,花去医药费3 000多元。事后,刘某向法院提起诉讼,要求滑雪场赔偿医药费等共计4 500元,经法院庭前调解,该滑雪场经营者补偿给刘某医药费等共计3 100元。

维权依据:

这是一起游客在娱乐活动中遭受第三人伤害引发的旅游纠纷案例。该案件中,游客与滑雪场经营者双方应分别承担相应责任。一方面,在滑雪活动中,刘某由于滑雪技术问题,自我保护不当,同其他滑雪者相撞,以致造成身体受伤,其自身应负主要责任。但是,从另一方面来讲,滑雪场经营者在保护旅游者安全方面维护工作不周,在刘某摔倒事件中也应承担过失责任。在滑雪场经营范围之内,由第三人对旅游者造成的伤害,经营者应先行赔偿,然后可以向有过错的第三人进行追偿。根据我国《民法通则》第131条的规定:"受害人对于损害的发生也有过错的,可以减轻侵害人的民事责任。"本案中,滑雪场经营者不是直接侵害人,但是作为旅游项目的经营者,对旅游者负有提供安全保障的义务,由于其在安全保障上的瑕疵,未对受伤游客进行及时救助,并且任由肇事者逃逸,因此,应当承担相应的赔偿责任。

维权指南：

在发生第三方侵害时，旅游者可以有两种选择，一种是要求造成损害的直接责任人承担法律责任，另一种情况是要求旅游服务经营者承担相应的法律责任。但是，二者承担责任的法律依据是不同的，责任大小也有一定差异。在造成损害的第三方逃匿的情况下，旅游者选择要求旅游项目提供者承担法律责任，相比较而言较为有效。

案例6-1-4 漂流发生事故，责任由谁承担？

焦点：漂流出了人命谁负责？

2004年9月20日，伊犁喀什河漂流有限责任公司组织的一支试漂漂流队在昭苏县境内的伊犁河上游河流——阿克尼牙孜河斯木塔斯峡谷河段进行漂流活动。当日下午15时20分左右，伊犁喀什河漂流有限责任公司董事长兼总经理李某等20人一行到达漂流地点后，其中16人乘上橡皮艇。当橡皮艇行至峡谷河段时，因河道狭窄有石块，橡皮艇无法通行撞到石块后发生侧翻，导致16人落水，造成9人死亡、1人失踪的特大事故。昭苏县人民检察院指控李某犯重大责任事故罪，向昭苏县人民法院提起公诉，法院判决一审判处李某有期徒刑七年。

维权依据：

游客是消费者，其人身、财产安全应该由旅游活动经营者来保障。安全问题关乎旅游业的生命，没有安全，就没有旅游业的发展，就没有旅游从业人员的岗位。《旅游安全管理暂行办法》第2条规定："旅游安全管理工作应当贯彻'安全第一，预防为主'的方针。"国家旅游局颁布的《漂流旅游安全管理暂行办法》，也明确了漂流活动经营者应保证漂流活动的安全性。该办法规定，漂流旅游属特种旅游活动，其安全管理工作以保障旅游者人身及财产安全为原则，实行"安全第一，预防为主"的方针。经营漂流旅游的企业应保证所提供的漂流旅游服务符合保障旅游者在漂流旅游活动中的人身及财产安全的要求；在码头、漂流

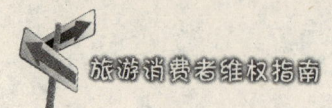

工具上应放置足够的救生设备;组织旅游者乘坐漂流工具时,应要求旅游者穿救生衣或使用其他救生装备。经营漂流旅游的企业应保证漂流工具安全可靠,严格遵守核定的载客量,严禁违章操作。漂流工具的操作人员须向旅游者宣讲漂流旅游安全知识,介绍漂流工具上的安全设施及使用方法,说明漂流旅游中的安全注意事项和发生意外事故后的应急办法。伊犁喀什河漂流有限责任公司是新疆首家专业漂流旅游公司,打破俄罗斯探险家"在伊犁喀什河上不能漂流"的断言,开创了"西部第一漂"的伊犁河、喀什河漂流品牌。但是,作为专业性质的漂流旅游公司,在其向游客收取了费用之后,就应当严格遵循《漂流旅游安全管理暂行办法》的相关规定,对游客安全管理承担责任。

维权指南:

李某作为伊犁喀什河漂流有限责任公司董事长兼总经理,在 2004 年 9 月 19 日为试漂活动对阿克尼牙孜河视野范围内的河道进行了实地察看,并确定下船位置后返回县城,但对发生事故的斯木塔斯峡谷河段未进行实地勘察,也未清障。因此,李某不认真履行安全管理职责,未根据国家旅游局《漂流旅游安全管理暂行办法》建立健全本单位规章制度,在未经相关部门批准、详细全程勘察河道、不了解漂流水域情况、未确定漂流是否安全并采取有效措施、排除安全隐患的情况下,过于自信而组织他人盲目漂流,造成重大人员伤亡,后果严重。李某身为企业主要负责人,在生产、作业过程中忽视安全,未组织制定并实施本单位安全事故急救援预案,违章指挥他人漂流,造成特大漂流死亡事故,对事故的发生负有直接责任。

本节小结:

娱乐项目虽然大多数为自费项目,但是,只要是在旅游团的组织下统一参与的,旅行社一般应当对此期间发生的相关行为承担一定责任,而服务项目的提供者则是当然的责任者之一。无论是第三方责任,还是经营者责任,旅游者都可以获得法律的救济。然而,如果旅游者不考虑自身条件,盲目参与,或者违背诚信原则,则可能造成无法获得补偿的后果。

第二节 计划外娱乐活动出现问题如何解决？

《民法通则》第 126 条规定：建筑物或者其他设施以及建筑物上的搁置物、悬挂物发生倒塌、脱落、坠落造成他人损害的，它的所有人或者管理人应当承担民事责任，但能够证明自己没有过错的除外。

所谓计划外的娱乐项目，是相对于旅游的约定而言的，既不是旅游合同约定项目，也不属于旅行社推荐的自费项目，在旅游行程之外，游客自行选择参加的娱乐项目。那么，如果在计划外娱乐项目中发生意外伤亡事故造成人身、财产损害，旅游者应当向谁主张自己的权利呢？

案例 6-2-1　旅客自由活动期间意外伤亡谁来赔偿？

焦点：游客擅自外出引发事故责任如何认定？

2003 年 1 月，高某等人参加了某旅行社组织的旅游团。在游览完计划景点之后，当天晚上，高某不顾导游晚上不能外出活动的劝阻，邀请同行的朋友去当地的某健身房打保龄球。高某在进入洗手间方便时，因地面滑湿，失足滑倒，后脑着地，当场昏迷，不省人事。随后，高某被送入医院抢救，两周后经抢救无效死亡。高某家人将旅行社和某酒楼一并告上法院，要求旅行社和健身房承担连带责任，赔偿医疗费、护理费、丧葬费、抚养费、交通费、住宿费等共计 38 万元。法院判决某健身房经营者支付高某家属医疗费、护理费、抚养费等共计 10 万余元。

维权依据：

本案是一起因为娱乐场所经营条件不符合安全标准而导致人身损害致死案，本案中关键是责任认定的问题。根据《旅行社投保旅行社责任保险规定》第 7 条规定："旅游者参加旅行社组织的旅游活动，应当服从导游或领队的安排，行程中注意保护自身和随行未成年人的安全，妥善保管所携带的行李、物品。由于旅游者个人过错导致的人身伤亡和财产损失,以及由此导致需支出的各种费用,旅行社不承担赔偿责任。"本案中,导游明确告诫游客晚上不能外出活动,高某不顾导游的劝阻擅自邀请同行的朋友进行娱乐活动,由此导致发生意外事故的法律责任与旅行社无关,因此,旅行社不承担法律责任。

高某受到的伤害应当由某健身房与高某本人分担。按照《中华人民共和国消费者权益保护法》第18条的规定:"经营者应当保证其提供的商品或者服务符合保障人身、财产安全的要求。对可能危及人身、财产安全的商品和服务,应当向消费者作出真实的说明和明确的警示,并说明和标明正确使用商品或者接受服务的方法以及防止危害发生的方法。"经营者有义务采取切实的措施,防止危害的发生。从保障消费者人身安全权的角度讲,健身房应当对可能危及消费者人身安全的设施予以明示。该健身房没有积极履行维护消费者安全的义务,导致危害结果发生,应负主要责任。

维权指南:

旅游法律主体之间是平等互利、协商一致、等价有偿、诚实信用、公平公正的关系,旅游法律关系的双方主体必须按照规定担负相应的义务。因为在旅游法律关系中,权利和义务是联系在一起、不可分割的。作为旅游法律关系主体,旅行社在有权依照国家制定的旅游价格和服务收费标准向旅游者收取各种旅游费用的同时,就负有义务组织旅游者进行旅行游览活动,为旅游者提供导游服务,代旅游者订购票务,为旅游者提供住宿、购物、讲解、餐食、汇兑等服务;旅馆有义务按住宿合同的约定向旅游者提供符合标准的客房和其他服务设施,并向旅游者提供周到的服务;饭店供应的食品要符合卫生标准等。总之,义务主体必须按照权利主体的要求作出行为或抑制一定行为,如果义务主体不履行或不适当履行义务,就应受到法律的处罚和制裁。

案例6-2-2 游客参加景点内娱乐项目发生意外伤害谁负责?

焦点:景点内娱乐项目受伤,游客可以向谁索赔?

1998年春节期间,许某带着全家到云南某地游玩,在某景点内观看歌舞表演时,因为人群拥挤,舞台上的一根台柱突然倒下,砸在许某肩头,致使其锁骨骨折,被家人送往医院治疗。事后,许某要求该景点管理处赔偿,景点管理部门认为其应当向某歌舞团进行索赔。许某向旅游行政管理部门投诉,要求景点管理处进行人身伤害赔偿。经行政调解,景点方报销受伤者的医疗费用,并一次性补偿许某500元。

维权依据:

这是一起参加景点内部娱乐项目遭受意外伤害引发来的旅游纠纷案例。本案争议的焦点在于徐某应当向谁索赔?根据法律规定,许某既可以向景点管理处要求赔偿,也可以向歌舞团的经营者要求赔偿。一方面,根据《民法通则》第126条规定:"建筑物或者其他设施以及建筑物上的搁置物、悬挂物发生倒塌、脱落、坠落造成他人损害的,它的所有人或者管理人应当承担民事责任,但能够证明自己没有过错的除外。"本案中,许某受伤的主要原因是歌舞团临时搭建的舞台不符合安全标准,突然发生台柱倾斜倒塌造成的,所以应由歌舞团对此承担责任。另一方面,由于歌舞团是一个临时性的表演组织,随时有可能结束表演迁往他处,不利于游客维护自己的合法权益,因此,景点管理处作为场地的出租者和歌舞团的邀请者,适用《消费者权益保护法》第38条的规定,一旦马戏团离开公园,游客许某可向景点管理处要求赔偿,景点管理处对许某作了赔偿后,可以向歌舞团的组织者追偿。

维权指南:

在旅游纠纷案件同时涉及多个法律关系主体的情况下,旅游者要善于区分法律关系,正确选择维权方式,这在很大程度上决定维权目的能否实现,实际损害能否得到赔偿。一个总的原则就是,要选择便捷、稳妥、而又能够使自己的合法权益得以最大限度维护的途径。上述案例就是一个很好的例证,许某可以根据更有利于维护自己合法权益的原则,自主选择向景点管理处要求赔偿或向歌舞团的经营者要求赔偿,而许某选择向景点索赔,能够更有保障地得到赔偿。

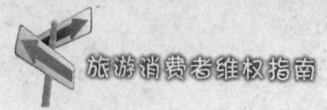

案例6-2-3 游客滑雪时出现安全事故,可以要求经营者承担何种责任?

焦点:滑雪经营者的责任及赔偿范围是什么?

2002年春节,龚某随团到北京旅游,在旅游合同中提供的供游客自愿选择参加的旅游娱乐项目中,龚某选择参加旅游合同中并没有提供的滑雪项目。在滑行过程中,因速度较快,同时也未能控制好方向,龚某肩部与护栏的金属立柱猛烈相撞,从滑道中摔出,造成粉碎性骨折,并留下后遗症。事后,龚某要求该滑雪场进行赔偿,而该滑雪场认为滑雪本身就有危险,龚某受伤是其自己的失误造成的,滑雪场不承担任何责任。龚某向法院起诉,要求某滑雪场赔偿自己经济损失120 000元,法院判决该滑雪场赔偿龚某经济损失91 800元。

维权依据:

这是一起旅游者的生命健康权受到侵害引发的旅游纠纷案件。依照我国《消费者权益保护法》第18条的规定:"经营者应当保证其提供的商品或者服务符合保障人身、财产安全的要求。对可能危及人身、财产安全的商品和服务,应当向消费者作出真实的说明和明确的警示,并说明和标明正确使用商品或者接受服务的方法以及防止危害发生的方法。经营者发现其提供的商品或者服务存在严重缺陷,即使正确使用商品或者接受服务仍然可能对人身、财产安全造成危害的,应当立即向有关行政部门报告和告知消费者,并采取防止危害发生的措施。"本案中,虽然滑雪是一种高速危险的娱乐活动,旅游消费者应具有一定的自我保护意识。但是,这并不能免除滑雪场经营者的安全保障义务。正因为滑雪具有一定的危险性,所以对经营此项运动应当有更高的安全保护要求。滑雪场选用金属立柱作为安全护栏,明显不符合安全防护要求,因为金属护栏不仅不能够保护人身安全,还对人身安全构成了直接威胁,滑雪场在安全防护上具有过错。由于滑雪场的安全防范措施存在缺陷,导致龚某在娱乐消费时造成身体伤害,滑雪场应承担相应的民事赔偿责任。因此,滑雪场经营者应当依照《消费者权益保护法》第

41 条规定:"经营者提供商品或者服务,造成消费者或者其他受害人人身伤害的,应当支付医疗费、治疗期间的护理费、因误工减少的收入等费用,造成残疾的,还应当支付残疾者生活自助具费、生活补助费、残疾赔偿金以及由其扶养的人所必需的生活费等费用;构成犯罪的,依法追究刑事责任。"赔偿龚某因滑雪事故支付的医疗费、治疗期间的护理费、因误工减少的收入等费用。

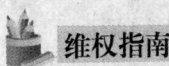

在随团旅游中,旅游者在选择娱乐活动时,应尽量选择事先有计划安排的项目。在计划外活动中引发的各种纠纷,牵涉救济方式的选择问题,正确的经济途径,在某种意义上对能否获得相应的救济起着关键作用。如果旅游者自己无法判断,最好向相关机构或者法律专业人员进行咨询。

本节小结:

在随团旅游的情况下,如果旅游者想在旅行社安排的项目之外参加自己喜爱的娱乐活动,最好先和带队导游人员进行沟通,征询相关意见,在发生纠纷时可以要求旅行社方面给予协助,选择有效的救济方式,才更有利于权益的实现。一般来讲,在旅途中若遇旅游纠纷,可先与组团社的全陪、领队或地接社导游沟通,不能解决时,再与组团社联系,要求妥善处理。若旅行社拒不接受意见,应注意搜集证据,待行程结束后再向旅行社交涉或向有关部门投诉或通过法律途径解决。当案件复杂、重大和极难调解时,尤其是涉及旅游人身财物意外事故等不适用旅行社保证金赔偿范围的经济纠纷案件时,建议旅游者尽快选择解决纠纷的最高程序,即寻求法律途径解决。

第三节 个人游娱乐活动出现问题怎么办?

《最高人民法院关于审理人身损害赔偿案件适用法律若干问题的解释》第 2 条规定:受害人对同一损害的发生或者扩大有故意、过失

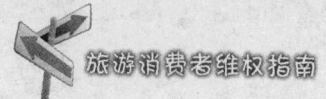

的,依照《民法通则》第 131 条的规定,可以减轻或者免除赔偿义务人的赔偿责任。但侵权人因故意或者重大过失致人损害,受害人只有一般过失的,不减轻赔偿义务人的赔偿责任。

旅游的吸引力除了优美的景色,多样的文化之外,还包括刺激与冒险。游客在旅游过程中参加个人喜爱的娱乐项目、特别是高风险项目时,要充分参与了解该类娱乐项目的注意事项,提高风险防范意识,一旦出现意外事故,要理清责任主体及相关法律关系,在多数情况下,可能会更多地适用合同法律关系和民事法律关系,有些特殊情况下,还会引发刑事责任,这些都是旅游者在参与自娱自乐项目时不得不充分考虑的问题。下面介绍的几个案例,希望能够给旅游者一些启示。

 案例 6-3-1 旅游者景点骑马游玩摔伤谁来承担赔偿责任?

焦点:游客骑马意外摔伤,马主是否承担责任?

2004 年 5 月,王某等人在北京某森林公园旅游景区游玩时,因为走了半天山路,十分劳累,看到有人可以为游客提供马匹作为代步工具,边骑马边观看风景,很是惬意,王某与马主人张某谈好价格,骑上一匹马并由张某为他牵着马缰。骑了一会儿,王某嫌马走得太慢,就让张某放开缰绳,自己打马如飞向山下冲去。因山路崎岖,一个马失前蹄,王某从马背上摔下,造成严重骨折,花去医疗费用 2 万多元。为了维护自己作为消费者的合法权益,王某将张某告上法庭,要求张某赔偿自己医疗费、营养费、交通费等损失。法院判决张某赔偿王某相关经济损失12 000 元。

维权依据:

这是一起因在景区骑马引发的旅游服务纠纷案件。根据我国《消费者权益保护法》第 18 条的规定:"经营者应当保证其提供的商品或者服务符合保障人身、财产安全的要求。对可能危及人身、财产安全的商品和服务,应当向消费者作出真实的说明和明确的警示,并说明和标明正确使用商品或者接受服务的方法以及防止危害发生的方法。"张

某在为王某提供骑马娱乐活动时,没有对游客充分说明骑马活动的危险性和应当注意的事项,也没有对游客采取必要的相关保护措施。特别当王某要求自己骑马时,危险就更大,需要马场安排专人进行安全防护工作。而作为马主人的张某,未对潜在的危害进行足够的重视,没有将马控制在安全控制范围之内,让游客单独骑马在崎岖的山路上奔跑,未对游客尽到足够的安全保护义务,致使游客摔下马受伤,故对马匹因失去控制给王某造成的损害承担相应的赔偿责任。其应当承担的损害赔偿范围为医疗费、治疗期间的护理费、因误工减少的收入以及交通费、营养费等费用。

维权指南:

旅游者外出该如何维护自身的权益呢?在旅游途中和旅游结束后又有哪些解决旅游纠纷的有效途径呢?按照《旅游投诉暂行规定》的有关条款,下列损害行为列入旅游投诉范围:1.认为旅游经营者不履行合同或协议的;2.认为旅游经营者没有提供价质相符的旅游服务的;3.认为旅游经营者故意或过失造成投诉者人身伤害的;4.认为旅游经营者欺诈投诉者,损害投诉者利益的;5.旅游经营单位职工私自收受回扣和索要小费的;6.其他损害投诉者利益的。凡在我国境内旅游活动中发生的以上各类损害行为之一的,投诉者可以向我国旅游管理机关投诉。包括旅游投诉在内,总的来讲,旅游者有五种维权方式可供选择:一是与旅游经营者协商和解,二是请求消费者协会调解,三是向有关行政部门申诉,四是根据与经营者达成的仲裁协议提请仲裁机构仲裁,五是向人民法院提起诉讼。

案例6-3-2 游客娱乐场所遭第三人侵害,可否向场所经营者索赔?

焦点:娱乐场所经营者是否应当对经营范围内的第三人侵权行为负责?

2004年5月,吴某在某公园游玩时,因为与另一名游客发生争吵,遭其同伴殴打,吴某受伤后向公园执勤人员求助,执勤人员未予理睬,肇事者在打人后逃离现场。事后,吴某将公园管理处作为被告诉至法院,要求公园管理处赔偿其医疗费用,法院判决公园管理处赔偿吴某医疗费、误工费、交通费等损失5 000余元。

维权依据:

这是一起游客在公园内遭人殴打引发的旅游纠纷案例。焦点问题是作为场所管理者,公园管理处应否承担赔偿责任?根据《旅游安全管理暂行办法实施细则》第6条的规定,经营旅游业务的企事业单位是旅游安全管理工作的基层单位,负有安全管理工作的职责,应设立安全管理机构,配备安全管理人员;建立安全规章制度,并组织实施;建立安全管理责任制,将安全管理的责任落实到每个部门、每个岗位、每个职工;坚持日常的安全检查工作,重点检查安全规章制度的落实情况和安全管理漏洞,及时消除安全隐患。本案中,公园作为一个规模较大的旅游业务经营场所,游客购买门票进入公园游玩娱乐,双方就形成合同关系,公园本应对顾客尽到合理限度范围内的安全保障义务。但是,由于其在治安管理和相应安全设施上存在瑕疵,当吴某遭殴打时,公园管理人员未及时加以阻止,也未采取劝阻和救助措施;侵害行为结束后,公园工作人员未采取有效措施阻止肇事者离开现场,公园管理处没有尽到安全保障义务,致使吴某人身遭到侵害,其"不作为"行为与吴某的损害结果之间具有因果关系,依法应当承担对吴某"不作为"的法律责任。但是,由于该损害是由第三人侵害行为直接造成的,因此,公园管理处在承担了赔偿责任后,有权向实施侵害行为的第三人追偿。

维权指南:

消费者因购买、使用商品或者接受服务受到人身、财产损害的,享有依法获得赔偿的权利。经营者对消费者负有安全保障义务,这种义务是一种积极的作为义务,要求经营者在合理限度范围内以积极作为的方式防止损害的发生,这种损害既包括经营者提供的商品或服务本身对消费者造成的损害,也包括消费者在接受服务过程中因第三人的侵权行为造成的损害。在第三人侵权的情况下,经营者在合理限度范围内可以防止或制止损害的发生,却未能防止或制止时,经营者即存在过错,应当承担不作为的侵权责任。

案例6-3-3 游客在旅游区进行危险性娱乐项目,应当承担何种法律责任?

焦点:旅游区射箭致人死亡可以减轻处罚吗?

2004年5月,谢某在旅游景区内参与一项射箭娱乐活动。正当谢某瞄准靶子准备射击时,看到树上有一只喜鹊,一时兴起就朝喜鹊方向射去,不料正好射中游客贾某胸部,致其当场倒地身亡。经检察院提起公诉,法院审理,谢某因过失致人死亡被判处有期徒刑2年,并一次性赔偿附带民事诉讼被害人经济损失15 000元。

维权依据:

这是一起游览过程中因娱乐引发的刑事案件。本案中,谢某只顾射击取乐,疏忽大意,未能预见到其行为的严重后果,以致造成他人中箭死亡,其行为均已构成过失致人死亡罪,依法应予处罚。但是,谢某缺乏杀人的故意,对贾某的死亡,谢某既不希望也不放任其发生,完全是其过失行为造成的,因此其行为不构成(间接)故意杀人罪。谢某不是已经预见到可能发生击中他人的后果而放任其发生,而是由于一时疏忽,对其行为可能造成的后果应当预见而没有预见,终于发生了游客贾某中箭身亡的严重后果,具有严重过失,已经构成犯罪。因此,谢某不但应负刑事责任,而且要承担经济赔偿责任。

维权指南:

上述案例虽然不是一起旅游者直接消费维权的案例,但却关系到旅游者本人和他人重大的人身权利,笔者特意把它编写在本书案例的最后,给旅游者敲响警钟,提醒旅游者时刻注意自己和他人的安全。旅游者在选择休闲娱乐项目时,特别是高度危险的活动时,一定要绷紧安全这根弦,真正使旅游度假成为陶冶情操、增长知识、愉悦身心、利人利

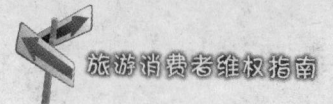

己的休闲娱乐活动。切不可因一时的快乐,造成无法挽回的后果。

本节小结:

很多自费娱乐项目或者旅游者个人参与的项目,虽然刺激、有趣、具有强大的吸引力,但大多具有很高的风险,游客在参与此类项目时要格外的小心谨慎。而且,有些项目可能是非法的,旅游者不要去不健康的娱乐场所,或者是高风险可能会导致刑事责任的场所,在缺乏旅行社或者导游人员的引导下,旅游者要注意甄别,避免因疏忽大意造成严重后果。

下篇

旅游法规重点条款解读

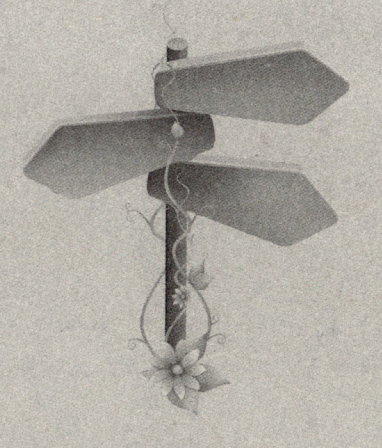

法规解读

第七章

旅游法律关系属于经济基础的范畴,涉及旅游者、旅游企业、国家旅游行政管理机关以及其他社会经济组织之间在旅行游览活动中依法形成的权利和义务关系,是一定的社会物质关系在法律上的反映。任何一项具体的旅游法律关系,都是由旅游法律关系的主体、旅游法律关系的客体和旅游法律关系的内容三要素所构成的。缺少了其中任何一个要素,不能构成旅游法律关系;变更其中任何一个要素,就不再是原来的旅游法律关系。旅游法律关系是以旅游法律、法规上的权利、义务为内容的社会关系,也就是旅游法律关系的主体依法享有的权利和承担的义务。旅游法律关系主体的权利,是旅游法律关系主体在法定的范围内,根据自己业务活动的需要,进行各种经济活动的权利。旅游法律关系主体的义务,是旅游法律关系主体按照规定必须担负的义务。总之,在旅游法律关系中,权利和义务是联系在一起不可分割的。义务主体必须按照权利主体的要求作出一定行为或抑制一定行为,如果义务主体不履行或不适当履行义务,就应受到法律的处罚和制裁。

随着我国市场经济的发展和人民生活水平的提高,旅游业发展在国民经济中占有越来越重要的地位,因而也得到越来越多的重视。在这种形势下,根据法律的调整和完善,国家旅游局陆续颁布了一系列法规、条例,规范旅游市场和促进旅游业的发展。目前,我国现行的主要旅游法律、行政法规、部门规章及规范性文件、地方性法规、地方性行政规章及规范性文件等共有70多部,主要涉及以下几个方面。

一、旅游行业和企业管理方面的法律法规。如《旅行社管理条

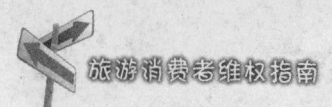

例》、《旅行社投保旅行社责任保险规定》、《旅行社质量保证金赔偿暂行办法》、《导游人员管理条例》、《中国旅游饭店行业规范》、《旅游涉外饭店星级的划分及评定》、《出境旅游领队人员管理办法》等。

二、旅游交通运输方面的法律法规。如《中华人民共和国铁路法》、《中华人民共和国民用航空法》、《中华人民共和国民用公路法》、《中国民航旅客、行李运输规范》、《汽车旅客运输规范》等。

三、旅游者权益保护方面的法律法规。如《中华人民共和国消费者权益保护法》、《旅游投诉暂行规定》等。

四、旅游资源开发、利用和保护方面的法律法规。如《中华人民共和国文物保护法》、《风景名胜区管理暂行条例》、《旅游区(点)质量等级评定办法》等。

五、旅游市场管理方面的法律法规。如《旅游统计管理办法》、《旅游发展规划管理办法》等。

六、其他相关法律法规。除了专门的旅游立法之外,我国现行的一些法律如《中华人民共和国民法通则》、《中华人民共和国反不正当竞争法》、《中华人民共和国公民出入境管理办法》、《中华人民共和国海关法》、《中华人民共和国食品卫生法》、《娱乐场所管理条例》等,都在不同程度上对旅游社会关系起着调整作用。

在本章中,将重点向读者介绍与旅游者权益保护密切相关的七部法律法规,并就重点条款作出简要说明,以求对读者有所帮助。

第一节 关于《旅行社管理条例》

旅行社是以营利为目的,专门从事旅游业务的企业,是旅游法律关系的构成要素之一,是构成旅游法律关系不可缺少的组成部分。旅行社是旅游业活动的组织者,是联系旅游者与旅游供应者之间的桥梁,也是联系旅游业务各个部门的纽带。作为旅游法律关系主体,旅行社依照国家制定的旅游价格和服务收费标准向旅游者收取各种旅游费用,按约定为旅游者提供旅游服务产品。在我国,旅行社提供的旅游服务产品主要包括四个方面的内容:为旅游者代办出境、入境和签证手续;

招徕和接待旅游者;向旅游者提供导游服务;代旅游者订购票务,为旅游者安排交通、游览、住宿、购物、餐饮、娱乐、汇兑、邮电等服务活动。

目前,《旅行社管理条例》、《中华人民共和国公司法》、《中华人民共和国反不正当竞争法》及国家旅游局先后制定颁布的《旅行社管理条例实施细则》、《旅行社质量保证金暂行规定》、《旅行社质量保证金暂行规定实施细则》、《旅行社质量保证金赔偿暂行办法》、《旅行社质量保证金赔偿试行标准》等构成了一套较完整的规范旅行社活动的法律法规体系,为我国旅行社管理纳入法制化轨道,提供了有力的法律保障。

《旅行社管理条例》节选

(1996年10月15日中华人民共和国国务院令第205号发布,根据2001年12月11日《国务院关于修改〈旅行社管理条例〉的决定》修订)

第十七条 旅行社应当按照核定的经营范围开展经营活动。旅行社在经营活动中应当遵循自愿、平等、公平、诚实信用的原则,遵守商业道德。

法条解读:旅行社的性质和规模不同,其经营范围也不尽相同。旅行社按照经营业务范围,分为国际旅行社和国内旅行社。国际旅行社的经营范围包括入境旅游业务、出境旅游业务、国内旅游业务,国内旅行社的经营范围仅限于国内旅游业务。旅行社应当按照核定的经营范围开展经营活动,不得超范围经营旅游业务。

旅行社从事旅游经营业务,应当遵照自愿、平等、公平、诚实信用的法律基本原则,不得假冒其他旅行社的注册商标、品牌和质量认证标志,擅自使用其他旅行社的名称,以承包、挂靠或变相承包、挂靠方式非法转让经营权或部分经营权,与其他旅行社串通起来制定垄断价格,损害旅游者和其他旅行社的利益,以低于正常成本价的价格参与竞销,委托非旅行社单位或任何个人代理或变相代理旅游业务,制造和散布有损其他旅行社的企业形象和商业信誉的虚假信息,为招徕旅游者向旅游者提供虚假的旅游服务信息以及其他被国家旅游局认定为扰乱旅游市场秩序的行为等手段从事旅游业务。

第二十条 旅行社应当维护旅游者的合法权益。旅行社向旅游者提供的旅游服务信息必须真实可靠,不得作虚假宣传。

法条解读:旅行社向旅游者发布旅游服务信息,要遵守《中华人民共和国广告法》等相关法律规定,不得作虚假广告,所作的广告宣传不得使用模糊的、不确定的用语,故意误导、欺骗旅游者和公众。广告宣传促销必须与经营范围相一致,必须与旅游产品质量相一致,违反上述规定,将受到旅游行政管理部门的处罚。造成旅游者合法权益受到损害的,应当承担损害赔偿责任。

第二十一条 旅行社组织旅游,应当为旅游者办理旅游意外保险,并保证所提供的服务符合保障旅游者人身、财物安全的要求;对可能危及旅游者人身、财物安全的事宜,应当向旅游者作出真实的说明和明确的警示,并采取防止危害发生的措施。

法条解读:旅行社组织旅游活动应切实执行《旅游安全管理暂行办法》、《旅游安全管理暂行办法实施细则》、《重大旅游安全事故报告制度试行办法》、《重大旅游安全事故处理程序试行办法》及《漂流旅游安全管理暂行办法》有关规定,把"安全第一,预防为主"的方针贯穿于旅游接待的每一个环节,清除一切安全隐患。当周围环境存在危及旅游者人身、财产安全的不安全因素或旅游者人身安全、财物安全受到侵害时,旅行社派出的工作人员应当采取有效的救护措施,并及时向组团的旅行社报告;在境外的领队还应当向中国政府驻外使领馆、驻外旅游机构报告。旅行社在组织旅游者旅游时,发生旅游者伤亡等重大事故的,应当在知道事故发生后立即向主管旅游的行政管理部门报告。

需要注意的是,自2001年9月1日起施行的《旅行社投保旅行社责任险》同时废止了《旅行社办理旅游意外保险暂行规定》,使旅行社为旅游者办理旅游意外险的强制性保险转变为旅游者自愿选择参加的保险。旅行社在组织旅游者旅游时,只负有向旅游者推荐办理旅游意外保险的义务,而是否办理则由旅游者根据自身情况自愿选择投保。

第二十二条 旅行社对旅游者提供的旅行服务项目,按照国家规定收费;旅行中增加服务项目需要加收费用的,应当事先征得旅游者的

同意。旅行社提供有偿服务,应当按照国家有关规定向旅游者出具服务单据。

法条解读:旅行社销售旅游产品和服务时,要与旅游产品和服务的消费者签订书面的旅游合同,就旅游行程安排、旅游价格、违约责任作出明确规定。如果旅行社承诺旅行费用实行全包价的,全包价的内容至少应当包括交通、住宿、餐饮、景点门票(特殊景点可以除外)和导游服务等费用。如果旅行社答应旅行费用实行半包价的,半包价的内容至少应当包括交通、住宿和导游服务等费用。

旅游合同成立后即发生法定效力,任何一方不得擅自变更。旅行社未经旅游者同意,不得单方改变活动日程、减少或者增加参观项目、增加费用或安排合同未约定的其他旅游消费活动。旅行社如需安排合同以外需要收费的旅游项目,应当征得旅游者的同意并出具服务单据。旅行社在经营活动中对旅游服务和旅游产品价格等费用应当明码标价。旅游合同签订后,除国家调整汇率或者运输价格,且合同双方约定此种情况下可以提高旅游总价格外,旅行社不得单方面提高旅游总价格。

第二十三条 因下列情形之一,给旅游者造成损失的,旅游者有权向旅游行政管理部门投诉:

(一)旅行社因自身过错未达到合同约定的服务质量标准的;

(二)旅行社服务未达到国家标准或者行业标准的;

(三)旅行社破产造成旅游者预交旅行费损失的。

旅游行政管理部门受理旅游者的投诉,应当依照本条例的规定处理。

法条解读:旅行社和旅游者签订合同后,应当严格按照合同的约定履行义务,因不可抗力不能履行合同的,根据不可抗力的影响,可以部分或者全部免除责任,但法律另有规定的除外。旅行社的义务就是旅游者应享有的权利,旅游者有权要求旅行社按合同约定履行相应义务。旅行社未按旅游合同中的标准向旅游者提供交通、住宿、餐饮或者其他与旅游有关的服务,应当承担违约责任。给旅游者造成损失的,旅行社应当依法赔偿。由于第三人未履行旅游合同对旅游者造成损失的,由旅行社先行赔偿。旅行社可以向有过错的第三人进行追偿。旅行社对旅游者提供的服务有欺诈行为的,旅游者可以依照《中华人民共和国消费者权益保护法》的规定要求赔偿。

第二十四条 旅行社为接待旅游者聘用的导游和为组织旅游者出境旅游聘用的领队,应当持有省、自治区、直辖市以上人民政府旅游行政管理部门颁发的资格证书。

法条解读:旅行社是专门为游客提供旅游服务产品的企业,国家对旅游业实行的是职业准入制度,旅行社业为许可经营行业,即只有经过旅游主管部门认定的企业法人才能够从事旅游业务,未经旅游行政管理部门审核批准并取得许可证的,不得从事旅游业务。同样,只有经过国家导游资格考试和领队资格考试,获取导游证和领队证的人员才具有组织游客进行旅游活动的资格,才能够为旅游者提供优质的旅游服务产品。旅行社聘用没有导游资格和领队资格的人员接待旅游者,不但是一种违反法律规定的行为,而且也是侵害旅游者合法权益的行为,将由旅游主管部门依法给予相应处罚。

第二十五条 旅行社组织旅游者出境旅游,应当选择有关国家和地区的依法设立的、信誉良好的旅行社,并与之签订书面协议后,方可委托其承担接待工作。因境外旅行社违约,使旅游者权益受到损害的,组织出境旅游的境内旅行社应当承担赔偿责任,然后再向违约的境外旅行社追偿。

法条解读:旅游活动是一个由多方合作共同完成的综合性过程,需要交通业、饭店业、旅游景点以及当地接待旅行社等多方面的配合与协作,单靠组团社是无法履行旅游合同规定的各项旅游活动的。对于出国旅游业务来讲,国内组团社和境外接待社之间存在法律上的代理关系,境外接待社是国内组团社的受托方,代表国内组团社履行旅游合同中约定的旅游团在国外的行程。如果由于国外旅行社不具备相应的资质或信誉,未能提供旅游合同中约定的服务项目或达到相应的服务质量,或者因境外旅行社违反合同约定给旅游者造成损害的,其法律后果将直接由国内组团社承担,即应先由国内组团社对旅游者的损失进行赔偿,然后国内组团社可以再按照委托代理合同向境外旅行社追偿。

第二节 关于《旅行社投保旅行社责任保险规定》

由于旅游过程中存在大量不确定因素和各种潜在的风险,容易出现各种意外事故并造成损失。而且因为活动是一种异地行为,一旦造成损害,旅游者往往难以得到有效的补偿。为保障旅游者和旅行社的合法权益,尽可能地减少和避免旅游者由于各种可能遇到的风险带来的经济损失,国家旅游局在《旅行社管理条例》和《中华人民共和国保险法》等有关规定的基础之上,于2001年5月15日颁发了《旅行社投保旅行社责任保险规定》,并于2001年9月1日起实施,为有效维护旅游者的合法权益又增添了一项法律保障。

《旅行社投保旅行社责任保险规定》节选

(中华人民共和国国家旅游局令第14号,2001年5月5日)

第二条 旅行社从事旅游业务经营活动,必须投保旅行社责任保险。

法条解读:旅游保险是保险业的一项业务,它是根据保险合同的约定,由投保人向保险人支付保险费,保险人对于保险合同约定的在旅游活动中可能发生的事故所造成的人身、财产损失承担赔偿保险金责任。旅游保险合同可以分为自愿保险合同和强制保险合同。目前,我国旅游保险市场主要有旅行社责任险和旅游意外保险,其中,旅游意外险由旅行社推荐、旅游者自愿购买,属于自愿保险;旅行社责任险则根据旅游法律规定,由从事旅游业务经营的旅行社购买,属于强制保险。之所以说旅行社责任保险是强制性保险,是因为旅行社在从事旅游业务经营活动时,必须履行的一项强制性法律义务。如果旅行社在从事旅游业务经营活动时,未投保旅行社责任保险的,或者旅行社投保旅行社责任保险的责任范围小于所规定要求的,或者投保旅行社责任保险的金额低于所规定的基本标准的,则会受到旅游行政管理部门的处罚。

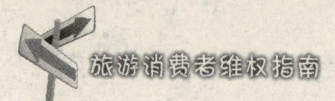

第三条 本规定所称旅行社责任保险,是指旅行社根据保险合同的约定,向保险公司支付保险费,保险公司对旅行社在从事旅游业务经营活动中,致使旅游者人身、财产遭受损害应由旅行社承担的责任,承担赔偿保险金责任的行为。

法条解读:旅行社投保旅行社责任保险,应当按照《中华人民共和国保险法》的规定,由投保人和保险公司遵守公平互利、协商一致的原则签订保险合同,不得损害社会公共利益。旅游保险既具有一般保险合同的共性特征,也具有旅游业自身的个性特点。旅行社责任保险的特点在于,它是以旅行社在从事旅游业务经营活动中应承担的赔偿责任为保险标的的,具有很大的综合性。投保人是旅行社,被保险人也是旅行社,受益人还是旅行社,保险人是承保的保险公司。

第五条 旅行社应当对旅行社依法承担的下列责任投保旅行社责任保险:

(一)旅游者人身伤亡赔偿责任;

(二)旅游者因治疗支出的交通、医药费赔偿责任;

(三)旅游者死亡处理和遗体遣返费用赔偿责任;

(四)对旅游者必要的施救费用,包括必要时近亲属探望需支出的合理的交通、食宿费用,随行未成年人的送返费用,旅行社人员和医护人员前往处理的交通、食宿费用,行程延迟需支出的合理费用等赔偿责任;

(五)旅游者行李物品的丢失、损坏或被盗所引起的赔偿责任;

(六)由于旅行社责任争议引起的诉讼费用;

(七)旅行社与保险公司约定的其他赔偿责任。

法条解读:本条规定的是旅行社责任保险的客体,即旅行社在经营活动中应当承担赔偿责任的范围,凡属符合上述条件之一的损害所造成的损失,均由旅行社承担赔偿责任。而本条中所指的"赔偿责任",是指由旅行社的过错造成的游客的人身、财产的损失。因而,对于旅游者在旅游过程中由于自身疾病或个人过错导致的受损,或者在旅行社组织安排的活动之外发生的损失,旅行社是不承担赔偿责任的。

第六条 旅游者参加旅行社组织的旅游活动,应保证自身身体条件能够完成旅游活动。旅游者在旅游行程中,由自身疾病引起的各种损失或损害,旅行社不承担赔偿责任。

　　法条解读:本条规定的是旅行社免予承担旅行社责任保险赔偿的法定情形之一,符合该法定情形的,旅行社一般可以据此免责。但是,并非存在上述情况,旅行社就必然免除赔偿责任。如果旅行社和旅游者双方在签订旅游合同时,旅游者已经声明且为旅行社接受的、需要旅行社照顾的情形,旅行社及其工作人员没有尽到照顾义务的,仍然应当承担赔偿责任。

　　第七条　旅游者参加旅行社组织的旅游活动,应当服从导游或领队的安排,行程中注意保护自身和随行未成年人的安全,妥善保管所携带的行李、物品。由于旅游者个人过错导致的人身伤亡和财产损失,以及由此导致需支出的各种费用,旅行社不承担赔偿责任。

　　法条解读:本条规定的是旅行社免予承担旅行社责任保险赔偿的法定情形之二。民事法律责任一般采用过错责任原则,即由有过错的一方承担不利的法律后果。任何一方都不能把由于自身过错造成的损失,转嫁给没有过错的对方来承担。因此,如果旅行社不存在过错行为,单方面由旅行者个人的过错所造成的损失,一般应当由旅游者个人来承担,这是符合民事法律过错责任原则和公平性原则的。

　　第八条　旅游者在自行终止旅行社安排的旅游行程后,或在不参加双方约定活动而自行活动的时间内,发生的人身、财产损害,旅行社不承担赔偿责任。

　　法条解读:本条规定的是旅行社免予承担旅行社责任保险赔偿的法定情形之三。由于旅行社的责任不是无限制的而是有时间和空间限制的,即旅行社的责任开始于和旅游者达成旅游合同,旅行社组织旅游者参加旅行社安排的旅游行程开始,结束于履行完毕旅游合同所约定的相关义务,直至该旅游行程结束为止。因此,超出该时空区间而中止旅游行程,或者旅游活动结束后发生的人身、财产损害,以及不属于旅游合同约定范围之内的游客个人活动造成的人身、财产损害,均不属于旅行社赔偿责任的范围。如果旅游者自行终止旅行社安排的旅游行程,责任期限则自其终止旅游行程的时间为止。旅游者在终止双方约定的旅游行程后自行旅游的,也不在旅行社责任保险之列。

　　第九条　旅行社责任保险的保险期限为一年。

法条解读:本条款规定的是旅行社责任险的期限问题。保险期限又称保险期间,是指保险合同的有效期限,即保险人依约承担保险责任的期限,也叫保险责任的起讫期限。旅行社责任保险的保险期限为一年,即在一年的保险期限内,如果发生投保范围内的赔偿责任,由承保的保险公司承担赔偿责任。对于超过一年的保险期限后发生的应当由旅行社承担的赔偿责任,保险公司不再承担给付保险金的责任。

第十一条 旅行社组织高风险旅游项目可另行与保险公司协商投保附加保险事宜。

法条解读:保险标的的风险性高低,直接决定着风险出现的概率水平和保险费用的高低。如果旅行社组织探险、赛车、狩猎、骑马、攀崖、漂流、潜水、滑雪、滑板、水上摩托艇、跳伞等高风险旅游项目,由于风险性增大,需要保险费用的相应调整,可另行与保险公司协商投保附加保险事宜。

第二十四条 旅游者参加旅行社组织的团队旅游时,可以根据实际需要,从有保险代理人资格的旅行社或直接从保险公司自愿购买旅游者个人保险。旅行社在与旅游者订立旅游合同时,应当推荐旅游者购买相关的旅游者个人保险。

法条解读:旅游者个人保险是指旅行社在组织旅游团队旅游时,为保护旅游者的利益,保险费用由旅游者支付,由组团社一次性负责代办的保险行为。旅游意外保险属于自愿保险,旅游者可以根据个人情况自愿购买,并非强制性要求,旅行社也不负有必须为旅游者购买旅游者个人保险的责任。但是,为了维护旅游者的权益,组团旅行社在与旅游者订立旅游合同时,应当履行向旅游者推荐购买相关旅游者个人保险的义务。旅游者参加旅行社组织的团队旅游时,可以根据实际需要,从有保险代理人资格的旅行社或者直接从保险公司自愿购买旅游者个人保险。这样,一旦旅游者在旅游期间发生事故,就可按照保险合同约定由承保保险公司向旅游者支付保险金。旅游者在保险有效期限内发生保险责任范围内的事故时,旅行社应及时取得事故发生地公安、医疗承保保险公司或其分支公司等单位的有效凭证,并由组团旅行社协同游客向保险公司办理索赔事宜。

第三节　关于《旅行社质量保证金暂行规定》

旅游者在支付了旅游费用后,希望得到相应的服务。但在旅游过程中,如果旅行社不按照旅游合同提供服务,或者旅行社破产,无法提供合同约定的服务项目,旅游者的合法权益就会受到损害。因此,为加强对旅行社服务质量的监督和管理,有效保护旅游者的合法权益,保证旅行社规范经营,根据旅行社的经营特点,参照国际惯例,按照《中华人民共和国消费者权益保护法》、《中华人民共和国反不正当竞争法》和《旅行社管理条例》的有关规定,逐步形成了旅行社实行质量保证金制度。所谓旅行社质量保证金,是指为保障旅游者权益,由旅行社向旅游行政管理部门交纳,并由旅游行政管理部门用以对旅游者进行赔偿的专用款项。该制度在1995年1月1日国家旅游局发布的《旅行社质量保证金暂行规定》及《旅行社质量保证金实施细则》中得以确立。此后,在1996年10月15日颁布的《旅行社管理条例》及1996年11月28日颁布的《旅行社管理条例实施细则》,以及1997年3月27日发布的《旅行社质量保证金赔偿暂行办法》、《旅行社质量保证金赔偿试行标准》以及2001年12月27日国家旅游局颁布的《旅行社管理制度实施细则》中得到进一步确立和完善。

《旅行社质量保证金赔偿暂行办法》节选

（中华人民共和国国家旅游局令第7号,1997年3月27日）

第二条　旅游局分级设立旅游质量监督管理所(以下简称"质监所")负责旅行社质量保证金(以下简称"保证金")赔偿案件的审理。

法条解读:本条规定的是质量保证金索赔案件的受理机关。旅游行政管理部门对质量保证金实行"统一制度、统一标准、分级管理"的原则。旅游行政管理部门分级设立旅游质量管理所即质监所,全面负责处理旅游投诉和旅游质量的监督与管理,并具体负责质量保证金理

赔工作。各级质监所在实施保证金制度中的具体任务是,受理涉及所管范围内的旅行社的质量保证金赔偿请求,进行调查核实,依照规定的理赔原则及程序提出处理意见,报旅游行政管理部门核准。

第四条 下列情形适用保证金赔偿案件的审理:

(一)旅行社因自身过错未达到合同约定的服务质量标准的;

(二)旅行社服务未达到国家标准或者行业标准的;

(三)旅行社破产造成旅游者预交旅行费损失的。

法条解读:本条规定的是保证金赔偿的适用范围。凡符合上述三种情况之一或者国家旅游局认定的其他情形,旅行社不承担或者无力承担赔偿责任时,旅游者均可以向旅游行政管理部门提出投诉,要求以保证金进行赔偿。各类质量事件支付保证金赔偿的数额标准,由质监所根据有关规定提出意见,报旅游行政管理部门决定。其中,因旅行社的过错,主观上故意或过失而使合同约定的服务都未达到质量标准,造成旅游者经济损失的,旅行社应承担赔偿责任。但旅行社在旅游质量问题发生之前已采取了法定措施的,可以减轻或免除其赔偿责任。

第五条 下列情形不适用保证金赔偿案件的审理:

(一)旅行社因不可抗力因素不能履行合同的;

(二)旅游者在旅游期间发生人身财物意外事故的;

(三)本办法第四条规定情形之外的其他经济纠纷;

(四)超过规定的时效和期间的;

(五)司法机关已经受理的。

法条解读:本条款规定的是不适用保证金赔偿案件的五种情形。由于不可抗力因素或旅游者本身原因造成旅游者经济损失的,旅行社自身不存在过错不承担赔偿责任。旅游者在旅游期间非因旅行社的自身原因或意外事件造成的损失不适用保证金赔偿。超过规定时效和期间的赔偿请求,因丧失了法律对实体权利的保护而无法获得胜诉不能得到赔偿。由司法机关受理的案件应通过司法途径获得救济,不再适用保证金赔偿。

第六条 各级旅游质监所对旅行社保证金赔偿案件应先受理,后按投诉对象移送有管辖权的质监所处理。

法条解读:本条规定的是各级旅游质监所的管辖范围,也即管辖权,指各级质监所对质量保证金理赔案件的管辖权限,可分为级别管辖、地域管辖和指定管辖。按照级别管辖的规定,国家旅游局质监所管辖的旅行社的保证金赔偿案件包括中央部门开办设立的国际旅行社;经营出境旅游业务的国际旅行社;在全国有重大影响的旅行社保证金赔偿案件。地方各级旅游局质监所管辖本局收取并管理其保证金的旅行社的保证金赔偿案件。在省(区、市)辖区内有重大影响的保证金赔偿案件,由省级旅游局质监所管辖。

质监所发现受理的案件不属于本所管辖的,应当移送有管辖权的质监所,受移送的质监所应当受理。受移送的质监所认为受移送的案件依照规定不属于本质监所管辖的,应当报请上级质监所指定管辖,不得再自行移送。

上级质监所有权审理下级质监所管辖的保证金赔偿案件,也可以把本所管辖的保证金赔偿案件交下级质监所审理。下级质监所对它所管辖的保证金赔偿案件,认为需要由上级质监所审理的,可以报请上级质监所审理。

第十一条 保证金赔偿应当符合下列条件:

(一)属于本办法所列保证金赔偿适用范围;

(二)请求人是旅游合法权益直接受到侵害的旅游者和其合法代理人;

(三)有明确的被投诉旅行社,具体的要求和事实根据。

法条解读:本条规定的是质量保证金索赔的三个必备条件。上述三个条件应当同时满足,缺少其中任何一个要件,质监所将不予受理其赔偿请求。投诉者应当向旅游投诉管理机关递交投诉状,并按被投诉者人数提出副本。递交投诉状确有困难的,可以口诉,由旅游投诉管理机关记入笔录,并由本人签字。赔偿请求书应当写明被投诉旅行社的名称、导游姓名;请求人的姓名、性别、国籍、职业、年龄及团队名称、地址、电话;赔偿请求和根据的事实、理由与证据。

第十三条 质监所接到赔偿请求书,经审查,符合本办法受理条件的,应当及时作出受理决定;不符合本办法受理条件的,应当在接到赔偿请求书之日起 7 个工作日内通知请求人不予受理的理由。

法条解读:旅游投诉者是旅行社质量保证金赔偿的请求人,是赔偿

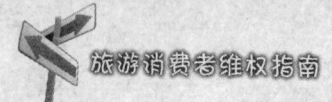

权利主体;旅行社是被投诉人,是赔偿义务主体。赔偿请求人向旅游行政管理部门投诉,并要求旅行社给予经济赔偿的,应提出赔偿请求书,质监所接到请求人提出的赔偿请求书后,根据情况作出受理或不受理的决定。对于受理的案件,质监所对双方当事人能调解的应当在30日内作出调解。调解不成的则作出处理决定,并制作处理决定书通知案件双方当事人。质监所经审查作出不受理的决定,应当在接到赔偿请求书之日起7个工作日内通知请求人不予受理的理由。被投诉旅行社接到质监所通知书后,可与请求人自行协商解决纠纷,但必须在规定的时间内将有关和解情况报送质监所。

第十七条 质监所对调解不成的案件,可以分别作出以下处理:

(一)属于请求人自身的过错,可以决定撤销立案,通知请求人并说明理由;

(二)属于请求人与被投诉旅行社的共同过错,可以决定由双方各自承担相应的责任。双方各自承担责任的方式,可以由双方当事人自行协商确定,也可以由质监所决定;

(三)属于被投诉旅行社的过错,可以决定由被投诉旅行社承担责任。可以责令被投诉旅行社向请求人赔偿损失;

(四)属于其他旅游服务单位的过错,可以决定转送有关部门处理。

法条解读:本条款规定的是质监所处理赔偿金案件的依据问题,即主要采用过错责任原则,由有过错的当事人承担不利的法律后果。质监所作出的处理决定应当采用《旅行社质量保证金赔偿决定书》的形式通知请求人和被投诉旅行社。决定书由所属旅游局主管负责人核准签发。旅游行政管理部门作出赔偿决定后,旅行社无力承担或不承担赔偿责任时,旅游行政管理部门可作出使用该旅行社质量保证金支付赔偿的决定,并书面通知旅行社和赔偿请求人。

第二十条 向质监所请求用保证金赔偿的时效限期为90天。时效期限以请求人受侵害事实发生时计算。超过时效的请求可以不予受理。

法条解读:本条规定的是保证金的赔偿期限。向旅游行政管理部门投诉,并要求旅行社给予经济赔偿的当事人是质量保证金制度中的赔偿请求人。赔偿请求人向旅游行政管理部门投诉,要求旅行社给予

旅游法规重点条款解读  下篇

赔偿时,其请求赔偿的投诉时效期为90天,由事发之日算起,过期旅游行政管理部门不再受理,旅游者的赔偿请求将不能获得支持。

第四节 关于《导游人员管理条例》

导游工作是旅游业中最具代表性的工作,导游人员是旅游接待工作流程中的关键人员。在法律上,导游是旅行社的工作人员,是旅行社的代理人,他在旅行社的授权范围内代理旅行社行使职权。许多国家的法律在对旅行社作具体规定的同时,对导游人员也有相应的法律规定。为了实现我国旅游业与国际旅游业接轨的需要,加强对导游员的培训和管理,提高导游员的接待和服务水平,规范导游活动,维护和保障旅游者、导游人员和旅游经营企业的合法权益,国家旅游局和国务院相继颁布了《关于对全国导游员实行等级评定的意见》、《导游员职业等级标准》和《导游人员管理条例》等法规和规定。导游既然作为旅行社的代理人,则其在代理权限内的行为在法律上就被视为被代理人自己的行为。所以,代理行为虽然发生在导游与旅游者之间,但代理行为的后果直接关系到旅行社。也就是说,由代理行为所设定的权利和义务直接归被代理人即旅行社承受。从某种意义上说,导游的权利和义务是旅行社的权利和义务的引申,导游代理旅行社行使权利和承担义务。

《导游人员管理条例》节选

(中华人民共和国国务院令第263号,1995年5月14日)

第二条 本条例所称导游人员,是指依照本条例的规定取得导游证,接受旅行社委派,为旅游者提供向导、讲解及相关旅游服务的人员。

法条解读: 本条款规定的导游人员概念具有三层含义:一是依法取得导游证,获得从事导游业务的资格。按规定参加导游资格考试、取得导游证,这是担任导游人员的前提条件,也是法定的导游与日常生活中泛称的导游相区别的标志。我国实行全国统一的导游人员资格考试制

度。经考试合格的,由国务院旅游行政部门委托省、自治区、直辖市人民政府旅游行政部门颁发导游人员资格证书。取得导游人员资格证书的,经与旅行社订立劳动合同,或者在导游服务公司登记,方可持有订立的劳动合同或者登记的证明材料,向省、自治区、直辖市旅游行政部门申请领取导游证。在中华人民共和国境内从事导游活动,必须取得导游证。另外,担任旅行社出境团队的全程陪同导游,还必须持有领队证。二是接受旅行社委派,获得正式开展导游活动的合法性。导游人员的导游行为不是个人行为,而是旅行社的行为。因而导游人员进行导游活动,必须经旅行社委派,代表旅行社从事旅游接待服务,在旅行社行业中简称为导游。导游人员不得私自承揽或者以其他任何方式直接承揽导游业务,进行导游活动。三是规定了导游人员的工作内容和业务范围,即向旅游者提供向导、讲解及相关旅游服务。导游服务的业务内容大体可以归纳为两大类:导游讲解服务和旅行生活服务。导游讲解服务包括现场导游、沿途导游、流动游览导游、娱乐活动导游、口译服务等。旅行生活服务包括生活服务、安全服务、票证服务、行李服务、委托服务、购物服务、上下站联络服务、入出境迎送服务等。

第十条 导游人员进行导游活动时,其人格尊严应当受到尊重,其人身安全不受侵犯。导游人员有权拒绝旅游者提出的侮辱其人格尊严或者违反其职业道德的不合理要求。

法条解读:本条规定的是导游人员的人身权。导游人员的权利是法律、法规赋予导游人员在进行活动时享有的权能,维护自身人格尊严和人身安全不受侵犯,是导游人员的基本人身权利,也是其履行职责的基本条件。在导游活动中,导游人员代表旅行社履行职责,负责安排落实旅游活动,进行接待、联系工作,维护游客安全及处理相关问题。因此,为保护导游人员的正当权利,从法律上规定导游人员的人格尊严不受侵犯是必要的,对导游活动中侵害导游人员人身权利的,导游人员可以报告有关部门对其进行处理,也可以依法申请复议、提起诉讼。

第十三条 导游人员应当严格按照旅行社确定的接待计划,安排旅游者的旅行、游览活动,不得擅自增加、减少旅游项目或者中止导游活动。

导游人员在引导旅游者旅行、游览过程中,遇有可能危及旅游者人旅游法规重点条款解读 下篇

身安全的紧急情形时,经征得多数旅游者的同意,可以调整或者变更接待计划,但是应当立即报告旅行社。

法条解读:"履行合同"是导游服务的基本原则。旅行社确定的接待计划,是导游人员组织导游活动的依据,导游人员必须严格按照接待计划中的行程进行安排落实,在计划的时间和费用内保证旅游者能够充分地游览、观赏,不折不扣地按照旅游合同规定的内容和标准向游客提供导游服务,将维护旅游者的合法权益作为自己的服务准则。无特殊情况,不准缩短游览时间,不得擅自增加自费项目,不得减少游览内容。否则,便构成单方变更接待计划。

导游人员按计划安排旅游活动是其应尽的义务。但是,由于旅游活动中存在很多不确定因素,在遇到特殊情况时,为有效维护旅游者的利益,导游人员有权根据客观实际情况调整或变更接待计划。但只有在同时符合下列四个条件的情况下,导游人员才能够行使该项权利:一是必须是在进行导游活动的过程中,即必须是在旅游活动开始之后、结束之前。如果在旅游活动尚未开始以前需要变更旅游接待计划,应由旅行社与旅游者协商,达成一致意见后,由旅行社调整、变更接待计划。在旅游活动结束后,旅行社同旅游者之间法律上的权利义务关系终止,也不存在变更接待计划问题。二是必须是在遇到可能危及旅游者人身安全的紧急情况之时。导游人员的职责之一是保证旅游者的人身安全,如果导游人员在带团过程中,遇到有可能危及旅游者人身安全的紧急情形时,导游人员应当当机立断,及时调整接待计划或变更接待计划,避免旅游者的人身安全遭受危害。需要说明的是,这里只包括危及人身安全的紧急情况,而不包括危及财产安全的情况。三是必须经过多数旅游者的同意。旅游合同包括旅游接待计划一经签订,即受到法律保护,双方应当严格按约履行,但出于对旅游者人身安全的考虑,当发生紧急情形确需调整或者变更接待计划的,必须与旅游者协商。由于旅游团队中人数较多,难以形成统一的意见,因此导游人员只要征得多数旅游者同意即可行使调整或者变更接待计划的权利。四是必须立即报告其所在的旅行社。接待计划是旅行社确定并得到旅游者认可的,导游人员只能接受旅行社委派执行接待计划而无权变更。因此在紧急情形下,导游人员虽然可以行使调整或者变更接待计划的权利,但

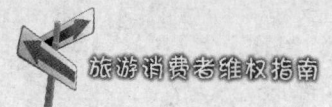

必须立即报告旅行社,以得到旅行社的认可。

第十四条 导游人员在引导旅游者旅行、游览过程中,应当就可能发生危及旅游者人身、财物安全的情况,向旅游者作出真实说明和明确警示,并按照旅行社的要求采取防止危害发生的措施。

法条解读:该条规定的是导游人员的告知义务,也是其安全保障义务的具体体现之一。保护旅游者的生命财产安全是导游人员头等重要的责任,旅游者在异国他乡进行旅游,由于信息优势缺失,就会存在各种潜在的风险。因此在游览过程中,全陪、地陪和领队等导游人员必须树立"安全第一"的意识,在带团过程中提高警惕,加强安全防范,及时向旅游者通报旅游地的相关信息,向游客介绍必要的旅游安全常识和相关的防范措施,密切注意旅游者的动向和周围环境变化,对潜在的不安全因素进行说明和防范,随时提醒旅游者注意安全,不要自行离团活动,不要擅自进入危险区域,防止旅游者财物丢失、被盗、走失或发生意外事故。实践中,这项义务被导游人员概括为"告知"义务。如果导游人员未尽到该项告知义务给旅游者造成人身财产损害的,导游人员和旅行社都要承担相应的法律责任。

第十五条 导游人员进行导游活动,不得向旅游者兜售物品或者购买旅游者的物品,不得以明示或者暗示的方式向旅游者索要小费。

法条解读:本条款规定的是导游人员不得作为的两项义务,而这两项义务是以"不作为"的形式表现的。导游人员的义务是其应当承担的责任,即导游人员依法必须为一定行为或者抑制一定行为的范围和限度。导游人员的义务同其权利一样,都是国家以法律、法规的形式确认的。所不同的是,导游人员的义务是导游人员在进行导游活动时所必须行为或不为的范围;而导游人员的权利,则是导游人员可以行为的范围。一方面,向旅游者兜售物品或者购买旅游者的物品,不属于导游人员职责范围,并且容易造成交易上的不公平与不公正,侵害旅游者的合法权益。另一方面,以明示或者暗示的方式向旅游者索要小费,则是我国旅游法规历来所禁止的。所谓"明示的方式",是指导游人员以语言、文字或者其他直接表达意思的方法明确地向旅游者索要小费;所谓"暗示的方式",是指导游人员不明确表示,而是以含蓄的语言、文字或者示意的举动等间接表达意思的方法,向旅游者索要小费的形式。违反上述两项不作为义务,将会受到相应处罚。

第十六条 导游人员进行导游活动,不得欺骗、胁迫旅游者消费或者与经营者串通欺骗、胁迫旅游者消费。

法条解读:本条款规定的是导游人员的另两项不作为义务。第一,欺骗,是指导游人员或者导游人员与经营者串通起来,故意告知旅游者虚假的信息,或者故意隐瞒真实的情况,诱导旅游者作出错误意思表示的行为。第二,胁迫,是指以给旅游者及其亲友的生命健康、名誉、荣誉、财产等造成损害为要挟,迫使旅游者作出违反真实意思表示的行为,既可以是导游人员胁迫旅游者,也可能是导游人员与经营者串通起来胁迫旅游者。导游人员带团的目的,是要以旅游者的需要为中心,与其他导游人员及相关行业一起,帮助旅游者实现所购买的旅游产品的使用价值,同时也要努力实现旅行社组合并销售的旅游产品的消费价值,而不能以自身利益为出发点谋取非法利益。任何欺骗、胁迫旅游者消费或者与经营者串通欺骗、胁迫旅游者消费的行为,不论其形式如何,都是严重侵犯旅游者合法权益的行为,都要依法承担相应的责任。

第五节 关于《旅游投诉暂行规定》

近20年来,我国旅游业在管理机构和行业法律法规的建立和完善上有了很大的发展。但是,由于旅游业经营主体的粗放式经营和不规范运作的广泛存在,加之旅游者法律意识的逐渐增强,使得旅游投诉现象愈加普遍。为了及时、公正地解决旅游纠纷,促进我国旅游业的健康发展,1991年6月1日,国家旅游局发布了《旅游投诉暂行规定》,为解决旅游纠纷提供了依据,有利于切实保护旅游者的合法权益。

《旅游投诉暂行规定》节选

(中华人民共和国国家旅游局令第1号,1991年6月1日)

第二条 本规定所称旅游投诉是指旅游者、海外旅行商、国内旅游

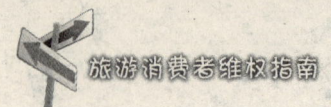

经营者为维护自身和他人的旅游合法权益,对损害其合法权益的旅游经营者和有关服务单位,以书面或口头形式向旅游行政管理部门提出投诉,请求处理的行为。

法条解读:本条规定的是旅游投诉的基本含义。它是旅游投诉者以自己的名义,请求旅游行政管理部门维护其自身和他人的旅游合法权益的行为,也是旅游者所享有的一项权利。从我国现行法规对旅游投诉处理方式的决定来看,当旅游者的合法权益受到损害时,通常可以采取以下5种方式来解决:相互协商、请求第三方调解、向有关行政部门进行投诉、根据事先达成的仲裁协议提请仲裁机构仲裁、向人民法院提起诉讼。其中,投诉是一种较为有效、及时的方式,是旅游者维护合法权益的有效途径之一。

第四条 旅游行政管理部门依法保护旅游投诉者和被投诉者的合法权益。县级(含县级)以上旅游行政管理部门设立旅游投诉管理机关。

法条解读:本条规定的是旅游投诉的受理机构。这里所指的旅游投诉,是旅游者向旅游行政管理机关所设立的投诉管理机构投诉,而不是向旅游经营单位,如旅行社、旅游饭店等进行投诉。因此,旅游投诉的受理机关是旅游行政管理部门所设立的质监所。当游客权益受到损害后,应向县级以上各地旅游行政部门依法设立的旅游投诉管理机关,即各级旅游质量监督部门进行投诉。旅游投诉管理机关有国家旅游投诉管理机关和地方旅游投诉管理机关之分,两者在职能上有明显的分工,旅游者的旅游投诉一般由地方旅游投诉管理机关负责处理。旅游者在自己合法权益受到侵害后,应明确到哪一级旅游投诉管理机关去投诉,予以权益保护。此外,旅游者也可以向相关旅游企业投诉,还可以向法院、仲裁机构主张自己的权利。

第七条 跨行政区的旅游投诉,由被投诉者所在地、损害行为发生地或者损害结果发生地的旅游投诉受理机关协商确定管理机关;或者由上一级旅游投诉受理机关协调指定管理机关。

法条解读:本条规定的是旅游投诉的管辖权属问题。《旅游投诉暂行规定》的管辖采用以属地管辖为主,指定管辖为辅的原则。属地管辖的确定包括三个标准:被投诉者所在地、损害行为发生地或者损害结果发生地。①被投诉者所在地:被投诉者是公民的,其所在地是他长久居住的场所;若是法人,则以其主要办事机构所在地为住所。②损害行为发生地:是指导致投诉人人身、财产权利或其他权利受到损害的被投诉人的过错行为发生地。③损害结果发生地:是指被投诉人的过错行为对投诉人的人身、财产权利或其他权利产生损害后果的显现地。这三个标准,没有先后次序之分,完全由投诉者自愿选择,即只要投诉者自愿,被投诉人所在地、损害行为发生地或损害结果发生地的旅游投诉管理机关,都有权管辖该旅游投诉案件。指定管辖是由上一级旅游投诉受理机关根据旅游投诉案件的性质和具体情况,协调指定管理机关,不受属地管辖原则的限制。

第八条 投诉必须符合下列条件:

(一)投诉者是与本案有直接利害关系的旅游者、海外旅行商、国内旅游经营者和从业人员;

(二)有明确的被投诉者,具体的投诉请求和事实根据;

(三)属于本规定所列的旅游投诉范围。

法条解读:本条规定的是旅游投诉必须符合的三个基本条件。第一,投诉者应当是与本案有直接利害关系的人,即因被投诉者的行为直接导致其合法人身权利、财产权益或者经营信誉受到损害而得以行使相应请求权的人,其必须与旅游投诉案件的处理结果有直接联系。第二,确有损害投诉者权益的违法行为发生,并且有明确的被投诉者,具体的投诉请求和事实根据,即必要的相关证据材料。第三,投诉所涉及的纠纷确实是发生在旅游活动中,或者与旅游活动有密切关系,符合旅游投诉暂行规定第九条所列的投诉范围。

第九条 投诉者对下列损害行为,可以向旅游投诉管理机关投诉:

(一)认为旅游经营者不履行合同或协议的;

(二)认为旅游经营者没有提供价质相符的旅游服务的;

(三)认为旅游经营者故意或过失造成投诉者行李物品破损或丢失的;

(四)认为旅游经营者故意或过失造成投诉者人身伤害的;

(五)认为旅游经营者欺诈投诉者,损害投诉者利益的;

(六)旅游经营单位职工私自收受回扣和索要小费的;

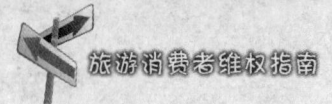

(七)其他损害投诉者利益的。

法条解读:本条规定的是旅游投诉的范围。向旅游管理机关进行投诉是旅游消费者的一项权利,只要旅游者是向正规的旅行社报名,且按规定签订旅游合同,就有权投诉。旅游质监所根据有关规定对旅行社的行为进行认证,以维护旅游者的合法权益或旅行社的正当经营活动。

第十条 投诉者应当向旅游投诉管理机关递交投诉状,并按被投诉者数提出副本。递交投诉状确有困难的,可以口诉,由旅游投诉管理机关记入笔录,并由本人签字。

法条解读:本条规定的是旅游投诉的形式要件,即当游客权益受到损害后应如何进行投诉。旅游投诉的方式比较灵活,可以书面形式提出,也可以口头形式提出。调解是旅游投诉的先行程序,但调解必须双方自愿,不得强迫。

第十九条 旅游投诉管理机关处理投诉案件,应当以事实为根据,以法律、法规为准绳。经调查核实,认为事实清楚,证据充分,可以分别作出以下处理决定:

(一)属于投诉者自身的过错,可以决定撤销立案,通知投诉者并说明理由。对投诉者无理投诉、故意损害被投诉者权益的,可以责令投诉者向被投诉者赔礼道歉,或者依据有关法律、法规,承担赔偿责任。

(二)属于投诉者与被投诉者的共同过错,可以决定由双方各自承担相应的责任。双方各自承担责任的方式,可以由双方当事者自行协商确定,也可以由投诉管理机关决定。

(三)属于被投诉者的过错,可以决定由被投诉者承担责任。可以责令被投诉者向投诉者赔礼道歉或赔偿损失及承担全部或部分调查处理投诉费用。

(四)属于其他部门的过错,可以决定转送有关部门处理。

旅游投诉管理机关作出的处理决定应当用旅游投诉处理决定书在十五日内通知投诉者和被投诉者。

法条解读:本条规定的是旅游投诉管理机关对投诉案件的几种处理决定,即责任如何承担的问题。此外,旅游投诉管理机关还可以对被投诉人作出行政处罚决定,如给予警告、没收非法收入、罚款、限期或停

旅游法规重点条款解读 下篇

业整顿、吊销旅游业务经营许可证等。处理决定依据的关键性因素是证据与事实,如果游客提供的证据不足,无法认定相应事实,旅游质监部门对游客提出的赔偿要求可以不予支持。对于旅游过程中发生的质量问题,一般是组团社先行赔偿旅游者的损失,之后再追偿。一般来讲,旅游行政管理部门在接到旅游者投诉后,应当及时调查处理,如有不符合受理条件的,应当在 7 日内通知投诉者并说明理由。《北京市旅游管理条例》要求旅游行政管理部门接到旅游者投诉后,应当在 10 日内作出是否受理的决定,决定受理的,应当在 45 日内作出决定,并答复投诉者。

第二十一条 投诉人或者被投诉人对旅游投诉管理机关作出的处理决定或行政处罚决定不服的,可以直接向人民法院起诉,也可以在接到处理决定通知书之日起十五日内,向处理机关的上一级旅游投诉管理机关申请复议;对复议决定不服,可以在接到复议决定之日起十五日内,向人民法院起诉。逾期不申请复议,也不向人民法院起诉,又不履行处理决定和处罚决定的,由作出决定的投诉管理机关申请人民法院强制执行或者依法强制执行。旅游投诉管理机关复议投诉案件,依照《行政复议条例》规定办理。

法条解读: 本条规定的是旅游投诉的处理不服的救济渠道,具体包括申请复议、提起诉讼和先复议后诉讼三种方式。旅游投诉管理机关作出的投诉处理决定书,应在 15 日内通知投诉者和被投诉者。投诉人或者被投诉人对旅游投诉管理机关作出的处理决定或行政处罚决定不服的,均可按照上述规定寻求行政复议或司法救济。如逾期不申请复议,也不向人民法院起诉,处理决定即发生法定效力。

第二十二条 向旅游投诉管理机关请求保护合法权益的投诉时效期间为 60 天。投诉时效期间从投诉者知道或者应当知道权利被侵害时起算。有特殊情况的,旅游投诉管理机关可以延长投诉时效期间。

法条解读: 本条规定的是旅游投诉的法定时效问题。游客投诉的期限从投诉者知道或者应当知道权利被侵害时起算,超过 60 天的,其提出的赔偿要求不能获得旅游投诉管理机关的支持。这也是为了维护经济活动的稳定性,督促游客尽快行使自己享有的权利,超过法定时效,其实体权利将不再受到法律保护。

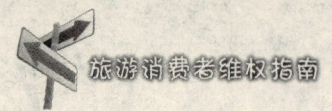

第六节 关于《中国旅游饭店行业规范》

旅游饭店法律制度是旅游法律制度的重要组成部分,近年来我国的旅游饭店发展迅速,但与之相适应的饭店法律、法规的制定相对滞后。我国颁布最早的旅游饭店监管法规是国务院1951年8月15日公布的《城市旅栈业暂行管理规则》。1987年11月公安部经过国务院批准又发布了《旅馆业治安管理办法》,取代了1951年的《城市旅栈业暂行管理规则》。随着我国加入WTO和饭店消费人群的增多,饭店和客人之间所产生的纠纷也随之增多。自2002年5月1日起施行的《中国旅游饭店行业规范》,是倡导履行诚信准则、保障游客和旅游饭店合法权益,维护旅游饭店业经营管理正常秩序,促进中国旅游饭店业健康发展的行业规范,也是中国饭店业的第一部规范,同时也是中国消费行业的第一部全国性行业规范。该规范的实施,对于处理客人物品报失问题,客人在饭店内受伤或者死亡问题,保护客人隐私权问题,洗涤衣服破损问题,客人车辆损坏或丢失问题等提供了依据。

《中国旅游饭店行业规范》节选

(中华人民共和国国家旅游局发布,2002年4月5日)

第二条 旅游饭店包括在中国境内开办的各种经济性质的饭店,含宾馆、酒店、度假村等(以下简称为饭店)。

法条解读:旅游饭店是指能够以夜间为时间单位向旅游者提供配有餐饮及相关服务的住宿设施,按照不同习惯,旅游饭店也可以称为宾馆、酒店、旅馆、旅社、度假村、俱乐部、大厦、中心等。不管其名称或经济性质如何,凡在中国境内的旅游饭店,都属于该规范所规定的范畴,都受该规范的约束。

第四条 饭店应与客人共同履行住宿合同,因不可抗力不能履行双方住宿合同的,任何一方均应当及时通知对方。双方另有约定的,按约定处理。

  法条解读：从法律上来讲，饭店和旅客之间是一种合同关系。饭店与旅客之间的法律关系源于旅游饭店住宿合同的订立而成立，因旅游饭店住宿合同的解除而终止。旅游饭店住宿合同的成立，一般有两种情况：一是住宿登记，一是预订。饭店应当同团队、会议、长住客人签订住房合同，应就客人进店和离店的时间、房间等级与价格、餐饮价格、付款方式、违约责任等款项进行约定。无论是住宿登记或者是预订，合同一经成立即具有法定效力，除法定事由之外，双方都应严格履行，任何单方违约行为都应承担法律责任。

  第五条　由于饭店出现超额预订而使客人不能入住的，饭店应当主动替客人安排本地同档次或高于本饭店档次的饭店入住，所产生的有关费用由饭店承担。

  法条解读：该条款规定的是饭店的履约义务。旅游饭店可以分为不同的等级或档次，按照旅游饭店星级评定制度，一般可以分为一星级、二星级、三星级、四星级、五星级（含白金五星级）5个等级，不同等级或档次的饭店其建筑规模、设施设备、舒适程度、管理服务水平、软、硬件水平等是不同的。为保障客人的权益不受损害，饭店必须保证游客享受到相应档次的饭店服务。

  第七条　饭店在办理客人入住手续时，应当按照国家的有关规定，要求客人出示有效证件，并如实登记。

  法条解读：为了加强治安管理，饭店接待旅客住宿必须登记，检查旅客的身份证件并要求旅客按规定的项目如实登记，在接待境外旅客住宿时，还应该在24小时内向当地公安机关报送住宿登记表。未经旅客本人同意，饭店不得擅自将旅客登记信息透露给他人。

  第八条　以下情况饭店可以不予接待：（一）携带危害饭店安全的物品入店者；（二）从事违法活动者；（三）影响饭店形象者；（四）无支付能力或曾有过逃账记录者；（五）饭店客满；（六）法律、法规规定的其他情况。

  法条解读：旅游饭店是接待旅客住宿的场所，但并不意味着旅游饭店在任何情况下都必须接待客人。为保障饭店正常经营，饭店对有些情况可以说"不"，本条款规定的就是饭店的主要权利。但是，旅游饭

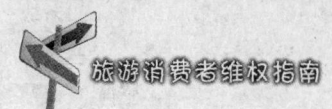

店无正当理由不得拒绝接待旅客,饭店没有挑选旅客的权利,只要旅客适合住店,有能力支付有关费用,旅游饭店就应接待,而不论旅客的国籍、肤色、民族、年龄、职业、性别,所有住宿旅客有平等享有饭店提供的一切免费或收费的服务和设施的权利。

第九条 饭店应当将房价表置于总服务台显著位置,供客人参考。饭店如给予客人房价折扣,应当书面约定。

法条解读:旅游饭店是以营利为目的的企业法人,为旅客提供的服务都是有偿的,旅客接受了饭店提供的服务,旅游饭店就有权向他收取有关费用。饭店向旅客提供的各项服务项目和房价及收取的各项费用,必须按照物价部门的规定,合法并明码标价,并向旅客事先说明,这是饭店在收取费用时应履行的一项义务。

第十条 饭店客房收费以"间/夜"为计算单位(钟点房除外)。按客人住一"间/夜",计收一天房费;次日12时以后、18时以前办理退房手续者,饭店可以加收半天房费;次日18时以后退房者,饭店可以加收一天房费。

法条解读:这次制定《中国旅游饭店行业规范》过程中,参照了国务院《关于计算外宾住宿天数的规定》。该规定明确了如何计算外宾入住饭店的时间,即"外宾住进饭店,不论白天晚间,过夜算一天。如果离开房间的当天,中午十二点到下午六点前离开房间的,按半天计算;超过下午六点以后离开房间的,按整天计算"。由于国际旅游业通行的惯例是将"间/夜"的变更时间规定为中午12时,在我国"入世"和全球经济一体化的背景下,如果我们不采用与国际接轨的计时方式,将直接影响到海外客人的可进入性和可停留性。因此,本条款的规定更符合国际惯例,有利于我国旅游饭店行业与国际接轨。

第十一条 根据国家规定,饭店可以对客房、餐饮、洗衣、电话等服务项目加收服务费,但应当在房价表及有关服务价目单上注明。客人在饭店商场内购物,不应加收服务费。

法条解读:这条规定的依据是1989年9月30日国家旅游局、财政部、国家物价局、国家税务局联合下发的《关于旅游涉外饭店加收服务费问题的通知》,非旅游饭店不能加收服务费,现在该规定仍然执行有效。这也是目前旅游饭店中唯一享受的优惠政策。

第十二条 为了保护客人的人身和财产安全,饭店客房房门应当装置防盗链、门镜、应急疏散图,卫生间内应当采取有效的防滑措施。客房内应当放置服务指南、住宿须知和防火指南。有条件的饭店应当安装客房电子门锁和公共区域安全监控系统。

法条解读:安全保障义务是旅游饭店经营者在经营场所对进入服务区域的旅客的人身、财产安全依法承担的责任,是饭店必须履行的法定义务。饭店的安全保障义务具体包括五个方面:一是建筑和设备设施的安全保障义务;二是人员的安全保障义务;三是服务管理的安全保障义务;四是防范外部不安全因素的安全保障义务;五是不安全因素的提示、说明、劝告、协助义务。在法律上,一旦旅游者成为饭店的客人后,饭店有保护客人人身安全的义务。客人在饭店内因受伤或死亡而引发的纠纷在饭店业较为普遍,其原因各异。有的客人受伤或死亡事件是由于饭店的设施、设备的缺陷所致;有的是外来犯罪分子作案所为;还有的是由于其他人员的侵害等。若饭店未尽到上述法定的安全保障义务,造成旅客的人身或财产损失,即应当承担相应的法律责任。

第十五条 饭店应当采取措施,防止客人放置在客房内的财物灭失、毁损。由于饭店的原因造成客人财物灭失、毁损的,饭店应当承担责任。由于客人自己的行为造成损害的,饭店不承担责任。双方均有过错的,应当各自承担相应的责任。

法条解读:此条规定对客人物品报失的处理作了规定,明确了饭店的责任。来到饭店住宿的客人往往携带物品入店。在法律上,饭店有保护住店客人财物安全的义务。但客人物品报失的情况各种各样,有的是错误报失,有的是虚假报失,有的是真正失窃。在真正的失窃案中,又有多种情况,有的留有现场,有的没有留下任何痕迹;有的失窃案是饭店的过错所为,如服务员在清扫完客人的房间后未锁上房门,以致客人的物品被窃;有的失窃案是客人的过错,如客人外出或睡觉时自己未锁上房门而致物品被窃。具体情况不同,饭店和客人之间过错程度不同,其所应当承担的法律责任也不相同。

第十六条 饭店应当保护客人的隐私权。饭店员工未经客人许可不得随意进入客人下榻的房间,除日常清扫卫生、维修保养设施设备或者发生火灾等紧急情况外。

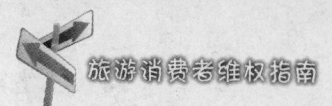

  法条解读：本法条对保护客人隐私权作出了明确规定。隐私权是公民享有的私人生活安宁与私人信息依法受到保护，不被他人非法侵扰、知悉、搜集、利用和公开等的一种人格权。隐私权意味着对他人的尊重，饭店应保障旅客得到良好的休息环境。从法律的角度来看，虽然客房是饭店的，但客房一旦出租使用权即属于客人，旅客在饭店客房里享有独处和占有客房的权利，享有不被他人知悉的权利。旅游饭店向旅客提供的住宿服务，其服务方式应当是合理的，能够充分尊重旅客的隐私权。非经过旅客的允许或者有法定的原因，饭店工作人员不得进入旅客的房间，也不得将旅客的住宿信息告知他人或者将旅客的房间钥匙交付他人。

  第十七条 饭店应当在前厅处设置有双锁的客人贵重物品保险箱。贵重物品保险箱的位置应当安全、方便、隐蔽，能够保护客人的隐私。饭店应当按照规定的时限免费提供住店客人贵重物品的保管服务。

  法条解读：旅客住宿饭店时，往往随身携带贵重物品，饭店必须设置旅客贵重财物保管设施和制定专门人员负责保管，并建立严格、完备的登记、领取和交接制度，对住店客人贵重物品的保管服务作出书面规定，并在客人办理入住登记时予以提示。违反此规定，造成客人贵重物品灭失的，饭店应当承担赔偿责任。

  第二十条 客房内设置的保险箱仅为客人提供存放一般物品之用。对没有按规定存放在饭店前厅贵重物品保险箱内而在客房里灭失、毁损的客人的贵重物品，如果责任在饭店一方，可视为一般物品予以赔偿。

  法条解读：权利和义务往往是相对应的。旅客有权要求饭店提供贵重物品保管设施，提供免费的贵重物品保管服务，但同时也应当积极配合饭店做好贵重物品保管工作。若旅客不按规定将贵重物品存放在饭店前厅专用的贵重物品保险箱内而在客房里灭失、毁损的客人的贵重物品，即使责任在饭店一方，也只能按照一般物品获得赔偿。

  第二十三条 饭店保管客人寄存在行李寄存处的行李物品时，应当检查其包装是否完好、安全，询问有无违禁物品，并经双方当面确认后签发给客人行李寄存牌。

旅游法规重点条款解读 下篇

　　法条解读:对于客人一般物品的保管,适用我国《合同法》关于保管合同的相关规定,保管合同自交付时起成立,形成缔约双方的权利义务关系。客人在餐饮、康乐、前厅行李处等场所寄存物品时,饭店应当当面询问客人物品中有无贵重物品。客人寄存的行李中如有贵重物品的,应当向饭店声明,由饭店员工验收并交饭店贵重物品保管处免费保管;客人事先未声明或不同意核实而造成物品灭失、毁损的,如果责任在饭店一方,饭店按照一般物品予以赔偿;客人对寄存物品没有提出需要采取特殊保管措施的,因为物品自身的原因造成毁损或损耗的,饭店不承担赔偿责任;由于客人没有事先说明寄存物的情况,造成饭店损失的,除饭店知道或者应当知道而没有采取补救措施的以外,饭店可以要求客人承担其所受损的赔偿责任。

　　第二十七条　饭店应当保护停车场内饭店客人的车辆安全。由于保管不善,造成车辆灭失或者毁损的,饭店承担相应责任,但因为客人自身的原因造成车辆灭失或者毁损的除外。双方均有过错的,应当各自承担相应的责任。

　　法条解读:该条对客人车辆在饭店停车场管理过程中损坏或丢失作了规定。对于饭店服务区域范围内的客人车辆被盗或受损,在何种情况下饭店应当负责,何种情况可以免除或者减轻饭店的责任,应根据饭店和客人双方的过错程度来确定。如果饭店在保护停车场内客人的车辆过程中,由于自身工作失误保管不善,造成车辆灭失或者毁损的,饭店承担责任;但因为客人自身的原因造成车辆灭失或者毁损,饭店不承担赔偿责任;如果饭店和旅客双方均有过错的,应当各自承担相应的责任。饭店应当提示客人保管好放置在汽车内的物品。对汽车内放置的物品的灭失,饭店不承担责任。

　　第三十条　饭店有义务提醒客人在客房内遵守国家有关规定,不得私留他人住宿或者擅自将客房转让给他人使用及改变使用用途。对违反规定造成饭店损失的,饭店可以要求下榻该房间的客人承担相应的赔偿责任。

　　法条解读:此条款规定的是饭店的求偿权和旅客的不作为义务。为加强管理、确保安全,饭店应核实每一位旅客的住店、离店时间,告知旅客不得私自留客住宿或转让床位,口头提示或书面通知客人不得自

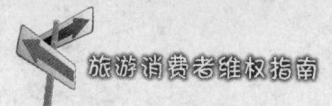

行对客房进行改造、装饰。若旅客违反该不作为义务,由此造成的损失,应当由该旅客承担赔偿责任。

第三十四条 客人结账离店后,如有物品遗留在客房内,饭店应当设法同客人取得联系,将物品归还或寄还给客人,或替客人保管,所产生的费用由客人承担。三个月后仍无人认领的,饭店可进行登记造册,按拾遗物品处理。

法条解读:饭店应妥善保管旅客遗留物品。对于旅客遗留的物品,应当根据旅客登记所留下的地址,设法将遗留物品归还原主;如果遗留物主人不明,应当按程序招领,登记造册,并送当地公安机关按拾遗物处理。

第三十五条 饭店应当提供与本饭店档次相符的产品与服务。如果存在瑕疵,饭店应当采取措施及时加以改进。由于饭店的原因而给客人造成损失的,饭店应当根据损失程度向客人赔礼道歉,或给予相应的赔偿。

法条解读:旅游饭店负有依照法定或者约定提供商品和服务的义务。旅游饭店向旅客提供商品和服务,应当依照法律、法规的规定履行义务,或者按照双方约定的条件履行义务,保证提供商品和服务的质量。该义务体现在两个方面:一是旅游饭店经营者应当保障在正常使用商品或者接受服务的情况下,其提供的商品或者服务具有质量、性能、用途和有效期限;但旅客在购买商品或者接受服务前已经知道其存在瑕疵的除外。二是旅游饭店经营者以广告、产品说明、实物样品或者其他方式表明商品或者服务的质量状况的,应当保证提供的商品或者服务的实际质量与表明的质量状况相符。否则,饭店即应承担赔礼道歉、赔偿损失等相应法律责任。

第七节 关于《中国公民出国旅游管理办法》

旅游出入境管理法律制度是国家旅游法的重要内容。我国已经颁布的旅游出入境管理制度方面的法律、法规,主要有《中华人民共和国公民出境入境管理办法》、《中华人民共和国公民出境入境管理办法实施细则》、《中国公民往来台湾地区管理办法》、《中国公民因私事往来香港地区或者澳门地区的暂行管理办法》、《中华人民共和国外国人入境出境管理办法》、《中华人民共和国外国人入境出境管理办法实施细则》、《中华人民共和国出境入境边防检查条例》、《中国公民出国旅游管理办法》等。

《中国公民出国旅游管理办法》节选

(中华人民共和国国务院令第354号,2002年5月27日)

第九条 旅游者持有有效普通护照的,可以直接到组团社办理出国旅游手续;没有有效普通护照的,应当依照《中华人民共和国公民出境入境管理办法》的有关规定办理护照后再办理出国旅游手续。组团社应当为旅游者办理前往国签证等出境手续。

法条解读:护照是中国公民进行跨国旅游的身份证件和国籍证明,是一国政府给本国公民在别国境内居住、旅行以及从事相关活动的身份证件,包括外交护照、公务护照、普通护照、中华人民共和国香港特别行政区护照、中华人民共和国澳门特别行政区护照。旅游者必须持有有效普通护照,才能够办理相关出国旅游手续。同时,根据国家主权原则,一国并没有义务让外国人进入。因此,当中国公民决定去其他国家旅游时,必须获得相应国家的签证,根据国际条约互免签证的除外。组团社应当根据《中华人民共和国公民出境入境管理办法》的相关规定,为旅游者办理前往国签证等出境手续,以保证旅游者能够顺利完成境外旅游活动。

第十条 组团社应当为旅游团队安排专职领队。领队应当经省、自治区、直辖市旅游行政部门考核合格,取得领队证。领队在带团时,应当佩戴领队证,并遵守本办法及国务院旅游行政部门的有关规定。

法条解读:领队的全称是"出境旅游领队人员",是指依照《出境旅游领队人员管理办法》规定取得出境旅游领队证,接受具有出境旅游业务经营权的国际旅行社委派,从事出境旅游领队业务的人员。领队人员具有以下特征:依法取得领队证,接受组团社委派从事领队业务,

服务对象主要是中国公民,工作环境主要在境外,工作范围是带领旅游者出入境、督促落实旅游计划、为旅游者提供与出境旅游相关的服务。

第十二条 组团社应当维护旅游者的合法权益。组团社向旅游者提供的出国旅游服务信息必须真实可靠,不得作虚假宣传,报价不得低于成本。

法条解读:根据我国《反不正当竞争法》的规定,经营者不得利用广告或者其他方法,对商品的质量、制作成分、性能、用途、生产者、有效期限、产地等作引人误解的虚假宣传。经营者不得以排挤竞争对手为目的,以低于成本的价格销售商品。凡有上述行为之一,即属不正当竞争行为,在损害其他经营者的合法权益、扰乱社会经济秩序的同时,必然损害到旅游消费者的合法权益。从维护旅游者的合法权益出发,旅游者享有购买商品或服务的知情权,组团社向旅游者提供的出国旅游服务信息必须真实可靠。如果组团社故意提供虚假信息欺骗消费者,构成欺诈行为的,应当按照《消费者权益保护法》相关条款处理。

第十三条 组团社经营出国旅游业务,应当与旅游者订立书面旅游合同。旅游合同应当包括旅游起止时间、行程路线、价格、食宿、交通以及违约责任等内容。旅游合同由组团社和旅游者各持一份。

法条解读:签订旅游合同作为一种民事行为,不仅仅表明旅游者和旅行社之间达成了合意,而且意味着旅行社与旅行者之间存在确定的权利义务关系。一般而言,只要旅游者和旅行社签订旅游合同,旅游者交纳了旅游团费,旅行社就可以为旅游者安排旅游行程中的各项服务,明确旅游者在旅游行程中需要的食、住、行、游、购、娱等相关要素,特别是参加包价旅游团,必须就上述内容作出明确约定,以此作为在合同履行过程中解决争端的依据。

第十四条 组团社应当按照旅游合同约定的条件,为旅游者提供服务。组团社应当保证所提供的服务符合保障旅游者人身、财产安全的要求;对可能危及旅游者人身安全的情况,应当向旅游者作出真实说明和明确警示,并采取有效措施,防止危害的发生。

法条解读:在旅行社与旅游者签订的双务旅游合同中,旅行社与旅游者的权利和义务是平等对价的。在旅游合同中,旅行社具有向旅游者收取团款的权利,就必须承担按约定向旅游者提供服务的义务。按照我国《消费者权益保护法》的规定,消费者在购买商品或享受服务的时候,享有人身、财产安全不受侵犯的权利,经营者为消费者提供的商品或服务必须符合国家标准或行业标准,保证消费者的人身、财产安全。如果因旅行社提供的旅游产品存在安全隐患,或者旅行社经营者未尽到说明和警示义务,致使旅游者人身、财产遭受损害,旅行社应当依法承担相应责任。

第十六条 组团社及其旅游团队领队应当要求境外接待社按照约定的团队活动计划安排旅游活动,并要求其不得组织旅游者参与涉及色情、赌博、毒品内容的活动或者危险性活动,不得擅自改变行程、减少旅游项目,不得强迫或者变相强迫旅游者参加额外付费项目。

境外接待社违反组团社及其旅游团队领队根据前款规定提出的要求时,组团社及其旅游团队领队应当予以制止。

法条解读:本条规定的是组团社及其领队的督促职责和义务。领队在境外代表组团社落实旅游合同中约定的各项旅游活动,遵守相关规定,维护旅游者的合法权益。在出国旅游过程中,领队人员应当积极为旅游者提供必要的帮助和旅游行程服务,协助处理旅游行程中出现的各种情况。领队人员在从事领队业务时,应当严格按照组团社与旅游者签订的旅游合同内容和标准提供服务、安排行程,不得擅自改变行程、减少项目或者额外增加费用,并对境外接待社提供的服务项目进行必要的监控。

第十七条 旅游团队领队应当向旅游者介绍旅游目的地国家的相关法律、风俗习惯以及其他有关注意事项,并尊重旅游者的人格尊严、宗教信仰、民族风俗和生活习惯。

法条解读:本条款规定的是旅游团领队应当履行的告知、报告职责。旅游团队领队在从事领队业务时,应当向旅游者介绍旅游目的地国家的相关法律、风俗习惯以及其他有关注意事项。旅游团队领队在带领旅游者旅行、游览过程中,应当就可能危及旅游者人身安全的情况,向旅游者作出真实说明和明确警示,并按照组团社的要求采取有效措施,防止危害的发生。旅游团队在境外遇到特殊困难和安全问题时,领队应当及时向组团社和中国驻所在国家使领馆报告;组团社应当及时向旅游行政部门和公安机关报告。

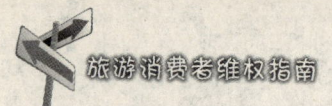

第二十条 旅游团队领队不得与境外接待社、导游及为旅游者提供商品或者服务的其他经营者串通欺骗、胁迫旅游者消费,不得向境外接待社、导游及其他为旅游者提供商品或者服务的经营者索要回扣、提成或者收受其财物。

法条解读:本条款规定的是领队人员不得违反的禁止性规定,即其不作为义务。旅游团队领队不得与境外接待社、导游及为旅游者提供商品或者服务的其他经营者串通侵害旅客利益。旅游者对组团社或者旅游团队领队违反本办法规定的行为,有权向旅游行政部门投诉。

第二十四条 因组团社或者其委托的境外接待社违约,使旅游者合法权益受到损害的,组团社应当依法对旅游者承担赔偿责任。

法条解读:组团社与境外接待社之间存在委托关系。组团社组织旅游者出国旅游,应当选择在目的地国家依法设立并具有良好信誉的旅行社,在与之订立书面合同后,方可委托其承担接待工作。对于境外接待社违约造成旅游者合法权益受到损害的,组团社应当依法对旅游者先行承担赔偿责任,然后可以根据委托合同对违约的境外接待进行追偿。